中国劳动关系学院
青年学者文库

文化企业
融资风险管理
研究

谭 超——著

Research

on

Financing

Risks

in

Cultural

Enterprises

社会科学文献出版社
SSAP
SOCIAL SCIENCES ACADEMIC PRESS (CHINA)

目 录
CONTENTS

第一章
绪　论

一　选题背景与意义

（一）选题背景

文化产业是国民经济的重要组成部分，在保增长、扩内需、调结构、促发展中发挥着重要作用。随着文化体制改革的不断深入，文化产业与资本的交融日趋紧密，文化资本的经济属性和文化属性已充分显现，是现代经济发展的新增长点。各国历年统计数据显示，美国文化产业的产值仅次于航空工业，日本文化产业的产值仅次于汽车工业，加拿大文化产业的产值超过了传统行业，澳大利亚文化产业的产值超过运输业与社会福利产业的产值之和，文化产业发展迅速，市场规模不断扩大，对经济增长和就业的贡献不断增强，呈现出巨大的发展潜力，成为各国经济的重要支柱。与此同时，快速发展的文化产业离不开资金的大力支持。文化企业的资金作为引导资源配置的纽带，是维持企业平稳运营、推动企业持续健康发展的动力。因此，扩大文化企业的融资规模是推动文化产业发展的一项重要战略任务，是拓展业务范围、培育新盈利增长点的重要努力方向。从发展规划到战略部署，党中央对文化企业的融资高度重视。从 2009 年国务院公布《文化产业振兴规划》《文化部关于加快文化产业发展的指导意见》①，明确提出文化企业可以通过融资做大做强②；2010 年中宣部、财政部、文化部等九部委联合出台《关于金融支持文化产业振兴和发展繁荣的指导意见》③，正式开启文化与金融对接进程；到 2011 年十七届六中全会出台《中共中央关于深化文化体制改革推动社会主义文化大发展大繁荣若干重大问题的决定》；再到 2014 年文化部、中国人民银行、财政部发布《关于深入推进文化金融合作的意见》④；2017 年文化部出台"十三五"时期文化产业发展规划以及《国务院办公厅关于进一步激发社会领域投资活力的意见》等。通过推进出台各种利好政策，发展文化金融成为国家层面政策的突出亮点，文化企业与资本的对接得到进一步深化⑤，企业的融资规模和数量呈现爆发式增长态势，融资的活跃显著推动了上市文化企业的发展。在经济增长减速、发展结构转型的新常态背景下，资本市场作为经济转型与创新的重要支撑，为文化产业持续发展提供了巨量资金支持。

但是文化企业融资活动在取得高收益的同时摆脱不了高风险的伴生，尤其是对文化产品及服务的价值确定与评估具有极大的不确

---

① 文化部关于加快文化产业发展的指导意见. 文产发〔2009〕36 号，2009 - 9 - 10.

② 2009 年，《国务院关于印发文化产业振兴规划的通知》（国发〔2009〕30 号）明确提出，支持有条件的文化企业通过融资迅速做大做强，进入主板、创业板上市融资，鼓励已上市文化企业通过公开增发、定向增发等再融资方式进行并购重组，迅速做大做强。

③ 2010 年 3 月 19 日，中国人民银行会同中宣部、财政部、文化部、广电总局、新闻出版总署、银监会、证监会和保监会九部委联合发布《关于金融支持文化产业振兴和发展繁荣的指导意见》（银发〔2010〕94 号）。

④ 文化部 中国人民银行 财政部关于深入推进文化金融合作的意见. 文产发〔2014〕14 号，2014 - 3 - 17.

⑤ 文化部关于制定《文化部文化产业投资指导目录》的公告. 部便函〔2009〕42 号，2009 - 09 - 08.

定性，进一步加剧了文化企业的融资风险。一方面，文化企业发展时间短、经营变数多、整体风险大、产业集中度低等因素先天性地决定了文化企业存在融资困难、融资代价较高等问题，再者我国文化企业经历了文化事业单位转企改制的体制改革，受体制改革和金融政策、资本市场法律法规体系不健全等的影响，文化企业面临的融资风险更大，融资活动表现更为复杂。融资作为资本运作的手段之一，是资产管理的重中之重，文化企业的融资风险也是影响企业做大做强的桎梏，因此，识别、度量和预警融资过程中的风险有利于企业有针对性地管理融资活动，提高资本运作效率。另一方面，识别、度量和预警融资风险，对极具创新性的上市文化企业的价值确定必不可少。风险存在于文化企业融资的各个环节，虽然风险在融资过程中不可能被消除，但是可以通过多种方式和途径转移、分散，将融资活动的高风险控制在各利益相关方都愿意承担的范围内，这也是文化企业融资的关键。文化企业只有实行精准管理，控制融资风险，才能打造出有效管理融资风险的安全体系，增强利益相关者对企业发展的信心，充分利用融资将文化资源与各种生产要素有机结合并创造核心价值，形成独特的竞争力。通过对文化企业融资风险识别、度量和预警管理的研究，控制融资过程中的风险，可以降低融资难度，增加文化企业资本规模，促进资本运营效率的提高。

（二）研究目的

融资风险管理活动能够精准了解文化企业的融资途径、融资活动的困难及桎梏，有效缓解文化企业发展过程中资金短缺等瓶颈问题，促进资本的流动和活跃，有力推动文化企业资本运营效率的提高和资本规模的进一步扩大。但同时，也不能忽视文化企业在融资过程中存在的诸多风险与隐患。一方面，识别我国文化企业的融资风险存在一定的困难和瓶颈。文化企业不但在融资活动过程中缺乏一定的规范性，而且由于文化企业无形资产占比大、抵押变现难、资产评估价值波动大等，文化企业的融资风险识别过程不能有效统一，融资风险管控过程不够顺畅，同时，影响融资风险的因素有很多，融资风险不一定全部转变成负面影响，因而企业对融资风险的重视程度也较为不足。另一方面，文化企业的融资风险管理体系不够健全。除政策变化、市场波动等外部因素对文化企业的融资发展产生影响外，企业内部的控制体系和风险管理体系也会影响企业的融资，融资风险大和风险管理控制体系不健全的矛盾成为文化企业融资风险管理的冲突点。

融资风险的识别、度量和预警对文化企业的影响尤其重要。文化企业的知识产权、版权等无形资产是企业的主要资产，在总资产中占据重要地位。但企业在融资过程中，无形资产的价值确定和转化过程相对于企业的融资期限较为漫长，文化产品的利润和收益前景不确定性大，文化企业面临的融资风险大，亟须建立规范完整的融资风险管理体系保障融资活动的顺利进行。正因如此，选择发展前景广阔、潜力无限但又经常面临融资困境的文化企业，探究其融资风险的识别、度量和预警问题，不仅在理论上扩展了企业资本运营和风险管理的研究领域，为企业内部控制体系建设和风险管理增加理论依据，而且在现实中为新兴文化企业融资活动的管理与控制提供了实证借鉴，对与文化企业具有相似特征的、无形资产占重要地位的企业也有一定的借鉴。管理、防范和控制企业的融资风险，能够有效提高资本运营效率，营造文化企业安全稳定的发展环境，保障企业融资活动的顺利进行。

本书选择文化企业的融资风险作为研究对象，用管理学、经济学的知识与方法研究探讨文化企业融资风险的识别、度量及预警体系构建问题，试图达到以下几个目的：利用结构方程模型探究和识别影响文化企业融资风险的宏观和微观因素，根据风险识别的结果度量我国 A 股上市文化企业的融资风险大小，并运用 GARCH 模型对文化融资风险的变动趋势进行预测与分析，构建符合文化行业特征的、适用于文化企业的融资风险预警体系，同时根据文化企业融资风险的管理现状，总结和分析企业在融资风险识别、度量和预警中暴露出的问题，有针对性地提出完善文化企业融资风险管理的对策建议。

（三）研究意义

文化企业的融资风险管理工作对社会主义市场经济理论体系构建和完善的推动作用不容小觑，目前我国文化企业正处于融资难、融资贵的瓶颈期，而融资活动作为资本运营的重要内容之一，对企业的发展至关重要，在提高企业资本运营效率的同时，有利于保障文化企业融资工作的顺利进行。对文化企业的融资风险进行识别、度量与预警，无论在实务中还是理论界，都具有重要意义。

1. 完善我国企业风险管理的理论研究

研究文化企业融资风险的识别、度量与预警，有助于完善和补充企业风险管理的理论研究。目前关于文化企业风险管理的研究多数还停留在定性的层面上，虽然风险管理和财务研究领域中的风险管理工具和方法已经逐步规范化和标准化，例如国际会计标准第 32 条[①]、财务会计标准第 133 条[②]、OECD 公司治理准则（2004）[③]、企

---

① IAS（International Accounting Standard，国际会计准则，简称 IAS）32，金融工具：披露与陈述，1995.

② FAS（Statement of Financial Accounting Standards，美国财务会计准则，简称 FAS）133，衍生工具和套期保值，1998.

③ OECD. OECD Principles of Corporate Governance. 2004.

业风险管理——整合框架（2004）① 等，但是采用定量分析方法识别、度量和评估融资风险的研究还比较少。本书运用定量分析方法识别、度量和预警企业的融资风险，弥补了企业风险管理在定量分析方面的不足。并且，本书从管理与控制的角度考量企业具体业务活动的风险——融资风险，细化企业风险管理的内容，根据文化企业的行业特色识别和评估其面临的融资风险，建立风险预警指标体系，将企业风险管理理论与具体融资活动相结合，进一步丰富风险管理和内部控制理论，完善企业风险管理的理论研究体系。同时，本书运用耗散结构理论分析融资活动对企业状态的影响，将企业看做是一个远离平衡的耗散结构系统。融入资金的流动会产生熵流进而影响企业的运行状态，对融资活动负面、不确定性的风险进行管理与控制，从而达到稳态、有序的平衡，形成耗散结构。本书的耗散结构理论分析为风险管理理论与系统论、控制论等理论的更好结合提供了理论依据。

2. 为文化企业合理控制融资成本提供实践指导

企业的融资风险管理对控制企业融资成本具有重要意义，尤其是处于发展初期、竞争激烈、亟待做大做强的文化企业。关注文化企业融资活动及融资风险的识别、度量与预警，将风险管理融合到融资活动中，能够避免和减少不必要的程序和成本，同时还能把风险管理建立在融资业务的基本框架之中，帮助企业识别新的融资机会，实现融资规模的扩大。识别、度量和预警文化企业的融资风险，宏观方面可以帮助政府更好地做出文化产业资金的调拨决策和制定税收优惠政策，改善资源配置，助力经济运行，进而为文化企

① Enterprise Risk Management——integrated framework，由 COSO（The Committee of Sponsoring Organizations of the Treadway Commission，全国反虚假财务报告委员会下属的发起人委员会，简称 COSO）于 2004 年 9 月发布。

业提供更契合与科学的服务，保障文化体制改革的进一步深化，确保文化企业健康发展和资金运营的良性循环；微观方面还可以为企业提供更多有关融资活动的预测性信息和参考依据，促使企业识别融资活动中存在的风险，量化融资风险的大小，及时调整融资决策、经营决策及企业发展战略，有效避开或化解可能出现的融资决策失误，提高自身风险防范能力，降低企业融资成本，从而提高文化企业资本运营效率。以文化企业的基本数据为基础建立行之有效的融资风险预警体系，对优化文化企业融资结构、应对融资困境、制定合理的融资决策具有重要的实践指导意义。

3. 促进文化企业与资本的深度融合

我国资本市场运作还处于弱式有效阶段，市场价格不能充分反映企业的价值，与市场有关的公开信息没有被充分使用，融资活动存在许多未知风险。加上文化企业的发展时间短，管理者的信息分析能力不足，在潜力大、增速快的产业发展背后，急于壮大的文化企业在发展过程中存在着融资结构不合理、融资效率低下、抗风险能力弱等问题，文化企业的融资活动显得越来越重要。随着文化企业在国民经济中所占的比例越来越大，文化企业的融资活动逐渐受到重视，融资风险成为近年来研究的热点。文化企业作为新兴产业，凭借其巨大的获利潜能获得了积极的资本支持，诸如政府对有潜在价值的企业研发项目进行补贴（Meuleman & Maeseneire，2012）、国有投资公司参股（Cho & Lee，2013）、社会资本和民间资本支持等，但这些资本在扩大资本规模、加大产品研发投入、提升创新能力的同时，也加剧了融资活动的不确定性与风险。

因此，研究文化企业融资风险的识别、度量和预警等内容，能够帮助企业管理者通过汇总、分析相关信息来识别和度量风险，准确把握企业融资活动的影响因素。同时，建立具有行业特色的融资风险预警系统可以有效帮助文化企业及时发现融资风险，调整融资规模和结构，提高融资效率和后续融资能力，促进文化企业与资本的深度融合。

二　相关概念辨析

（一）文化企业及其特征

1. 文化企业的界定

学术界对文化企业的定义因视角不同而有不同的内涵。弗朗索瓦·科尔伯特（2002）将其定义为"文化企业是生产、制造文化产品并对其进行销售的专业性机构"[①]，蔡嘉清（2007）将文化企业视作以赚取利润和发展经济为目的的文化生产与文化消费活动的组织者[②]。我国的文化企业具有鲜明的文化属性与经济特性，除传统的生产学习用品、娱乐用品、工艺品等文化产品的生产企业以外，还包括经营新闻出版、影视传媒、动画、广告、画廊、博物馆、公共图书馆等服务性企业。从组织形式的角度来看，文化企业是从事文化业务的专业机构或组织者，更多学者从经营目的与内容方面对文化企业的定义进行了延展。胡惠林等（2006）认为文化企业与其他企业的本质差异是提供满足人们精神消费需求的产品与服务，而一般企业提供的是满足人们物质文化需求的产品与服务，因此，李向民等（2006）详细界定了文化企业是以文化、创意和人力资本等无形资源为主要投入要素，提供文化产品和服务并获取利益

---

① 弗朗索瓦·科尔伯特著，高福进译. 文化产业营销与管理［M］. 上海：上海人民出版社，2002.

② 蔡嘉清. 文化产业营销［M］. 北京：清华大学出版社，2007.

的企业①。此时，文化企业的定义已经不局限于一般意义上的文化产品和服务的提供者，其范围更是扩展到以精神内容为要素的衍生产品的生产和销售，比如全球知名的迪士尼，不但有动画片、电影等产品，而且还有主题公园、玩具、图书及电子游戏等衍生产品的特许经营。陈少峰等（2012）将文化企业定义为以文化、艺术、传媒等业务及其相关服务为核心，以文化内容生产、新闻与文化传播、文化产品生产制造为主营业务的企业，此外还有文化项目策划机构以及艺术工作室②。向勇（2012）延伸了文化企业的界定范围，将文化产品销售收入在营业收入中占比超过40%的传统企业也归为文化企业。当然，基于文化国别的差异，不同的国家对文化企业也有不同的定义。在法国文化企业定义为"传统文化事业中特别具有可大量复制性的企业"③，韩国界定其为"与文化商品的生产、流通、消费有关的企业"④，日本和欧盟视其为内容企业，澳大利亚称之为文化娱乐企业，英国则叫创意企业，美国称为版权企业。

　　文化企业是文化产业的核心载体，企业的经营内容和目的都在文化产业的范畴之内，因此，定义文化企业必须在清晰的产业概念界定下。结合联合国教科文组织⑤（UNESCO）和关贸总协定（GATT）对文化产业的分类（如图1-1），文化部⑥和国家统计局对文化产业进行了概念界定：文化产业是从事具有精神性、娱乐性

---

① 李向民，王晨，成乔明. 文化产业管理概论［M］. 太原：书海出版社，2006：71-75.
② 陈少峰，张立波. 中国文化企业报告2012［M］. 北京：华文出版社，2012：13-17.
③ 苑捷. 当代西方文化产业理论研究概述［J］. 马克思主义与现实，2004，1：98-105.
④ 赵丽芳，柴葆青. 韩国文化产业爆炸式增长背后的产业振兴政策［J］. 新闻界，2006（3）：91-93.
⑤ 联合国教科文组织定义：文化产业就是按照工业标准，生产、再生产、储存以及分配文化产品和服务的一系列活动。
⑥ 2003年9月，中国文化部制定下发的《关于支持和促进文化产业发展的若干意见》，将文化产业界定为从事文化产品生产和提供文化服务的经营性行业。

的文化产品的生产、流通和消费①，以及提供以文化为内涵的各种服务活动的经营性行业。2012 年国家统计局重新定义文化产业为"为社会公众提供文化产品和文化相关产品的生产活动的集合"。基于《文化及相关产业分类（2012）》，本书将文化企业界定为在文化产业中，以文化创意、知识产权、人力资本等无形资源为投入要素，为市场创新、生产、流通、销售文化产品和文化相关产品，并运用著作权、版权、专利权、商标、地理标志、商业秘密、传统文化等文化资源或内容获取商业利益的组织。参与市场活动获取商业利益强调了文化企业的市场性质，并与文化事业单位区分开来；创

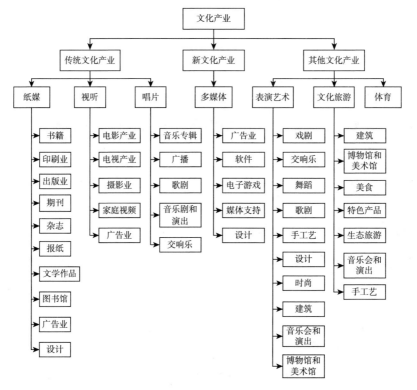

图 1 - 1   文化产业分类

---

① 胡晓明，肖春晔编著. 文化经纪理论与实务 [M]. 广州：中山大学出版社. 2009.

新体现了文化企业中文化资源或内容的文化特性，文化产品或服务主要是以创意为主。

2. 文化企业的特征

（1）人文性

文化企业与一般企业生产和经营的不同之处在于文化产品具有天然的、内在的精神价值，文化产品不仅能满足人们的精神需求，还能直接传播和表达某种意识与倾向，有一定的教育和引导功能，因此提供文化产品或服务的文化企业具有一定的人文性。文化企业为消费者提供的满足其精神文化需求的产品与服务凝结了人类的创意与创新，凝结创意创新精华的知识产权等人文内容在其中占据了重要位置，如书籍、电影、音乐、艺术演出等均以不同的思想内容作为各自的核心竞争力。同时，文化企业的人文性还表现在文化产品或服务引导一定的意识倾向。罗兵和温思美（2006）指出文化产业是国家服务业发展的产物①，服务于国家意识，所以各国的文化企业成立目的各有不同，最初的文化企业担负着非商业性文化部门与商业性文化活动的双重重任，随着经济的发展，文化产品的商业性和非盈利性才逐渐分离为公益性、社会性的文化活动与商业性的文化活动。

（2）创新性

文化企业提供的产品和服务与人的创意密切相关，具有高度创新性。文化企业的投入以无形资本为主，包括版权、专利技术、人力资本、创意、品牌资源等，创新是文化企业发展的灵魂，文化企业的文化产品或服务需要创新的意识和精神才能创造价值，独特的

---

① 罗兵，温思美. 文化产业与创意产业概念的外延与内涵比较研究 [J]. 甘肃社会科学，2006（5）：117 - 120.

精神意识是文化产品或服务的价值所在。人们通过领略和感悟文化产品中蕴含的内在价值观获得精神上的满足，也愿意为这份精神价值而支付代价，这就是文化企业创新性的价值。但一千个读者就有一千个哈姆雷特，不同受众对相同文化产品的满足感和获得感不同，造成了文化产品或服务的价值缺乏可预测性和准确性，进而对文化企业的价值评估造成影响。例如，电影发行企业需要有创新意识的导演和作品，才能吸引消费者的购买欲，但是创新意识转化为企业的收入和现金流具有极大的不确定性，导致文化企业无法准确通过评估自己的产品价值而获得精准投资；新媒体企业的经营模式要求有创意，但同一个模式的应用却有可能产生不同的结果，同样创新性的内容并不能保证收益的可比性，增加了文化企业融资的不确定性；再如，网络运营文化企业的盈利模式和方法也与传统企业有所区别，网络文化企业的运营更具有创新性，但该创新性却因为没有权威的统一衡量标准，增加了文化企业在融资过程中的风险。

（3）产品价值的不确定性

文化产品多是无形资产，产品价值大部分附加在有形的载体或者媒介上。该载体或者媒介本身往往成本较低、形式多样，并且随着科技水平的提高，文化产品更加容易被传播，但是传播途径简单、复制成本低，导致文化产品很容易被侵权。但是文化产品是满足人们精神需求的产品，产品包含了创作理念、文化差异、地域特色、社会环境、时尚潮流、个人爱好等多种不确定因素，创作过程艰难、投入成本大，导致文化产品、文化资产或资源的价值具有不确定性。同时，受众、盈利模式和收益来源等影响文化产品价值的因素也存在不确定性，如电影发行企业的电影作品会因电影作品的拍摄进度①（拍完正在放映、正在拍摄、已经签约），导演、演员的影响力，以及受众群体、收益分成、产权归属等原因而有不同的价值。

（4）高风险性

文化产品的市场竞争激烈性、易复制性、衍生收益不确定性等特点决定了文化企业的高风险性。文化产品高制作成本与低复制成本的矛盾、人文性与经济性的矛盾，使文化企业面临的风险相较于一般企业会更高，文化企业倾向于向社会广泛融资来降低其面临的高风险②。同时，文化产品具有巨大的衍生性③，例如电视剧不仅有发行权，还具有放映权、音像品出版权、书籍出版权、网络产品开发权、游戏与玩具开发权、旅游产品开发权等，产品的使用价值不会随消费过程的产生而消失，产品的重复利用和衍生价值的不确定性，进一步增加了企业的风险。

（5）渗透性

在知识经济和信息技术时代，高新技术催生的新型文化企业不仅以极强的生命力渗透到传统文化企业，与其他行业企业也是相互渗透。比如，影视音像企业除影片、音乐的创作外，还可以与传统文化企业广告公司合作拍摄 MV，与设计公司合作海报封面设计，以及与艺人经纪公司合作举办演唱会，与互联网公司或营销公司合作销售影片、唱片等。同时，新兴文化企业不能完全代替传统企业，例如，尽管影视产业呈现蓬勃发展的势头，新媒体技术层出不穷，但是仍有很多观众喜欢传统的话剧和戏曲，喜欢传统文化的韵

---

① 不同的拍摄进度表示作品的完成度不同，对文化产品价值的贡献度不同。
② Banks M., Lovatt A., O Connor J. et al. Risk and trust in the cultural industries. Geoforum, 2000, 31 (4): 453 –464.
③ 吉姆·麦奎根著，何道宽译. 重新思考文化政策 ［M］. 北京：中国人民大学出版社，2010. 166.

味。因此，新兴文化企业对传统企业的渗透既有对后者的替代，也有二者的共生共荣①，文化企业应该在与数字技术融合的基础上，不断发展服务内容与传播、应用手段的融合。

（二）融资风险及分类

1. 融资风险的定义

詹姆斯·范霍恩②等认为"风险是预期收益的不确定性"，却没有明确指出不确定性包括有利的不确定性和不利的不确定性两方面。将不确定性的发生事项范围界定为预期收益也存在一定的争议，因为风险涉及的范围更为广泛，仅将其界定为企业预期收益具有一定的局限性。小阿瑟·威廉姆斯等对风险的定义做了进一步的完善，认定"风险是在给定情况下和特定时间内，可能发生的结果的差异"，设定风险发生的前提是给定情况和特定时间，这种定义扩大了风险发生的范围，认为风险是发生的可能性结果之间的差异。美国学者威廉姆斯（Williams）和汉斯（Heins）③在此基础上明确了风险的实质是预期与实际的偏离程度，认为"风险是在一定条件下、一定时期内预期与实际结果之间可能产生的偏离程度"，但采用离散程度（或波动性）的方差来定义风险不符合风险的突发性和随机性特征④（张尧庭，1998）。戈登·迪克森（Gordon C. A. Dickson，1989）对风险进行了较为综合的定义，把风险总结为"对特定情况下可能造成的后果客观地表示疑虑；对发生某一经济损失的不确定性；一种无法预知的、其实际后果可能

---

① 蒋三庚，王晓红，张杰. 创意经济概论［M］. 北京：首都经济贸易大学出版社，2009. 40 – 43.
② James C. Van Horne 著，郭浩、徐琳译. 现代企业财务管理［M］. 北京：经济科学出版社，1998.
③ 小阿瑟·威廉姆斯等著，陈伟等译. 风险管理与保险［M］. 北京：中国商业出版社，1990.
④ 张尧庭. 随机过程——统计工作者必备的知识［J］. 统计教育，1998，06：4 – 6.

不同于预测后果的倾向；不幸事故发生的可能性；损失的可能性；一切危险的综合体等等皆为风险"①，这个定义较为详细地解释了风险的内容和限定条件。经过长期的演变和完善，目前较为权威、综合及简洁的风险定义是 COSO 风险管理整合框架中定义的"风险是一个事项将会发生并为目标实现带来负面影响的可能性"②。

对于融资风险的界定与研究，普遍是根据风险的定义加入融资活动的限定进行整合而得到的。因此，融资风险虽然可以定义为"融资活动预期收益的不确定性""一定条件下、一定时期内融资活动的预期结果与实际结果之间可能产生的偏离程度"等，但学术研究一般结合 COSO 对风险的界定，定义融资风险为"企业融资活动中，为达成既定融资目标而带来负面影响的可能性"。其具体是指企业融资活动受不确定性因素的影响，导致企业融资规模、融资结构等未达到预计目标，或者融资过程中融资成本高于收益甚至融资成本过高、超出负荷导致发生融资中断、融资失败的可能性。随着现代企业融资观念的更新、融资方式的拓展和融资渠道的延伸，企业融资风险的不确定影响因素已经不仅包含融资规模、融资成本、融资结构等因素，还扩展到政治、法律法规、政策及管理水平、投资活动等因素。因此企业的融资风险可以理解为受企业外部市场环境、法律法规，以及企业内部管理水平、运营能力等因素影响，企业的融资活动未达到预期目标而发生融资终止或失败等不利后果的可能性。融资活动贯穿企业运营全过程，与企业的其他业务活动息息相关，企业实际融资成果与预期目标发生背离，极易对企

---

① Gordon C. A. Dickson. Introduction to insurance ［M］. 北京：新时代出版社，1989.

② 企业风险管理——整合框架，COSO. 2004.

业的生存发展和盈利目标产生负面影响或不利结果①（刘纳新、伍中信等，2015），本书在融资风险识别、度量与预警的研究过程中，充分考虑了企业其他业务活动的风险对融资活动的影响。

2. 融资风险的分类

融资风险是企业融资过程中不可忽视的内容，具有不同的分类及形式，王蕾（2005）②将融资风险划分为现金性融资风险和收支性融资风险，殷文博（2005）③认为债务融资风险可分为支付性债务风险和经营性债务风险。不同的融资方式可以拓宽企业的融资渠道，改变单一依赖银行信贷的状况，缓解资金不足的压力，使企业更好地适应资本环境。本书按融资方式的不同，大致将融资风险划分为股权融资风险和债权融资风险。

（1）股权融资风险

股权融资风险是企业在股票发行、并购融资等与股权相关的融资过程中，受股票发行数量、发行时机或并购方式等因素的影响，企业融资成本高于融资收益，融资活动未能达到预期经济目标而造成损失的可能性。具体可划分为：股票融资风险、并购融资风险和股权出让融资风险。

股票融资风险是企业利用发行股票的方式上市或者进行增资扩股再融资时，由发行数量不当、发行时机不对等原因造成融资失败或损失的可能性。虽然我国企业发行股票上市融资的程序和条件等已经开始有所松动，股票发行由审核制逐渐向注册制过渡，文化企业的融资成本大大降低，但是文化产业毕竟是新兴产业，在我国并

---

① 刘纳新，伍中信，林剑峰. 科技型小微企业融资风险传导过程研究 [J]. 会计研究，2015（1）：56－60.
② 王蕾. 浅析企业融资风险的成因及防范 [J]. 商业研究，2005（13）：80－81.
③ 殷文博. 论企业举债筹资风险及防范对策 [J]. 内蒙古科技与经济，2005（19）：104－106.

不完善的资产市场中，文化企业的实际价值并不能及时和完整地体现。因此，通过发行股票而公开上市的文化企业数量并不多，股票融资对文化企业既是挑战也是威胁。

并购融资风险是指文化企业根据发展战略和资金需求，通过股权交换的方式筹措企业生存发展所需资金，在该过程中，如果并购融资的目标设定或时机选择不当会导致损失，这些损失的可能性就是并购融资风险。企业并购能否筹集到足额的资金、能否达到预期的并购目标、能否及时支付融资成本和利息，都是并购融资过程中的风险。企业并购融资风险包括并购目标选择错误造成的目标选择风险、并购过程中股权变动造成收益不确定的过程风险，以及并购后管理效率低下达不到预期收益造成损失的管理风险。例如上海文广旗下的百事通吸收合并东方明珠事件就是典型的文化企业并购融资案例，并购后市值达千亿元的百事通企业在并购开始、并购进行过程中以及并购后面临的收益波动均蕴含着巨大的并购融资风险。

股权出让融资风险是指公司股权转让获得融资时，融资过程、融资结果没有达到预期目标而造成融资失败，进而引发损失的可能性。此时出让的股权是除发行股票转让、债务重组转让等转让方式之外的股权转让。股权转让融资包括引入风险投资、引入外资等融资方式。文化企业的经营规模小、能力弱、经验少，股权出让融资的融资方式对企业的管理运作和风险技术水平要求更高，融资存在着更大的不确定性。

（2）债权融资风险

债权融资风险是企业在利用发行债券或者借贷方式来融资时，由企业偿债能力、获利能力或资本管理等原因造成融资失败导致损失的可能性。债权融资风险主要是与债务融资方式有关的融资风险，银行贷款、发行债券等债务融资过程中的不确定性因素都可能引发债务融资损失，形成债权融资风险。债权融资风险主要包括银行贷款融资风险、发行债券风险和可转换债券的转换风险等。企业发行债券进行融资时，企业的信誉、债券发行总量、发行时机、债券利率、同期银行存款利率以及承销机构等因素可能会导致债券发行不成功而形成债券发行风险。2010～2015 年我国上市文化企业共发生债券融资 114 起，总融资额度为 650.2 亿元，平均发行利率为 5.08%，高于同期银行存款年利率，债券融资风险较高。此外，由于我国资本市场对于债券发行的规定与约束较为严格，债券融资手续较为繁琐，债券融资时间较长，为了能及时获得资金推出项目进而抢占市场，有的文化企业会选择以高息直接向民间个人或者金融机构进行非正规的民间借贷融资，多数中小规模的文化企业出于规模和信用等原因倾向于民间借贷融资，但是民间借贷利息高、信用约束差、缺乏法律公正和监督，融资风险更大。

（三）风险管理的界定

学者首先对风险管理的职能和作用进行了讨论与界定。传统的风险管理观念源于亨利·法约尔（Henri Fayol，1949）提出的企业安全管理理论，法约尔认为风险管理是企业的管理功能之一[①]，给予风险管理安全和保障的角色，费力克斯·克洛曼（H. Felix Kloman）和约维·海门斯（Y. Y. Haimes，1960）则认为企业的风险管理过程是一种信息系统，这些研究都强调了风险管理在企业中的作用和重要性[②]。格理森（James T. Gleason，2001）在强调风险管理重要性的基础上，将风险管理的内容概括为测量、评估风险以及控

---

① Henri Fayol, Translated by C. Storrs. General and Industrial Management [M]. London：Sir Isaac Pitman & Sons, 1949.

② Yan, Z. and Y. Y. Haimes. Risk-based Multiobjective Resource Allocation in Hierarchical Systems with Multiple Decisionmakers, part II：a Case Study [J]. Systems Engineering, 1960, 14 (1)：17 - 28.

制和管理风险的过程①。威廉姆斯和汉斯明确提出了确定企业风险任务、评价风险和不确定性、风险控制、风险融资和企业风险管理信息反馈②等企业风险管理五要素。之后的研究重点在于风险管理的内容与过程，学者试图通过对风险管理内容和范围的界定来体现风险管理的职能与作用（魏迎宁，2003③；陈秉正，2003④）。道弗曼（Mark S. Doffman）指出，"风险管理过程由识别并衡量潜在风险、选择最有效方法控制损失和监督结果三个步骤组成"⑤。特里斯曼（James S. Trieschmann）⑥、古斯特夫森（Sandra G. Gustavson）和霍伊特（Rober E. Hoyt）等把风险管理看做是"用来系统管理纯粹风险暴露的过程"，提出了识别、评估、选择风险管理方法以及实施和复查风险决策四步骤⑦。哈林顿（Scott E. Harrington）、尼豪斯（Gregory R. Niehaus）将风险管理扩展到五个步骤："识别风险、衡量潜在的损失频率和损失程度、开发并选择适当的管理方法、实施管理、持续监督"⑧。斯凯柏（Skipper）提出的理想的风险管理程序也不外乎这些内容⑨。康斯坦斯·M. 卢瑟亚特（Constance

---

① James T. Gleason. Risk Management：The Vision and the Reality［J］. Rma Journal，2001，83（6）.

② C. Arihur Williams，Jr.，Richard M. Heins. Risk Management and Insurance［M］. New York：Mc Graw-Hill，Mc Graw-Hill insurance series. 1964.

③ 魏迎宁. 简明保险辞典［M］. 北京：中国财经出版社，2003.

④ 陈秉正. 公司整体化风险管理［M］. 北京：清华大学出版社，2003.

⑤ Mark S. Dorffman. Introduction to Risk Management and Insurance（7th）［M］. 北京：清华大学出版社，2002.

⑥ James S. Trieschmann. Risk Management and Insurance［M］. Toronto：Thomson South-Western，1998.

⑦ James S. Trieschmann，Sandra G. Gustavson，Robert E. Hoyt. Risk Management and Insurance（11th）［M］. 大连：东北财经大学出版社，2002.

⑧ Scott E. Harrington，Gregory R. Niehaus. Risk Management and Insurance［M］. New York：McGraw-HillIrwin. 2016.

⑨ Skipper. Intemational Risk and Insurance：An Environmental Managerial Approach［M］. 北京：机械工业出版社，1998.

M. Luthardt）和巴里·D. 史密斯（Barry D. Smith）在前述定义的
基础之上，增加了修正风险管理计划的步骤①，不断完善风险管理
的过程。COSO 企业风险管理综合框架从职能、作用和程序等方面
对风险管理进行了较为系统和全面的定义，认为"企业风险管理是
一个过程，它由一个主体的董事会、管理当局和其他人员实施，应
用于战略制定并贯穿于企业之中，旨在识别可能会影响主体的潜在
事项，管理风险以使其在该主体的风险容量之内，并为主体目标的
实现提供合理保证"。

综合目前学界对风险管理的定义，本书总结风险管理的定义
是：风险管理指企业围绕总体经营目标，建立和健全风险管理体
系，对经营管理活动中所面临的各种风险进行识别、评估、控制和
处理，以期改善企业整体风险状况而采取的一系列管理措施和行
为。风险管理是一个持续不断、动态调整的过程②，伴随着企业各
项活动，通过风险识别、风险衡量、风险评价等动态过程，不断修
正和优化各种风险管理技术组合，对企业的风险实施有效控制，以
期达到用最小的成本保障企业安全和创造最大价值的目的。

如图 1-2 所示，风险管理流程一般包括风险规划、风险识别、
风险度量与分析、风险预警、风险处理与监控，并且在过程中相互
循环和反馈。左侧的企业风险管理具体流程表示，企业在设定风险
管理的程序和政策下，根据实际情况决定风险期望和风险容忍度，
并运用所能获取到的信息和数据等资源来识别和测量风险，调整风
险水平以使实际风险水平与期望风险水平相一致。右侧展示了企业
融资活动的风险管理过程。企业在进行融资风险管理时，首先检查

---

① Constance M. Luthardt, Barry D. Smith, Eric A. Wiening. Property and Liability Insurance Prin-
ciples（3rd）［M］. 北京：北京大学出版社. 2003.
② 企业风险管理——整合框架. COSO. 2004.

融资策略和其他与融资活动相配套的各项战略计划是否存在和合理，然后识别融资活动的各项风险，通过融资风险的度量和预警，不断对风险的期望水平进行控制和调整，并调整融资活动相关决策，最终在与实际风险水平持平或可以接受的、损失最小的风险水平下进行融资活动。

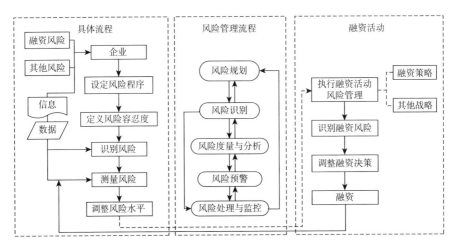

图 1 - 2　企业风险管理流程

三　研究方法与研究结构

（一）研究方法

1. 规范研究法

规范研究是对研究对象合理性的一种判断，描述研究对象的本质"应该是什么"，试图通过理论推导或者逻辑演绎得出一定的结论，帮助解释现实中的现象。本书主要运用规范研究方法，选择融资风险的识别、度量和预警活动作为研究对象，梳理国内外融资风险及风险管理相关的研究文献，对文化企业融资风险及风险管理的相关概念、研究现状进行文献回顾与述评，以风险管理理论、预警理论等为理论基础，从理论层面分析文化企业融资风险的宏观和微观影响因素，并探索文化企业融资风险识别、度量的流程和内容，规范性地设计适合文化企业的融资风险预警体系。最后，结合实证研究的结果分析文化企业融资风险识别、度量和预警中出现的问题，有针对性地提出完善文化企业在识别、度量和预警过程中管理机制的对策建议。规范研究不仅梳理文献资料，归纳总结融资风险及风险管理的相关概念，完善相关理论，更是以实证研究的客观结果与数据为依据，对文化企业的融资现状和融资风险管理中暴露出的问题做进一步的分析和总结。

2. 实证研究法

实证研究是对研究对象进行客观的描述和解释，证明研究对象"是什么"的科学性研究，试图通过证实现象的客观性来验证研究对象的客观规律和内在逻辑。实证研究与规范研究相辅相成、相得益彰，实证研究以规范研究提出的目标或方向为指导。本书选择文化企业融资风险的识别、度量与预警三部分内容，根据规范研究的理论或逻辑推导做出假设，探索文化企业融资风险的宏观和微观影响因素，并运用客观的材料与数据构建模型进行检验，以验证所做假设是否成立。本书主要构建了三个实证分析模型，分别运用结构方程模型、GARCH 模型和动力系统学模型建立文化企业融资风险的识别、度量和预警模型，选取上市文化企业的数据作为样本进行实证检验，观察和比较实证结果与根据理论推导做出的假设是否相符，试图通过对文化企业融资风险的识别、度量和预警研究来验证融资风险管理对文化企业的重要性。

3. 文献研究法

本书运用文献研究法梳理国内外与融资风险、文化企业融资风险识别、度量和预警相关的文献，搜集、整理大量与文化企业融资和风险管理相关的书籍、报纸、期刊、专业研究报告、统计年鉴等资料，同时从互联网收集新闻报道以及公开发布的内容等信息，通过文献和资料的归纳总结，得出有用的观点和数据以辅助研究的进行。此外，本书还借助中国经济统计网、锐思和国泰安数据库等专业的统计数据库分析和描述相关概念。通过文献归纳和分析，梳理文化企业融资风险管理的理论基础和研究进展，正确洞悉文化企业融资风险的研究现状与热点问题，明确当前关于文化企业融资风险管理研究的进度和不足，并在此基础上确定研究目标和研究方法。

（二）研究结构

本书以风险管理、预警、耗散结构等理论为基础，规范与实证相结合，识别我国文化企业融资风险的影响因素，并对融资风险进行度量和评估，建立与文化企业相适应的融资风险预警管理模型。研究的主要逻辑架构如下。

第一章绪论包括选题背景与意义、相关概念辨析、研究方法与论文结构，以及研究可能存在的创新点与不足等内容。在介绍研究的选题背景、点明研究目的与意义后，对文化企业、融资风险、风险管理等相关概念进行了界定与辨析，之后对本书的研究方法和结构详细进行了介绍，最后提出本书可能存在的创新点与不足之处。

第二章文献综述与理论基础。文献综述从学界对风险管理的研究文献入手，统计了国内外对风险管理的研究状况，梳理国内外专家和学者对文化企业的融资风险识别、度量和预警等风险流程的相关研究成果，并对研究结果与内容进行了评论，指出已有研究存在的局限和不足。理论基础部分运用管理学中的风险管理、财务预警等理论，结合系统科学新"三论"中的耗散结构理论，论述以上理论与融资风险的理论关联性。

第三章研究文化企业融资风险的影响因素并对其进行了识别与

探索。从融资规模、融资方式、融资特殊性等方面对文化企业的融资情况进行描述，并归纳出文化企业融资风险的主要特征，从宏观的市场环境、政策法规风险和微观的管理、投资、运营、信用风险等因素出发，分析了文化企业融资风险的影响因素。

第四章运用结构方程模型识别文化企业的融资风险影响因素是否真正存在。应用耗散结构的假设和两状态 Markov 链的推导证明了融资风险的可识别性，以 2005～2014 年的上市文化企业数据为例，建立结构方程模型，对影响文化企业融资风险的因素关系和路径进行实证分析，识别出文化企业融资风险面临的市场环境、政策法规等宏观层面与管理水平、投资效率、运营能力等微观层面影响因素。

第五章基于结构方程模型和 GARCH 模型分别度量了文化企业的融资风险。将上一章识别出的文化企业融资风险影响因子作为与融资风险密切相关的互动耦合风险因子，利用矢量空间和风险扩散模型推导融资风险的可衡量性之后，结合结构方程模型测量出的各风险因子间的影响系数度量文化企业的融资风险，分析和评价我国上市文化企业面临的融资风险大小。并选择融资现金流变动作为指标，运用 GARCH 模型检验了文化企业融资风险的变动情况，对结构方程模型度量的融资风险大小进行了验证。

第六章构建文化企业的融资风险预警系统，运用系统动力学软件 Vensim PLE 对我国文化企业的融资风险预警进行了模拟仿真。从目的、职能、结构关系等方面构建我国文化企业的融资风险预警体系，并基于系统动力学原理在 Vensim PLE 仿真环境下模拟运行文化企业融资风险预警仿真模型，确定风险预警指数阈值、判定风险等级，对文化企业融资风险的演化进行实证分析，模拟文化企业融资风险的变动趋势，与运用 GARCH 模型预测的融资风险变动趋势进行比较，判断文化企业融资风险预警体系的构建是否合适。

第七章总结文化企业融资风险在识别、度量和预警等方面的管理现状及存在的问题。在前述理论和实证分析基础上，针对我国文化企业融资风险管理的现状，从风险管理意识、组织结构、管理技术和配套服务机制等方面对文化企业融资风险存在的问题进行了详细分析。

第八章为加强对文化企业融资风险识别、度量与预警的管理，从健全机构设置、完善预警机制、提升评估技术以及创新配套服务体系等方面提出了系统性的对策建议，为文化企业管理和控制融资风险提供参考和依据。

本书主要的逻辑框架结构如图 1 – 3 所示。

四 可能的创新及不足

（一）可能的创新之处

本书以风险管理理论为基础，按照风险管理的流程对文化企业的融资风险识别、度量和预警问题进行剖析，紧密围绕我国文化企业融资的现状，探索和识别文化企业的融资风险影响因素，度量我国上市文化企业当前的融资风险大小，并设计相应的融资风险预警体系，在理论和实务上具有一定的创新性，可能的创新体现在如下几方面。

一是运用结构方程模型客观全面地辨别文化企业的融资风险影响因素。本书以上市文化企业为研究对象，对影响文化企业融资风险的宏观和微观因素进行了全面探索与研究。当前企业风险管理研究较多关注信用风险和财务风险，对以创意为主和资本密集型的文化企业的融资风险识别与度量的研究较为少见。本书利用结构方程模型从宏观和微观方面对融资风险的影响因素进行探索、识别和分析，不仅克服了线性回归模型的多重共线性，而且避免了路径分析的单条分析限制，较为全面地识别了文化企业融资风险的影响因素，丰富了企业风险管理的内涵。

二是运用文化行业的专有数据，系统综合地构建具有文化特色的多元融资风险度量与预警指标体系。在以往的研究中，少有学者关注文化企业的融资风险度量与预警问题，多是运用单个指标或几个指标对企业的财务风险、信用风险进行度量，而本书运用结构方程模型系统地从识别融资风险入手，加入文化行业市场环境、政策法规宏观数据和具有鲜明文化特征的无形资产比重等微观指标，构建多因素的融资风险度量模型，通过结构方程模型的识别与优化，选取契合文化企业的指标，建立融资风险预警体系，系统全面地从流程、指标选择以及数据使用等各方面研究融资风险的管理，同时理论结合实际，深刻剖析融资风险在度量和预警中暴露的问题，为文化企业融资风险管理研究提供了实证素材。

三是引入系统动力学模型对文化企业的风险预警体系进行仿真模拟，综合交叉自然科学与社会科学方法，客观地验证风险度量与预警体系的可应用性。系统动力学模型基于系统论，将自然科学的研究方法引入社会科学领域，根据系统科学的思想解决现实中文化企业的融资风险预警问题，将融资风险管理从传统的、模糊的、不可衡量的抽象概念与理论深入到客观、科学、系统的技术分析中，具有一定的创新性。同时，企业的融资风险仿真模拟结果与度量的融资风险进行比较和验证，有效证明了本书构建的文化企业风险预警体系的全面性与预测性，进一步提升了文化企业融资风险预警的决策支持能力。

（二）不足之处

本书主要的不足之处在于以下两点。

一是选取指标和确定权重存在一定的主观性。对文化企业融资风险进行识别和度量时，虽已尽力分析并选取影响文化企业融资风险的各种宏观因素和微观因素，但是受个人能力所限，并不能全部选取文化企业融资风险的影响因素，指标的选取可能因为行业的特殊性有一定的偏离，并且由于结构方程测量的融资风险影响因素的权重大小随方程建立的不同而变化，融资风险影响因素的权重确定具有一定的主观性。

二是样本选择范围较小。由于数据收集的限制，实证分析只选择上市文化企业的数据进行研究。而上市文化企业的数量、规模对于文化行业的影响有待进一步验证，因此，采用上市文化企业数据实证分析得出的结论可能存在一定的偏差。

总之，本书无论是在理论还是实务方面，都为新兴文化企业的融资及其发展提供了一定的参考与借鉴。实证研究更是结合国际先进模型，使用我国文化企业的实际数据进行研究和验证，一定程度上弥补了我国文化企业融资风险在识别、度量和预警等管理方面的实践空白。但是由于文化企业的发展时间较短，质量参差不齐，上市企业数量相对较少，融资风险度量结果可能会产生一定的偏差，实证模型分析的融资风险影响因素是否对其他行业的企业有同样的影响，这些都有待于以后的进一步研究。

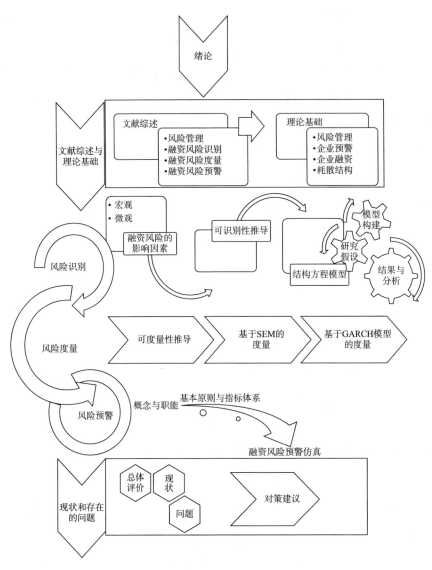

图 1 − 3   本书主要的逻辑架构

第二章
文献综述与理论基础

第一节　文献综述

一　风险管理的文献统计

融资风险的识别、度量和预警是风险管理的主要流程，回顾国内外关于文化企业融资风险管理的研究文献发现，企业风险管理的研究已经较为系统，从内部控制到全面风险管理，学者都有所涉猎。对于风险管理的研究主要从以下四方面展开：一是讨论内部控制与风险管理的关系，这方面具有代表性的结论即 COSO 建立的内部控制体系，把风险管理作为要素包含在内部控制中；二是从不同角度研究企业的各类风险，切入和关注角度的不同产生了多样的风险研究对象，例如财务风险、信用风险、操作风险等；三是对风险管理的不同流程进行研究，诸如对风险识别、风险度量、风险预警等进行研究；四是对风险管理过程中方法与模型的改进研究。

从研究发展的总趋势进行分析，融资风险管理的研究基础源自财务风险管理的研究，财务风险管理的研究是风险管理研究的细化。大部分学者在对财务风险进行研究时，很早就对财务风险进行了划分，将其分为资金回收风险、投资风险、融资风险和收益分配风险四部分（向德伟，1994；纪连贵，1998），之后有学者对不同融资风险，诸如对债权和股权融资的风险进行分析，但是研究大多局限于单一融资方式产生的风险可能对企业财务风险造成的影响，多是把融资风险作为财务风险产生的原因，最终都是提出如何完善财务风险管理的对策建议，少有分析融资风险的产生原因及影响。从风险管理流程的角度出发，系统性地分析融资风险的研究也有一定的进展，但是较为少见。因此，本部分主要统计了当前学术界对于企业风险管理研究的文献资料。

　　本书对国内和国际研究中风险管理相关内容的研究文献进行统计，表2-1是在国内学术平台中国知网上统计的2006～2015年以"风险管理"和"融资风险管理"为关键词的研究文献。本书发现，到2016年初，国内学界关注风险管理的文献已有5263911篇，而具体到融资风险管理的研究则仅有41547篇，不足1%，涉及文化企业融资风险管理的研究更为少见。同时，在国际著名六大检索系统之一的SSCI（Social Sciences Citation Index，社会科学引文索引）上对1999～2014年所有的SSCI文章做关键词"风险管理"检索，共搜到公开发表的文献15473篇，其中涉及经济学、管理学的文章共有3998篇。对风险管理领域文章的发表年份、发表国家以及学科分类逐一进行统计分析后，发现管理风险研究领域的文章数量逐年递增，2006年是文章发表数量的一个拐点，自2007年起文章数量迅猛增加。这说明风险管理在2006～2015年是热点问题，尤其是由于全球金融危机的刺激，在2009年发表的研究文献数量剧增。从文献研究的内容进行分析，多数文献以风险管理其中一个步骤为切入点进行研究，即分别研究风险的识别、风险的预测和风险处理等某一方面，但在风险管理的具体方向上分类不够清晰，对风险管理的风险研究更倾向于对风险预测和风险应对处理方式的探讨。

表 2 - 1　中国知网以"风险管理""融资风险管理"为关键词的文献统计

年份	风险管理文献数量（篇）	融资风险管理数量（篇）
2015	426886	4220
2014	458729	5099
2013	448796	5040
2012	429392	4515
2011	410622	3740
2010	380031	3502
2009	368526	2980
2008	347557	2656
2007	327896	2466
2006	298208	2018
合计	5263911	41547

注：数据来源于对中国知网上期刊、硕博论文、国际/国内会议、学术辑刊、商业评论及报纸等文献统计，以"风险管理""融资风险管理"为关键词进行搜索。合计值为自 1988 年开始的文献总篇数。

二　融资风险的识别研究

国内外学者对文化企业融资风险研究的时间并不长，大多数发达国家主要通过政府的适当引导和扶持，以及市场机制的自我调配对文化企业融资存在的问题进行控制与解决。风险的识别是经济单位对所面临的以及潜在的风险加以判断、归类整理，并对风险性质进行鉴定的过程。在融资风险的识别和预测方面，美国学者 Beaver（1966）在其论文中率先提出了单变量分析法。他选择了 79 对公司作为样本，分别检验了反映公司不同财务特征的 6 组 30 个变量在公司破产前 1～5 年的预测能力，发现融资风险最好的判别变量是营运成本/流动负债和净利润/总资产①。随后，学者不断增加变量的个数对融资风险的影响和衡量指标进行分析。多变量分析法在融资风险预测研究领域占主流地位的是 20 世纪 80 年代兴起的 Logistic 回归分析法。经典的研究是 Ohlson James A（1980）运用 Logistic 回归分析法建立的预测模型，研究发现四类显著影响公司破产概率的风险变量，即公司规模、业绩、资本结构和当前的变现能力②。国内对风险的识别研究以财务数据为基础，较有代表性的是周守华教授（1996）在 Z 分数模型的基础上改进的 F 分数模型。该模型考虑了现金流量变动情况指标，选用 1977～1990 年 62 家公司（同一年度、同一行业以及净销售额相近的破产和非破产公司各 31 家），并以 Compustat PC Plus 会计数据库中 1990 年以来 4160 家公司的数据作为检验样本进行了验证，模型对风险识别的准确率高达近 70%③。

在探索文化企业融资风险的成因方面，多数学者认为企业融资风险是由负债增加引起的（汪平，2007）④，企业融资过程中资本结构失衡例如债务融资比重过大，企业支付能力将减弱，融资风险增大。学者归纳出影响融资风险的因素有资产负债率、总资产利润率等（张玲等，2009）⑤，还有获利能力、偿债能力、周转能力和成长能力等业绩指标（李天庚，2004）⑥，刘永华等（2007）还加

---

① Beaver, Willam H. Financial Ratios as Predictors of Failure [J]. Journal of Accounting Research, 1966, 4 (3): 77 - 111.

② Ohlson James A. Financial Ratios and the Probabilistic Prediction of Bankruptcy [J]. Journal of Accounting Research, 1980, 18 (1): 109 - 131.

③ 周守华. 论财务危机的预警分析——F 分数模式 [J]. 会计研究, 1996, 8: 12 - 13.

④ 汪平. 企业融资渠道与融资行为分析 [J]. 会计师, 2007, 05: 9 - 13.

⑤ 张玲, 周守华. 现代企业财务理论前沿专题 [M]. 大连: 东北财经大学出版社, 2009: 388 - 400.

⑥ 李天庚. 企业风险管理及控制模型研究 [J]. 郑州大学学报, 2004, 2: 89 - 93.

入了环境变量对风险进行评判[①]。企业融资风险的主要影响因素是信贷约束，信贷约束导致了效率损失和风险集聚，在融资中信贷约束问题较为突出（刘降斌、李艳梅，2008；Czamitzki & Hottenrott，2011）。Favara（2012）研究认为商业银行对贷款违约风险的控制，影响了企业的融资活动[②]，严重抑制了企业的成长与发展，也对创新型国家战略的有效实施带来了挑战。近年来我国学者对融资风险的研究由企业转向金融机构，主要探究银行风险和融资的成因，包括银行风险计量（胡利琴等，2009）[③]、风险监管框架设计（沈沛龙和任若恩[④]，2001；李林和耿世忠[⑤]，2003）、银行治理结构（曹廷求等[⑥]，2006；刘晓勇[⑦]，2006）等内部因素。赵爱良、张丹（2006）[⑧] 分析了上市公司融资风险的原因，发现资本结构不合理、股利政策非理性化、财务杠杆利用不合理以及公司治理结构不完善等原因致使融资环境不利，导致再融资风险加大。崔伟[⑨]（2006）认为企业负债融资风险是负债融资本身和其他因素的共同作用，包括负债规模、负债结构、固定资产与长期负债比率等。但是这些研究多数是对一般企业普遍的融资风险成因进行探讨，没有

① 刘永华，李长青. 财务危机预警模型的环境因素分析 [J]. 内蒙古工业大学学报（社会科学版），2007，02：35 – 39.

② Favara，Giovanni. Agency Problems and Endogenous Investment Fluctuations [J]. Review of Financial Studies，2012，25，7：2301 – 2342.

③ 胡利琴，李灿，梁猛. 基于组合理论的中国商业银行风险整合和资本配置研究 [J]. 金融研究. 2009，3：119 – 134.

④ 沈沛龙，任若恩. 新的资本充足率框架与我国商业银行风险管理 [J]. 金融研究，2001，2：80 – 87.

⑤ 李林，耿世忠. 针对我国商业银行风险的监管框架设计 [J]. 金融研究，2003，5：82 – 89.

⑥ 曹廷求，郑录军，于建霞. 政府股东、银行治理与中小商业银行风险控制——以山东、河南两省为例的实证分析 [J]. 金融研究，2006，6：99 – 108.

⑦ 刘晓勇. 商业银行风险控制机制研究 [J]. 金融研究，2006，7：78 – 85.

⑧ 赵爱良，张丹. 我国上市公司融资风险及其防范 [J]. 财会通讯，2006，9：41 – 42.

⑨ 崔伟. 企业负债融资的分析与策略 [J]. 财会研究，2008，17：60 – 62 + 65.

突出文化企业的特殊性，得出的风险影响因素与文化企业的实际情况联系不够紧密。

学者还研究发现公司价值与企业风险管理相互影响。从整体层面来看，具有风险管理意识和措施的企业，其企业价值普遍增加（Cyree 等，2004；Hoyt 等，2008）；从具体的业务层面出发，以托宾 Q 为企业价值的替代变量时，运用衍生品对风险进行对冲后，企业价值呈现正增长的态势（Allayannis 等，2001；Bartram 等，2004；Nain，2004；Kim 等，2004）。从以上研究可以看出风险管理对提升企业价值的重要性，而单纯地提升企业价值并不是实行风险管理的唯一理由，企业是否实行风险管理还取决于其他的因素，包括公司的经营状况和前景（Mac Minn，1987）、产品市场的竞争前景以及竞争者的企业风险管理策略（Froot 等，1993；Cummins 等，2001）、企业的规模、杠杆效率、资产和负债久期的匹配程度（Colquitt 等，1997）、管理层的风险偏好（Liebenberg 等，2003）等，识别和分析融资风险管理的原因时也可以从这些因素入手。

文化企业融资风险识别困难的原因有很多，诸如文化企业的版权或知识产权开发项目等无形资产通常存在较高的风险，其盈利前景无法在财务报告等反映企业生产经营成果的材料中充分展现（崔也光、赵迎[1]，2013；向显湖、刘天[2]，2014），银行难以根据这些传统财务信息准确评估文化企业正在进行的研发项目，导致其投资价值认可度低（D. Czarnitzki、H. Hottenrott[3]，2008）。知识产权保

---

[1]　崔也光，赵迎. 我国高新技术行业上市公司无形资产现状研究 [J]. 会计研究，2013，03：59 – 64 +96.

[2]　向显湖，刘天. 论表外无形资产：基于财务与战略相融合的视角——兼析无形资源、无形资产与无形资本 [J]. 会计研究，2014，04：3 – 9 +95

[3]　D. Czarnitzki, H. Hottenrott. R&D Investment and Financing Constraints of Small and Medium-Sized Firms [J]. Small Business Economics, 2008, 36 (1)：65 – 83.

护薄弱（姚利民、饶艳[①]，2009）导致无形资产价值的不确定性增加（Weiss et al.，2013），且大量能够创造超额收益的核心技术等无形资源隐藏在企业内部（张健华、王鹏[②]，2012），其价值信息被排除在传统会计系统外（向显湖、刘天，2014），双方信息不对称进一步加剧。且中国的信用体系尚不健全（Allen et al.[③]，2005），文化企业依靠一些片面的信息（Ang et al.[④]，2014）很难获得投资者的信任和认可（Chan[⑤]，2001）。同时大部分文化企业的信贷规模较小，银行授信的单位信息成本与交易成本过高，而我国银行业高度集中并且基本为国家所有，其更倾向于向单位授信、成本较低的大型国有企业提供贷款，使得文化企业的信贷融资异常艰难（刘降斌、李艳梅[⑥]，2008）。

学者们还运用多种方法对风险进行识别。风险的识别方法主要分为定性识别和定量识别两种。定性识别方法应用较为广泛的是矩阵分析法、网络分析法、德尔菲法等。COSO风险管理框架中关于风险识别的方法多是定性识别方法，包括风险事项目录、内部分析、扩大或底线触发器、过程流动分析、推进式的研讨与访谈、首

---

① 姚利民，饶艳. 中国知识产权保护的水平测量和地区差异［J］. 国际贸易问题，2009，01：114 – 120.

② 张健华，王鹏. 银行风险、贷款规模与法律保护水平［J］. 经济研究，2012，05：18 – 30 + 70.

③ Franklin Allen，Jun Qian，Meijun Qian. Law, finance, and economic growth in China［J］. Journal of Financial Economics，2005，77（1）：57 – 116.

④ Ang J. S.，Cheng Y.，Wu C.. Does Enforcement of Intellectual Property Rights Matter in China? Evidence from Financing and Investment Choices in the High-Tech Industry［J］. Review of Economics and Statistics，2014，96（2）：332 – 348.

⑤ Louis K. C. Chan，Josef Lakonishok，Theodore Sougiannis. The Stock Market Valuation of Research and Development Expenditures［J］. The Journal of Finance，2001，56（6）：2431 – 2456.

⑥ 刘降斌，李艳梅. 区域科技型中小企业自主创新金融支持体系研究——基于面板数据单位根和协整的分析［J］. 金融研究，2008，12：193 – 206.

要风险事项分析等方法，集中于对过去和未来风险影响事项和数据的分析，系统分析可能对融资活动产生影响的潜在事项，描述风险的原因和驱动因素，但是定性识别方法对风险事项的识别具有一定的主观性，企业管理当局识别风险的广度、深度、时机和范围都会使识别结果产生差异。因此，学术界逐步转向更加客观的定量识别方法，如 Logistic 回归模型、结构方程模型等。

（一）矩阵分析法

风险矩阵分析法是 20 世纪 90 年代中后期美国在军方武器研制系统的项目风险管理中提出的，主要通过对项目需求和技术可能性的考察来辨识项目是否存在风险，评估风险对项目的潜在影响和风险发生的概率，从而根据预定标准评定风险等级。风险影响的等级为关键、严重、一般、微小、可忽略，风险发生的概率区间包括：非常不可能发生（0～10%）、不太可能发生（11%～40%）、可能在项目中发生（41%～60%）、很可能发生（61%～90%）、极可能发生（91%～100%）。澳大利亚—新西兰风险管理标准（AS/NZS 4360：2004）运用矩阵排序对风险水平的评价应用较为广泛，如表 2－2 所示。

表 2－2　AS/NZS 4360：2004 风险识别矩阵评估表

可能性分类	结果				
	可忽略	微小	一般	严重	灾难性
极可能	H	H	E	E	E
很可能	M	H	H	E	E
可能	L	M	H	E	E
不太可能	L	L	M	H	E
非常不可能	L	L	M	H	H

注：E，极严重风险（Extremely Risk）；H，高危险度风险（High Risk）；M，中等危险度风险（Moderate Risk）；L，低危险度风险（Low Risk）。

风险矩阵分析法一般是定性分析，这样会造成处于同一等级的风险模块聚集，而这些风险模块具有相同属性，因此不能区分风险的严重程度。为了解决风险矩阵法存在的不完善之处，美国空军电子系统中心将投票理论的 Borda 方法应用到风险矩阵中，形成了 Borda 序值法。Borda 序值法是在对风险可能性和结果严重性评估的基础上，形成对风险排序的一种投票式运算法则，可以实现同一等级多个风险等级的排序[①]。其基本原理是：设 N 为风险因素总个数，评价标准共有 m 个（根据一般风险矩阵法的认定，可评定的风险水平 m 通常有 5 个，即 m 最大值为 5），设 i 为某一特定风险，k 表示某一准则原始风险矩阵，如果 r_{ik} 表示风险 i 在准则 k 下的风险等级，则风险 i 的 Borda 值计算方法为：

$$b_i = \sum_{k=1}^{m} (N - r_{ik}) \qquad (2.1)$$

Borda 值表示比该风险重要的风险个数，值越小风险越关键。风险矩阵法可以识别风险的重要性，在企业融资全过程中评估和监控风险活动，根据 Borda 值能够在多个风险水平上对风险级别进行排序，评估风险重要性，有针对性地根据风险水平的不同处理各种风险。

（二）网络分析法

网络分析法（ANP）是在层次分析法（Analytic Hierarchy Process，简称 AHP）的基础上发展而成的决策方法，由美国匹兹堡大学 T. L. Saaty 教授于 1996 年提出，非独立的递阶层次结构形成互相依存和交叉反馈的网络结构，被称为 ANP 层次结构。层次分析法在

---

① 胡二邦. 环境风险评价实用技术、方法和案例［M］. 北京：中国环境科学出版社，2009：24 - 28.

递阶层次的结构之下，依靠决策者的判断分析影响目标的因素，对同一层次的相关因素根据重要性两两比较，选择相对较为重要的方案作为最优方案，并按照层次从上到下依次合成方案测度决策目标。AHP 模型的顶层决策层为企业的总目标决策层，然后逐层分解成各项具体的准则、子准则等，直到管理者能够量化各子准则的相对权重为止。各决策层之间相互联系，并能推出跨层次之间的相互关系。递阶层次结构虽然能够顺利处理系统问题，但是实际上 AHP 模型只是强调各决策层之间的单向层次关系，不同决策层之间或各层次内部元素间却是相互依存和交叉反馈的关系，系统结构更类似于网络结构，因此需要从层析分析法延伸到网络分析法。ANP 将风险管理系统的影响因素划分为控制因素层和网络层。控制因素层包括问题目标及决策准则，网络层由所有受控制层支配的元素组组成，元素和层次之间内部不独立，元素组与组之间、元素之间互相影响和支配，形成典型的 ANP 层次结构，如图 2-1 所示。

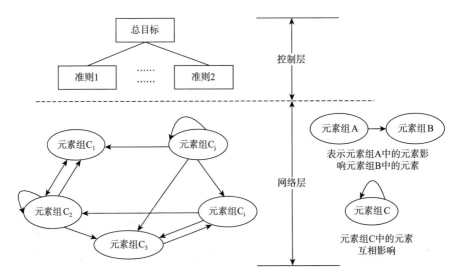

图 2-1　网络分析法中的层次结构图

（三） 德尔菲法

德尔菲法（Delphi Method）是 20 世纪 40 年代由 O. 赫尔姆和
N. 达尔克首创，经过 T. J. 戈尔登和兰德公司的推广进一步发展而
成，又称专家意见法。该方法主要是向专家反复征询意见，采用通
信方式将待解决的问题单独发送给各个专家并征询意见，将意见回
收汇总后整理出综合意见，再将其反馈给专家，各专家依据综合意
见修改后再汇总，经过反复征询和修改，最后汇总成专家基本一致
的看法。德尔菲法在识别企业融资风险时，首先由企业风险管理当
局逐一列出企业可能面临的融资风险，并根据不同的标准进行分
类，依赖专业人士的技能和主观判断对融资风险进行来源辨识和权
衡，该方法具有一定的权威性。但是专家对于企业融资各影响因素
的权重评定具有主观性，不同的专家运用的标准不同，各指标的重
要性评定也不同，从而得出不同的结论。德尔菲法难以达到一致进
行取舍，必须解决主观性和一致性的问题。

（四） Logistic 回归模型

Logistic 回归模型原来在流行病学中应用较多，多用来探索某
疾病的危险因素，并根据危险因素预测疾病发生的概率。线性回归
中的普通最小二乘法并不能很好地处理因变量为离散变量的情况，
Logistic 回归主要处理二分类因变量的分析，当因变量是离散型因
变量或服从二项分布时，Logistic 回归模型能够寻找某一影响因素
是否产生风险和判别出现某种风险的概率有多大。其理论推导过程
如下：

风险发生的条件概率 $P(y_i = 1 \mid x_i)$ 与 x_i 之间的非线性关系是
单调函数，x_i 趋于 $-\infty$ 的时候 $E(y_i)$ 趋近于 0，x_i 趋于 $+\infty$ 的时候
$E(y_i)$ 趋近于 1，则衡量风险的函数在（0，1）的值域内呈现 S
型曲线。设 y_i^* 表示风险发生的可能性，是一个连续变量，取值从

$- \infty$ 到 $+ \infty$ ，临界值为 0，表示风险的发生和不发生两种对立事件。y_i 代表实际观察到的结果，在实际情况中为该因素对于融资活动来说有风险和无风险的情况。因此：

$$y_i = \begin{cases} 1 & y_i^* > 0 \\ 0 & \text{其他} \end{cases}$$

假设 y_i^* 与其影响因素 x_i 之间存在线性关系：$y_i^* = \alpha + \beta x_i + \varepsilon_i$，由此可得：

$$P(y_i = 1 \mid x_i) = P[(\alpha + \beta x_i + \varepsilon_i) > 0] = P[\varepsilon_i > (-\alpha - \beta x_i)]$$

$$(2.2)$$

通常公式中的 ε_i 为 Logistic 分布或标准正态分布，而两种分布都是对称分布，因此式 2.2 可变换为式 2.3 所示：

$$P(y_i = 1 \mid x_i) = P[\varepsilon_i > (-\alpha - \beta x_i)] =$$
$$P[\varepsilon_i \leqslant (\alpha + \beta x_i)] = F(\alpha + \beta x_i) \qquad (2.3)$$

上式中 F 表示 ε_i 的累积分布函数，分布函数的形式取决于 ε_i 的假设分布。如果 ε_i 服从的是 Logistic 分布，则此概率求得的就是 Logistic 回归模型；若 ε_i 服从的是标准正态分布，则为 Probit 模型。

当 ε_i 服从 Logistic 分布，且均值为 0，方差约为 3.29 时，累积分布函数简化成 Logistic 函数，其分布为 S 形，值域在 0 和 1 之间。标准的 Logistic 函数如式 2.4：

$$P(y_i = 1 \mid x_i) = P[\varepsilon_i \leqslant (\alpha + \beta x_i)] = \frac{1}{1 + e^{-\varepsilon_i}} \qquad (2.4)$$

研究时，为根据 Logistic 函数得到 Logistic 回归模型，式 2.4 可重新写成式 2.5 形式：

$$P(y_i = 1 \mid x_i) = \frac{1}{1 + e^{-\varepsilon_i}} = \frac{1}{1 + e^{-(\alpha + \beta x_i)}} \quad\quad (2.5)$$

其中，$\varepsilon_i = \alpha + \beta x_i$，$\varepsilon_i$ 被视为一系列影响因变量发生概率的因素的线性函数，x_i 为自变量，即企业融资风险的影响因素。但实际上 Logistic 回归属于判别分析，判别效率较差，采用的最大似然估计法还要求有足够的样本来保证结果的可靠性，所以在风险识别中并不常用。

(五) 结构方程模型 (SEM)

结构方程模型 (Structural Equation Modeling, SEM) 也称协方差结构模型 (Covariance Structure Models, CSM)，是处理复杂和多元变量的统计建模技术。通常情况下很多研究的变量并不能被直接测量和观察到，且变量间的关系并非线性直接相关，而是多种原因和结果相互影响的关系，结构方程模型综合了探索性和验证性的因子分析、路径分析以及多元回归分析和方差分析等统计方法的优点，能够处理复杂的变量以及变量间复杂的关系，同时允许自变量和因变量存在测量误差，因此成为多元数据分析的主流工具，在经济学、心理学、社会学研究中应用广泛。

结构方程模型探索了经济变量之间的因果关系，并通过与之相应的线性方程或因果关系、路径图等表示出来，其优点如下：一是可以同时处理多个因变量，弥补回归分析或路径分析仅能关注一个因变量而忽略其他因变量的缺点，也可以对不同的理论模型进行比较和评价。二是允许自变量和因变量存在测量误差。在回归模型中需要预先假定自变量是可以准确测量的、不存在误差的，仅容许因变量存在测量误差，才能使整个模型的回归分析顺利进行。而结构方程分析允许自变量和因变量存在一定的测量误差，变量也可用多个指标测量。三是可以同时对因子的结构和各因子间的关系进行估计。四是整个结构方程模型的拟合度可以被估计。传统的路径分析只对每一个路径（变量相互之间的关系）的强弱进行估计，而结构方程模型不仅能对每一个路径参数进行估计，而且还可以对不同模型与同一组样本数据的整体拟合度进行计算和检验，从而判断出与数据所呈现的关系最接近的模型①。因此，在对文化企业融资风险的影响因素进行识别时，本书选择结构方程模型来探索融资风险的影响因素及其之间的关系。

三 融资风险的度量研究

国外学者对风险度量的研究造诣颇深，研究的领域以金融市场风险和信用风险为主，主要集中于运用多种方法或手段更加精确地衡量和计算风险大小。风险度量方法包括定性和定量技术的结合，在不要求定量或定量评估所需数据无法获取以及分析数据不具有成本效益性时②，管理当局通常采用定性的风险度量方法。定量方法能提高度量的准确度，以便对定性方法进行补充。COSO 提出的定量风险度量技术有设定基准、概率模型和非概率模型等，其中设定基准利用设定的行业基准评估风险潜在事项的可能性和影响，概率模型包括风险价值、风险现金流量以及信贷和经营损失分布的计算等，非概率模型包括敏感性指标、压力测试以及情景分析。但是这些度量风险的定量技术高度依赖于数据和假设的质量，与历史数据和可预测的风险高度相关，应用较为严格。VaR（Value at Risk）模型是一种通过计算可能的损失与概率来度量风险的方法，度量在

---

① 侯杰泰，成子娟. 结构方程模型的应用及分析策略 [J]. 心理学探新，1999，19（1）：54–59.

② COSO 制定发布，方红星、王宏译. 企业风险管理——整合框架 [M]. 大连：东北财经大学出版社，2004.

一定的概率水平下，证券组合在未来特定一段时间内的最大可能损失。模型度量和预测效果的好坏，取决于融资资产回报误差项的分布设定和波动率的预测，资产收益率分布的厚尾现象直接影响模型度量风险的准确性。在传统的 VaR 计算中，假定收益率是服从正态分布的，而不断有实证研究指出，基于正态分布计算股市的风险价值 VaR 值将造成对实际 VaR 值的低估（Lan-Chih Ho，Peter Burridge，John Cadle and Michael Theobald，2000；Giorgio Consigli，2002）。实际的市场情况与正态分布假设有很大的差别，正态分布假设下的 VaR 模型忽略或者低估了极端事件的发生，不能很好地反映实际的市场风险，不能解释分布的厚尾现象。极值理论模型（EVT）则不需对资产回报率的分布做出假设，直接使用数据拟合分布的尾部，能较好地衡量极端事件或情况下的风险损失，有效处理厚尾现象（Stelios D. Bekiros，Dimitris A. G，2005），是测量极端条件下市场风险的有效方法。

通过波动率度量风险成为研究的主流，而使用最广泛的波动率建模是 GARCH 模型和 SV（Stochastic Volatility，随机波动模型，简称 SV）模型。GARCH 模型是异方差模型，是从 ARCH（向量自回归）演化而来，反映二阶矩的相关性，但是不能更好地区分和解释收益率厚尾特征，随着方法的不断改进，SV-T 模型被发现（Liesenfeld & Jung，2000）。目前国际上公认的风险度量模型主要是度量信用风险的模型：Credit Metrics（由 J. P. Morgan 于 1997 年给出）、KMV（由 KMV 公司于 1993 年给出）、Credit Risk +［由 Credit Suisse First Boston（CSFB）于 1997 年给出］、Credit Portfolio（由 Mckinsey 于 1998 年给出）等。

（一）Credit Metrics 模型

Credit Mctrics 模型是 J. P. Morgan 推出的用于量化信用风险的风

险管理产品，通过在险价值（Value at Risk，VaR）计算和估计贷款和非交易资产的价值。该方法使用统一的架构形式来考虑资产价值，基于借款人的信用评级、历年评级发生变化的概率（评级转移矩阵）、违约贷款的回收率、债券市场上的信用风险价差计算出贷款的市场价值及其波动性，进而得出贷款的 VaR 值。模型假设影响信贷资产价值的不只是违约事件，也包括信贷质量的变化。为了掌握所有信贷质量的潜在变化，Credit Metrics 采取盯市的方法来计算信用风险值，构造了一个模拟信贷资产所有潜在变化以及违约波动的组合计算框架，目标是计算整个信贷组合的信用风险。Credit Metrics 模型对任一债券或贷款组合的价值建立了完全分布模型，并且其价值的变化只与信用转移有关。它通过在险价值来衡量风险，而这一在险价值即是在指定置信水平下完全分布的百分位数。信用风险不仅由债务人的违约风险引起，也会因债务人的信用等级降级而引起潜在的市场价值损失。

（二）KMV 模型（预期违约频率模型）

基于 Black-Scholes 推导的期权定价公式与 Merton 提出的风险债务定价理论，1995 年美国 KMV 公司（现已被 Moody 公司收购）开发了 KMV 模型，该模型又称为预期违约频率模型（Expected Default Frequency，简称 EDF）。KMV 模型的基本思想是把公司权益和负债看作期权，而把公司资本作为标的资产，公司股权价值可看作基于公司资产价值、执行价格为公司债务值的看涨期权，负债看作看跌期权，风险贷款与期权具有同构性（isomorphic），而公司价值遵循几何布朗运动。

KMV 模型假设投资组合是高度分散的，市场利率和总体经济状态是可以预先确定的。当公司资产价值低于某个水平时，违约就会发生，在这个水平点的公司资产价值被定义为违约点 DP（Default Point）。度量公司预期违约频率 DF （Expected Default Frequency），首先需要利用期权定价公式从公司股本的市场价值及其波动率、公司负债的账面价值推算出公司资产的市场价值及其波动率，然后根据公司的负债计算出公司的违约点，最后确定违约距离和违约频率之间的映射。公司根据违约和破产频率的历史数据，通过比较违约距离和违约频率的关系，拟合出代表违约距离的预期违约频率函数。KMV 模型是建立在现代公司财务理论和期权理论基础上的一种信用监测模型，充分利用了资本市场信息，其对所有公开上市企业进行了信用风险分析与测定，所获取的数据来自资本市场，而非企业的历史数据，因此它所得出的预期违约频率具有较强的说服力，能充分反映企业目前的信用状况，预测能力更强，具有一定的前瞻性。但是由于 KMV 模型主要依靠股票市场数据来预测违约率，如果股票的价格过多地受投机因素的影响，就不能很好地反映公司资产价值及其变化情况，特别是对于我国尚未发展完全的文化行业来说，大多数都是未上市公司，因此模型的精确性将大打折扣。且 KMV 模型是在公司资产价值呈正态分布的假设条件下计算预期违约概率，但现实中并非所有的公司资产价值都是正态分布，因此可能会无法准确地预测违约点。KMV 模型中基础的期权定价模型假定公司的债务结构一旦被确定就不再发生变化，但实际上贷款期限内企业债务结构发生变化的可能性很大。

（三）Credit Risk + 模型

Credit Risk + 模型是由瑞士信贷银行金融产品部开发并于 1997 年底推出的贷款组合信用风险分析方法。该方法的主导思想源于保险精算学，应用了精算信用风险核算（ACRA）方法，即损失决定于灾害发生的频率和灾害发生时造成的损失或破坏程度。Credit Risk + 模型基于以下假设：贷款组合中任何单项贷款都被看作有很小（近似看作相等）的违约概率，并且每项贷款发生违约的可能性是独立的。假设单个债券或贷款的违约遵循一个连续的随机泊松分布（Poisson Distribution）外生过程，与公司的资本结构无关，客户的信用等级是随着时间的变化也在不断变化的，对这种不确定性该系统通过违约率的标准差来估计。对于整个贷款组合来说，损失分布将不再遵循 Poisson 分布。为求得损失分布，Credit Risk + 模型先将贷款组合中每笔贷款的风险暴露（即预期损失）按大小分组，组内风险暴露相同，因此，每组贷款违约次数的概率分布将遵循 Poisson 分布，然后将各组损失汇总，就可以得到整个投资组合的损失分布。由 CSFP 模型所描述的损失分布密度函数可以直接估计出组合的预期损失 EL（Expected Loss）和意外损失 UL（Unexpected Loss）。

　　模型假设企业对于贷款偿还只有违约和不违约两种状态，且当债务人较多时，在相同时间段内违约概率相同，在不重叠的时间段内违约人数相互独立。将组合违约事件的分布转化为组合损失的分布，即通过两个阶段的计算，推导出组合的违约损失分布，主要包括三个模块（见图 2 - 2）。

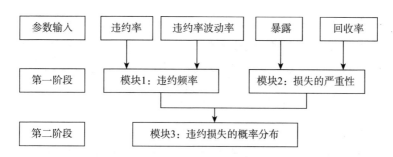

图 2 - 2　Credit Risk + 模型风险测度框架

　　违约损失的分布和违约事件的分布是有区别的，因为同样的违约损失既可能是由一年内一单大额违约产生，也可能是由许多小额违约产生。Credit Risk + 模型利用区间的方法，将敞口规模及预期损失转换为基准单位的整数倍数，整个组合被分解后，每一组的损失分布将遵循泊松分布，然后将各组的损失汇总，得到整个组合的损失分布。由此可见，Credit Risk + 模型和 Credit Metric 模型等其他模型有共同的基础，都能生成偏峰肥尾的信用风险损失分布，进而可以计算预期损失、意外损失和经济资本。但该模型只将违约风险纳入模型，没有考虑债务人特征和市场风险，并且认为违约风险与资本结构无关，忽略了债务人信用等级的变化，没有关注信用评级的迁移风险，并假定每个信用敞口暴露在计算期内是固定不变的，不取决于债务人的信用质量以及将来的利率变化，而这与实际情况不符。

表 2-3 从基础模型、分析方法、使用的数据类型以及估计变量的离散性等方面对 Credit Metric 模型、KMV 模型与 Credit Risk + 模型进行了比较分析。

表 2-3 融资风险度量模型比较

模型	基础模型	方法	分析数据	违约状态	离散性	现金流折现因子	条件①
Credit Metric 模型	BSM 模型		历史的评级信息	盯市模型②	连续估计模型	现金流折现法（DCCF）③	无条件
KMV 模型	BSM 模型 + 期权模型	股权		违约④模型	离散估计模型	风险中性定价法（RNV）	条件模型
Credit Risk + 模型		精算	违约概率和迁移矩阵	盯市模型	离散估计模型	风险中性定价法（RNV）	无条件

① 依据模型所反映的信息的种类和特征以及模型的结果是否依赖于宏观经济状况，可将信用风险模型分为条件模型与无条件模型。

② 盯市模型（Mark to Market，MTM）是违约的一种，除了违约和不违约两种状态外，盯市模型考虑到企业信用质量的变化，即信用等级的升降或转移所引起的价差风险。

③ RNV 是对未来的或有支付（或有现金流）折现，折现率是通过无风险的利率期限结构和风险中性定价方法确定的，不受信用等级的影响。

④ 违约模型（Dufault Mode，DM）考虑违约和不违约两种状态。KMV 高级版是盯市模型。

四 融资风险的预警研究

国外的风险预警研究在方法上以实证为主,在内容上集中于企业的职能层次;国内的风险预警研究,尤其是实证与案例研究,还局限于对公司的风险预测研究,以提高企业自身财务管理水平为目的的预警系统研究并不多。关于风险预警的研究大体可从项目、金融机构以及企业三个视角来进行。在项目融资的风险管理研究中,学者多是以项目管理理论为理论基础,针对项目整体(张慧、杨建斌[1],2009)或具体项目的特点,定性与定量地结合主成分分析、人工神经网络分析、动态分析及层次分析(刘金璐[2],2007、邹伶俐[3],2009)等方法进行评估和量化风险,并且设计了不同的预警指标体系,构建相应的风险预警模型。涉及的具体项目遍布各个领域,诸如建筑工程项目(蔡炜华等[4],2006)、高速公路项目(刘建军等[5],2010)、基础设施项目(汪春序[6],2010)、海水淡化项目(刘金璐[7],2007)等,但是建立的预警系统局限于项目的特殊性,不够全面和综合,不能被普遍推广。

金融领域的风险预警主要涉及商业银行(肖耿、李金迎、王洋[8],

---

① 张慧,杨建斌. 基于 FAHP 的项目风险预警模型分析 [J]. 江西科学,2009,05:691 - 693.

② 刘金璐. 项目融资风险分担、控制模型及其实证分析 [D]. 天津:天津大学,2007.

③ 邹伶俐. 我国基础设施项目投融资风险管理机制研究 [D]. 重庆:重庆大学,2009.

④ 蔡炜华,陈翔,王秋红,张慧. 基于主成分——神经网络风险预警模型研究 [J]. 中国科技信息,2006,02:120 - 122.

⑤ 刘建军,韩伟威,李晶晶. 高速公路项目运营行为风险预警模型及应用 [J]. 长沙理工大学学报(社会科学版),2010 (03).

⑥ 汪春序. 基础设施投融资风险管理探析 [J]. 改革与开放,2010,02:68 - 69.

⑦ 刘金璐. 项目融资风险分担、控制模型及其实证分析 [D]. 天津:天津大学,2007.

⑧ 肖耿,李金迎,王洋. 采取组合措施化解地方政府融资平台贷款风险 [J]. 中国金融,2009,20:40 - 41.

2009)、信用担保机构（陈虹等[①]，2009）等机构的经营风险、金融风险和信用风险，研究所用的模型一般较为先进和多样。筛选预警指标通常运用 R 型聚类分析法（迟国泰等[②]，2009）、主成分分析法、模糊综合评判方法以及因子分析法等多种方法，同时也使用诸如随机波动模型（SVM）（邹小芃等，2008）[③]、Logit 模型（陈守东等[④]，2007）等建立金融风险预警模型，此外，还有学者选择我国股市系统整体作为研究对象，构建运行风险的综合评判指标和风险预警模型（刘教兴[⑤]，2007），为风险预警提供了一定参考。

　　研究企业的风险预警多是从财务预警角度出发，偏重于财务风险控制与评估，运用不同的方法，包括朱发根等[⑥]（2009）的非线性 SVM、张明莉等[⑦]（2008）的模糊综合评价法与层次分析、刘红霞等[⑧]（2005）的主成分分析法、Logistic 回归分析法等（龙胜平，2007），从企业规模（张明华[⑨]分析中小企业的融资风险，2006）、所有权性质（涂大进[⑩]对民营企业融资风险的剖析，2004）、行业

① 陈虹，金鑫. 信用担保机构风险预警模型研究 [J]. 武汉理工大学学报，2009，06：1005 - 1007.
② 迟国泰，冯雪，赵志宏. 商业银行经营风险预警模型及其实证研究 [J]. 系统工程学报，2009，04：408 - 416.
③ 邹小芃，林竹，汪娟. 地方金融风险预警模型构建 [J]. 浙江经济，2008，03：61 - 62.
④ 陈守东，杨莹，马辉. 中国金融风险预警研究 [J]. 数量经济技术经济研究，2007，07：36 - 48.
⑤ 刘教兴. 中国股市系统风险预警模型及实证分析——多因素层次模糊综合评价 [J]. 金融经济，2007，20：106 - 108.
⑥ 朱发根，刘拓，傅毓维. 基于非线性 SVM 的上市公司财务危机预警模型研究 [J]. 统计与信息论坛，2009，06：49 - 53.
⑦ 张明莉，姜铭. 基于多级模糊综合评价法的财务风险预警模型设计 [J]. 统计与决策，2008，24（12）：64 - 66.
⑧ 刘红霞，韩嫄. 董事会对经理层治理风险预警模型构建研究 [J]. 现代财经 - 天津财经学院学报，2005，12：42 - 46.
⑨ 张明华. 中小企业融资风险预警系统研究. [D]. 首都经济贸易大学，2006（3）.
⑩ 涂大进. 我国民营企业融资风险预警系统研究. [D]. 武汉理工大学，2004（3）.

（龙胜平等①选择房地产企业为研究样本，2007）等不同角度进行分类研究。企业的风险预警管理还可被总结为静态分析和动态分析两类。静态分析单纯从某个角度来研究企业风险预警模型，是当前研究方法的主流。从方法创新角度看，静态分析可分为单变量分析、多变量分析、Logistic 回归分析、神经网络模型等。动态分析则是一种基于时间序列数据来研究企业风险的方法，对于风险预警的研究主要集中在利用各种数学、统计学方法进行定量研究和预测风险等方面。风险活动或财务预警模型的发展大致如下：威廉·比弗最早使用了单变量模型预测财务危机，他选择了三个具有代表性的财务指标来进行预测，但是仅使用几个历史性财务指标的预警依据并不充分，在同一公司运用不同的财务比率也会得到不同的效果，单变量模型对整体的反映表现得前后不一，因此，爱德华·奥特曼提出采用多种财务指标加权的方法来弥补单变量前后反映不一致的缺陷，但是对自变量的分布假设要求较高，且随着时间的增加变量间相互影响的关系并不确定，时间越长估计结果的准确性越差，也不具有横向可比性，因此，多变量加权的模型尽管应用较多，但使用仍旧有一定的限制。还有学者从函数角度以研究对象的分类与特征值为基础，通过判别函数判别研究对象分类是否正确的判别分析模型，以及借鉴医学界用以研究生物神经网络元和学习能力反映的 BP 神经网络预测模型（Artificial Neural Network），现在作为拟合和预测复杂因果关系的算法被广泛应用到经济学、管理学等领域。该模型对数据分布的要求不高，能够通过推理和归纳进行判断、识别和分类等，学者已经对其进行了一定的应用，如杨保安等（2006）构建了一个包含输入层、隐藏层、输出层的前向式神经网

---

① 龙胜平，郑立琴．我国房地产企业财务风险预警模型研究［J］．求索，2007，06：18-20.

络模型,对中信实业银行 30 多个客户的财务风险状况进行判别分类,识别得出企业财务风险状况[①]。但由于 BP 神经网络存在一定的复杂性与可操作性问题,尚未能得到广泛的推广。由于财务状况识别与风险预警系统的指标存在着大量不确定性与不可量化性,经典的数学分析难以完全适用。此时,模糊数学模型开始进入人们的视野,其立足于模糊经济学理论,将不可量化和不确定的指标通过模糊表达进行评判,也是模糊数学理论应用在风险管理中的精髓所在。

预警模型是指为了防范可能偏离正常发展轨道或可能出现的风险而建立起来并应用其进行预测、根据结果决定是否发出警报的数学模型。当前关于风险预警的模型有以下几类:多元统计分析方法,主要有 Z 值模型、主成分分析法、Logistic 回归模型、F 值模型、聚类分析法、判别分析法和决策树法等。很多学者对传统预警模型的精度在一定程度上进行了提高,但是,由于风险预警问题具有非线性、小样本、高维度、非平衡型的数据特点,这些模型方法并不能完全适应实际业务中企业对风险预警的要求,只能转向追求技术的提升来精进风险预警水平。近年来人工智能迅猛发展,国外采用了人工神经网络(ANN)、系统动力学方法、支持向量机(SVM)等建立预警模型,或者结合几个模型的优点来改进模型进行比较分析,其得到的预警指标或结果更加精准。

融资风险的风险应对是风险管理中不可或缺的一环。国内外学者对于风险控制与评价的研究较为规范,主要是从风险防范与控制的措施等不同角度开展研究,取得的研究成果较多,但是总结的风险控制措施和防范对策较为单调。融资风险的控制与评价大多源自

---

① 杨保安,朱明. 神经网络与专家系统相结合的银行贷款风险管理决策研究——国家自然科学基金项目 79770086 回溯 [J]. 管理学报,2006,04:387–390.

对财务风险的控制，包括建立规范的风险管理框架、建立融资风险预警体系和增强风险意识、优化企业资源配置等（齐莉，2009；林菁、贝奇，2009）。一般的风险应对有 COSO 总结的四种类型：风险回避、风险降低、风险分担和风险承受，针对不同的融资风险分类有不同的风险防范对策（王蕾等①，2005）。也有学者从风险控制的步骤完善来提高风险控制水平，例如通过树立风险意识、建立风险预警系统等加强风险控制与防范（王明轩②，2009）。不同的机构对融资风险有不同的防范措施，从企业自身角度防范融资风险主要包括风险降低和风险转移两种方式，通过扩大内源融资、降低融资成本、选择最佳资本结构等降低融资风险，通过购买保险和转包等转移风险③；而从企业外部防范风险的措施主要是依靠法制规定和担保机构分担风险。

五　研究述评

国内外学者对于文化企业融资风险管理的研究经历了漫长的过程，从风险管理的定义和发展，到对融资风险管理的定位与辨识，再到专注于融资风险成因的探索和识别，量化地用模型识别和度量风险，构建系统的风险预警和控制机制，形成文化企业独有的风险管理体系，学者付出了大量的努力。回溯当前研究现状，国内外学者对文化企业融资风险的相关研究存在以下几方面的不足。

第一，当前国内对文化企业的研究多集中在无形资产价值评估、文化企业融资困难等方面，以文化企业融资风险作为关键词在

---

① 王蕾，李长群. 浅析财务管理的风险特征 [J]. 金融经济，2005，18：57－58.
② 王明轩. 浅谈中小企业财务风险的防范与控制 [J]. 商业文化（学术版），2009，10：36.
③ 张欣. 中小企业筹资风险与对策浅析 [J]. 经济研究导刊，2013，29：177－178.

CNKI 数据库里搜索所得的文献资料寥寥无几，在网页搜索文化企业融资得到的也多是与融资活动及融资交易的相关新闻，缺少对融资风险管理深入研究的文献。对于风险管理的研究大部分集中于企业内部控制体系和财务会计效率，缺乏对企业实际风险管理和控制的深入研究。

第二，当前对融资风险的研究多以定性描述为主，缺乏对文化企业行业统计数据的定量研究。研究在运用 COSO 风险管理综合框架中的定性和定量研究法、建立综合评价企业融资风险预警指标体系时，所选取的指标通用性太强，不能针对行业的特点有所添舍，指标的代表性不充分，研究方法有提升的空间。

第三，对融资风险特征和风险管理进行研究的文献因选取的对象、时间窗口、研究方法等的不同，难以总结出较为统一且具有广泛性的结论。世界各国或地区对企业融资风险及融资风险管理的研究分别从融资风险的内涵、分类、特征以及风险管理的流程核心要素进行了细致分析和总体把握，同时也有部分学者在对企业融资风险的成因进行辨识和分析的基础之上，运用多种方法和模型对融资风险进行定性和定量识别与度量。但目前国内外对于融资风险管理的研究主要集中于风险管理的某一具体流程，缺乏对行业或企业完整的、全面的风险管理体系，此时结合文化企业独特的外部环境和内部条件对融资风险进行研究可以丰富这方面的结论。

第四，对融资风险的探讨通常停留在风险变动趋势研究的层面，未能结合风险差异的均值、差异幅度的显著性检验等进行深入分析，也未能将分流程研究和风险管理整体研究的结果相印证，研究结论的稳健性检验不够充分。

因此，本书按照风险识别、风险度量、风险预警与控制等风险管理流程，选择在企业资本运营中具有重要地位的融资活动及其风险管理作为研究对象进行深入研究。研究方法上，定性分析与定量研究相结合，从宏观和微观两个层面定性分析融资风险的影响因素，借助结构方程模型定量识别和修正，并根据结构方程模型实证过程中得到的指标关系及权重度量融资风险大小，同时运用 GARCH 模型对风险差异的均值、差异幅度进行检验，最后形成了具有文化行业特色的融资风险预警体系，为当前学界对于风险管理的研究提供理论依据和实证借鉴。

第二节　理论基础

一　风险管理理论

风险管理源于亨利·法约尔（Henri Fayol，1949）提出的企业安全管理理念，法约尔认为风险管理是企业的管理功能之一①，并给予了风险管理安全和保障的角色。格理森（J. T. Gleason，2001）也强调风险管理的重要性，并将其内容概括为测量、评估、控制和管理风险的过程②。威廉姆斯和汉斯明确提出企业风险管理的五要素，其中包括确定的企业风险任务、评价风险和不确定性、风险控制、风险融资和企业风险管理信息反馈③。费力克斯·克洛曼（H. Felix Kloman）和约维·海门斯（Y. Y. Haimes④，1960）则

---

① Henri Fayol. General and Industrial Management（Translated by C. Storrs）［M］. London: Sir I-saac Pitman & Sons, 1949.

② J. T. Gleason. Risk Management: The Vision and the Reality［J］. Rma Journal, 2001（March）.

③ C. Arihur Williams, Jr., Richard M. Heins. Risk Management and Insurance［M］. New York: McGraw-Hill, McGraw-Hill insurance series, 1964（619）.

④ Yan, Z. and Y. Y. Haimes. Risk-based Multiobjective Resource Allocation in Hierarchical Systems with Multiple Decisionmakers, part II: a Case Study［M］. Systems Engineering, 1960, 14（1）: 17 – 28.

认为企业的风险管理是一种信息系统。随着研究的深入，风险管理逐渐从管理职能向信息系统转变。按照风险管理的发展历程可将其分为传统风险管理阶段、现代风险管理阶段和全面风险管理阶段[①]。风险管理发展的历程和趋势同样适用于企业的融资风险管理。

企业融资风险的相关理论探索主要集中在融资风险与融资结构及企业市场价值的相互联系上，主流理论是 MM 理论及其修正理论等。学者们不断引入经济学、管理学的理论对企业资本结构进行分析，形成激励理论、不对称信息理论（Ross，1977；Myers，1984）、优序理论（Myers and Majiluf，1984）、控制理论（Harris and Raviv，1988）等，对融资活动的先后顺序与融资影响因素进行分析。除此之外，Stigllitz 和 Weiss（1981）还引入了信息不对称和道德风险来解释企业银行贷款融资受到的风险约束。此时，学者开始重视融资受限对于企业经营和风险的影响。在此之后，对企业风险的研究开始涉足战略风险管理、资产风险价值的评估、对待风险的个体差异等内容，直到 COSO 将企业风险管理整合框架扩展到企业内部控制整合框架上，风险管理理论的发展才得到了飞跃。

（一）风险管理理论的探索

学术界普遍认为早期的、朴素的风险管理思想是法国学者法约尔提出的安全管理，他提出企业经营过程中的六种职能，其中安全职能是所有职能的基础和保障，能够控制企业及其活动的风险，并以此形成了安全管理的思想，构造了风险管理理论的雏形。最初的风险管理以保险行业最具代表性，表2-4风险管理事件中，1956年Snider 提出风险管理的概念并得到美国管理协会（AMA）和美国保

---

① 严复海，党星，颜文虎. 风险管理发展历程和趋势综述［J］. 管理现代化，2007，02：30-33.

险管理协会（ASIM）的承认和支持，1962 年 AMA 出版了第一本关于风险管理的专著《风险管理之崛起》，推动了风险管理相关理论的发展（石玉英，2005）。但是风险管理真正作为一门学科是以 Wood、Mehr 和 Hedges《企业风险管理》（1964）[①] 和 C. A. Williams 和 Richard M. Heins《风险管理与保险》（1964）[②] 的出版为标志。1975 年，美国保险管理协会（ASIM）更名为风险与保险管理协会（Risk & Insurance Management Society，RIMS），并开始出版著名的《风险管理》（Risk Management）期刊，标志着风险管理从原来使用保险方式来处理风险转变到真正按照风险管理的方式处置风险。

风险管理理论的探索为研究企业融资风险管理提供了一定的启示和借鉴。如 1952 年马克维茨发表了"组合选择"理论，假定投资风险可以被视为投资收益的不确定性，将这种不确定性用统计学中的方差或标准差加以度量，为金融风险的研究开辟了一个全新的思路，也为融资风险管理提供了度量可行性应用的基础。1965 年夏普（Sharp）在马克维茨证券组合理论的基础上提出的资本资产定价模型（CAPM）、罗斯（Ross）突破性的套利定价理论和 1973 年 Black & Scholes 发表的期权定价公式，这些理论成果在提高风险管理水平的同时，也为企业融资过程和融资风险的分析提供了方法借鉴。

在这一阶段，风险管理研究的范围也在不断变化和发展，逐渐扩展到融资风险的管理。20 世纪 70 年代以前，风险管理研究的主要领域是工矿企业的生产安全、核电站设计安全、飞机设计安全等

---

① Glenn L. Wood, Robert I. Mehr, Bob A. Hedges. Risk Management in the Business Enterprises [J]. Journal of Risk & Insurance. 1964, 31（2）.

② C. A. Williams, Richard M. Heins. Risk Management and Insurance [M]. 北京：中国商业出版社，1990.

重大工程项目的可行性风险、投资风险、保险以及地震、洪水、火灾等自然风险问题。20世纪70年代以后，随着人口、资源与环境矛盾的加大，风险管理逐渐从经济风险、自然风险等传统风险领域扩大到环境和技术风险、公共健康风险以及社会不公平风险等其他领域。同时，风险管理的研究内容比较集中，主要是针对较为明显的信用风险和财务风险，但风险管理的方法研究缺乏系统性和全局性，仅仅局限于某些单一、局部或分离性的层面上，没有涉及同一框架下的具体风险与其他风险的关系与管理问题。

表 2 - 4　风险管理事件概览

时间	事件	阶段
1700 年以前	风险管理的史前时代	史前时代
1705 年	Bernoulli 提出大数定律	
1720 年	世界上第一家保险公司在英国成立	
1921 年	Kinght 出版《风险、不确定性和利润》一书	
1931 年	美国管理协会保险部提倡风险管理	
1950 年	Gallagher 在 *Risk management*，*New Phase of Cost Control* 中正式提出风险管理的概念	
1952 年	Markowiz 发表组合选择理论	
1953 年	Von Neumann 等人发表博弈论	传统风险管理阶段
1956 年	Snider 提出风险管理概念	
1962 年	美国管理协会出版第一本关于风险管理的专著	
1964 年	Wood、Mehr 和 Hedges 的《企业风险管理》作为学科系统研究	
1964 年	C. A. Williams 和 Richard M. Heins《风险管理与保险》	
1973 年	风险管理、保险与经济相结合，日内瓦协会的成立	
1979 年	国际风险管理协会成立（IRM）	
1980 年	风险分析组织成立（SRA）	

时间	事件	阶段
1986 年	世界上第一次金融衍生物交易	传统风险管理阶段
1987 年	美国股票市场遭遇黑色星期五	
1993 年	首席风险总监的头衔第一次被使用（CRO）	现代风险管理阶段
1995 年	全球第一个企业风险管理标准出台，巴林银行倒闭	
1996 年	第一个全球性的风险管理专家协会成立（GARP）	
1998 年	LTCM 长期资本管理公司在金融衍生物交易中损失 40 亿美元	
1999 年	新资本协议修订（Bassel 2）	全面风险管理阶段
2000 年	"全面风险管理概念"获得广泛认同	
2001 年	9·11 恐怖主义袭击事件	
2002 年	安然公司倒闭	
2004 年	COSO 出台《企业风险管理——整合框架》	
2008 年	法国兴业银行巨亏	
2008 年	雷曼兄弟公司破产	
2009 年	美国通用汽车公司破产	
2010 年	美国钻井平台爆炸致原油泄漏	
2012 年	JP Morgan 因为昵称"伦敦鲸"的交易员损失 20 亿元而接受调查	
2013 年	光大证券乌龙指事件	

注：该表格由作者整理而得。

（二）风险管理理论的发展

20 世纪 80 年代末 90 年代初，随着国际金融的不断发展，迅速发展的新经济使企业面对的社会大环境发生了很大变化，风险更加多样和复杂。从墨西哥金融危机、亚洲金融危机、拉美部分国家金融动荡等系统性事件，到巴林银行倒闭、爱尔兰联合银行欺诈、长期资本基金倒闭等个体事件，都昭示着损失不再是由单一风险造成，而是由信用风险、市场风险和操作风险等多种风险因素交织作用而成的。在同一企业不同部门或不同业务的风险，复杂多变，有的相互叠加放大，有的相互抵消减少，这增加了学者研究风险识别与管理的难度。采用零散方式管理公司风险的管理者已逐渐被直接对董事会负责的高级风险管理专业人士所代替，企业风险管理标准——澳大利亚/新西兰风险管理标准（AS/NZS4360，以下简称"澳洲风险标准"）不断完善，推动风险管理理论不断发展。由重大金融风险事件所造成的巨额损失以及风险违约环境的日益复杂化，欧美国家银行业对融资活动的风险管理日渐重视，并试图从企业的各方面控制和管理风险。因此，企业不能仅从某项业务、某个部门的角度考虑风险，必须根据风险组合的观点，从贯穿整个企业的角度看风险，于是出现了全面风险管理思想的萌芽。1998 年 10 月美国长期资本管理公司（LTCM）在金融衍生物交易中损失 40 多亿美元，走到了破产边缘，这使得金融界开始警醒，进一步深入考虑风险防范与预警问题（张陶伟，1999）。融资风险往往是以复合的形式存在，单一形式的融资风险往往具有联动性，对风险识别、度量和预警的管理不仅是对单个业务的单种风险进行管理，更应该从系统的角度对风险进行综合管理。

（三）风险管理理论的飞跃

1998 年之后，理论界提出了全面风险管理理论（CRM）和全面综合风险管理理论（GRM）。GRM 的中心理念是（黄安平，2004）对金融机构面临的所有风险做出连贯一致、准确和及时的度量，建立一种严密的程序来分析总风险在交易、资产组合和各种经营活动范围内的分布，以及对不同类型的风险进行合理的资本配置，从而为企业建立系统、一致的风险识别和度量体系提供经验借鉴。但由于 CRM 和 GRM 一般只用于金融界，而 COSO 的全面风险管理适用于大多数的企业，因此，全面风险管理将是风险管理未来的发展趋势。全面风险管理框架更多的是从流程管理的视角来处理企业的风险问题，对实时风险的管理不够重视，特别是没有充分考虑企业融资的偿付能力问题，实际上企业破产往往是融资过程中偿付能力不足的直接后果。因此，在企业风险管理的分析框架中，如何充分重视企业的融资风险并设置有效可行的预警指标体系是风险管理研究的重点。

1999 年，《巴塞尔新资本协议》将市场风险和操作风险纳入资本约束的范围，提出了资本充足率、监管部门监督检查和市场纪律这三大监管支柱，蕴含了全面风险管理的理念，推动了全面风险管理的发展。21 世纪初，以 2001 年美国遭受 9·11 恐怖主义袭击、2002 年安然公司倒闭等重大事件为标志，众多企业意识到风险是多元的、复杂的，必须采用综合的管理手段来应对风险，全面风险管理的概念由此获得广泛认同。2004 年，COSO 出台了《企业风险管理——整合框架》。框架提出的风险管理的定义、阐述原则、模式、标准等内容，为企业和其他类型组织加强全面风险管理提供了基础。同时，框架还引入了风险偏好、风险容忍度、风险度量等概念和方法，为企业衡量融资风险提供了有效的指导。风险管理理论是融资风险管理重要的理论基础。

企业风险管理目标的发展历程（见表 2 - 5）在企业风险管理中的价值和作用呈现明显的阶段性特征（Nielson 等，2005）。企业风险管理与企业的内部控制也紧密相连，研究风险管理需要厘清内部控制与风险管理的关系（谢志华[①]，2007）。目前在关于风

①　谢志华 . 内部控制、公司治理、风险管理：关系与整合 [J]. 会计研究，2007，10：37 - 45 + 95.

险管理与内部控制两者关系的研究中，被普遍接受的观点是 COSO（2004）提出的"内部控制是企业风险管理不可分割的一部分"[①]，该观点认为风险管理涵盖内部控制，张立民和唐松华（2007）[②]、刘霄仑（2010）[③] 等通过研究也支持这一观点。从文献看，内部控制大致经历了内部牵制—内部控制制度—内部控制结构—内部控制整体框架—企业风险管理整体框架的过程[④]。企业规模的扩大和业务的增加所带来的管理风险是促使企业加强内部控制的直接动因，因此，融资风险的识别、度量和预警过程中也需要充分考虑内部控制体系的作用。理论界从多方面展开研究，突出内部控制与风险管理间的关系转化，COSO 发布的企业风险管理整合框架将内部控制涵盖在企业风险管理的范围内，进一步扩展了风险评估与度量的要素，强调了风险管理在企业正常生产经营活动中的作用，为研究融资风险提供了理论依据。

表 2－5　风险管理目标的研究进展统计

学者	提出的风险管理目标
威廉姆斯和汉斯[⑤]	维持生存、降低风险管理成本，从而提高利润，获得相当稳定的收入，避免经营中断，满足企业社会责任感和建立良好形象的愿望；履行外部强加的义务
梅尔和赫奇斯[⑥]	在企业经营过程中控制实际的损失，在摆脱困境和履行社会责任过程中控制潜在的损失

① COSO. Enterprise Risk Management-Integrated Framework [R]. 2004.
② 张立民，唐松华. 内部控制、公司治理与风险管理——《托普典章》为什么不能拯救托普 [J]. 审计研究，2007，5：35－41.
③ 刘霄仑. 风险控制理论的再思考：基于对 COSO 内部控制理念的分析 [J]. 会计研究，2010，3：36－44.
④ 徐玉德. 企业内部控制设计与实务 [M]. 北京：经济科学出版社. 2009.
⑤ C. A. Williams，Richard M. Heins. Risk Management and lnsurance [M]. 北京：中国商业出版社，1990.
⑥ 梅尔，赫奇斯，Risk Management：Concept and Applications（1974），转引自何文炯：《风险管理》，东北财经大学出版社，1999.

续表

学者	提出的风险管理目标
巴格利尼①	在保持企业财务稳定性的同时，尽量减少因各种风险的影响所支出的总费用
格林和塞宾②	在意外损失发生后，恢复财务上的稳定性和营业上的活力以及对所需资源的有效利用，即以固定的费用使长期风险的损失减到最低程度
普雷切特③	降低机会损失、心理成本、风险融资损失、实际损失等成本
康斯坦斯和巴里④	将损失风险的不利影响最小化
哈林顿和尼豪斯⑤	总体目标通过风险成本最小化实现企业价值最大化，以及需要考虑的很多次要目标
马汀和彼特⑥	估算和确定组织内风险和不确定性的原因及影响

二　内部控制理论

在企业风险管理理论的演进过程中，第二个理论来源是内部审计与控制理论。在内部控制与风险管理两者的关系研究发展中，COSO⑦发挥了主导作用，特别是它发布的两个具有标志性意义的文件《企业内部控制——整体框架》和《企业风险管理——整合框

---

① Norman A. Baglini. Risk Management in International Corporation［M］. New York：Risk Studies Foundation. 1976.

② Greene，Mark R. Serbein，Oscar N.. Risk Management：Text and Cases［M］. Reston Publishing Co. 1978.

③ Pritchett S. T. Risk Management and Insurance（第 7 版）［M］. 北京：中国社会科学出版社，1998.

④ Constance M. Luthardt，Barry D. Smith，Eric A. Wiening. Property and Liability Insurance Principles［M］. American Institute For CPCU. 1999.

⑤ Scott E. Harrington，Gregory R. Niehaus. Risk Management and Insurance［M］. New York：McGraw-Hill Higher Education，2003.

⑥ Martin Fone，Peter C. Young. Public Sector Risk Management［M］. Prentice-Hall，2000.

⑦ COSO. Enterprise Risk Management-Integrated Framework［R］. 2004.

架》。内部审计与控制理论兴起的根本动因是企业所有权和控制权的分离，而企业加强内部审计与控制的直接动因是规模扩大和业务增加导致的管理不足。

起初理论界和实务界将内部控制视同为内部牵制，着力突出和强调内部会计控制的作用，基本忽视内部控制的框架性和完整性。但随着企业所有权和经营权的逐渐分离，内部控制的职责和作用开始出现分化，1958 年美国注册会计师协会（AICPA）下属的会计程序委员会（CAP）将内部控制分为内部会计控制（Internal Accounting Control）和内部管理控制（Internal Administrative Control），试图通过会计控制和管理控制来研究企业的内部控制，但在实际应用中很难划清两者的界限。1988 年 4 月 AICPA 发布的《审计准则公告第 55 号》将控制的研究重点从一般含义向具体内容深化，该公告以内部控制结构概念取代了内部控制制度，并认为内部控制结构由控制环境、会计制度和控制程序三个要素组成，强调会计制度是内部控制结构的关键因素，控制程序是保证内部控制结构有效运行的机制，其中对内部控制环境的重视更是将内部控制活动的地位从业务操作规章条款上升为核心管理制度体系。内部控制结构这一概念跳出了"控制制度二分法"的限制，强调了管理当局对内部控制的态度、认识和行为等控制环境的重要作用，指出这些环境因素是实现内部控制目标的环境保证。同时，要求审计师在评估控制风险时不仅要关注会计控制制度与程序，还应对企业所面临的内外环境进行评估。内部控制三要素理论成为理论界和实务界研究企业内部控制问题的新思路，为研究风险管理提供了理论拓展和细化的新视角。

1992 年美国虚假财务报告委员会下属的发起人委员会 COSO 对内部控制的理论发展起到了十分重要的推动作用，其将风险评估活动独立出来，并强调了风险管理在内部控制中的重要性。1995 年加拿大 COCO 报告向外部审计师提出了更高的要求，对企业的内部控制加入了外部因素。1996 年国际内部审计师协会发布的《控制：概念和责任》报告，认为应更加重视内部审计在组织中的贡献和作用。理论界从多方面展开研究，突出了对内部控制与风险管理的关系转化。到 2004 年，COSO 委员会在 1992 年报告的基础上，结合《萨班斯—奥克斯法案》的要求，正式发布了《企业风险管理——整合框架》，将内部控制涵盖在企业风险管理的范围内，强调了风险管理在企业正常生产经营活动中的作用，形成了更广泛的内部风险管理框架。全面风险管理整合框架进一步扩展了风险评估要素，突出了风险管理的重要作用。同时，目标设定、事项识别、风险应对三个要素的增加，标志着企业的风险管理开始倾向于与内部控制的结合，同时也意味着企业风险管理整合框架阶段的正式形成。

回顾内部审计与控制的发展脉络，可以看出，理论的演进经历了"平面—三维—立体"的过程：在内部会计控制阶段，控制环境、控制活动和会计系统三要素构成了一个平面的控制系统；在内部控制整体框架中，控制环境、控制活动、风险评估、信息与沟通、监控五要素，演变成了一个三维的控制系统；到了企业风险管理整体框架阶段，内部环境、目标制定、事项识别、风险评估、风险反应、控制活动、信息和沟通、监控八要素，使得企业风险管理成为立体的控制系统。目前 COSO 企业风险管理框架是企业风险管理的核心标准，但是该框架更多的是从流程管理的视角来处理企业的风险问题，对实时风险的管理不够重视，特别是没有充分考虑企业的偿付能力问题，实际上企业破产往往是偿付能力不足的直接后果。因此，在企业风险管理的分析框架中，如何充分重视企业的融资偿付能力并设置有效可行的评价指标是风险管理研究的重点。

三　企业预警理论

企业预警理论作为对风险管理理论的扩展，一般作为揭示企业经营活动中逆境现象①的理论基础，其主要关注企业逆境、管理波动、管理失误的本质特征、成因机理和发生规律等内容，研究企业如何构建对风险或危机的防错、纠错机制以及提出防范失误、扭转逆境的措施。该理论将企业内的各种逆境现象（经营失败、管理波动、管理失误行为等）视为一个相对独立的活动过程，在分析逆境与危机现象形成机理与内在特征的基础上，提出早期预警与控制的原理与方法，建立了用于监测、评价企业逆境现象与危机现象的预警指标体系，并设计了企业财务管理、营销管理、组织管理、决策事务管理、技术管理等具体预警的模式和方法。因此，企业预警理论也可具体应用到融资这个相对独立的活动过程中，分析融资风险的形成原因与特征，提出预警与应对融资风险的方法。总的来说，企业预警理论是构建融资风险预警机制的基础理论，主要通过危机管理理论、企业逆境管理理论、企业诊断理论等来强调建立企业预警体系的必要性。

其中，危机管理理论是指为了有效预防和应付各种危机事件，防止突发性事件对企业造成破坏、形成危机，企业必须通过计划和控制的手段对危害经营的突发事件进行管理的理论。它以安全为中心，强调领导方式与管理制度的非程序化和例外原则，在经营政策上更加灵活和非扩张化②，融资风险属于企业的危机事件，同样适

---

① 徐美茹，李学忠，郑玉芳. 企业财务风险及其管理 [J]. 金融理论与教学，1994，04：44−45+8.
② 徐玲. 企业财务危机的影响因素及其管理对策 [J]. 安徽工业大学学报（社会科学版），2006，01：85−86.

用于危机管理理论的处理方式方法。而企业逆境管理理论是危机管理理论的进一步深化，是在环境突变或内部管理不善的情况下，企业在经营陷入极端穷困状态时提出的防止和摆脱企业逆境研究结果的管理方法论，融资风险管理中的风险应对就是为摆脱融资风险提出的对策建议。企业诊断是企业管理中一种参谋、顾问性质的服务活动，是智力专业化的工作①，内容主要包括经营诊断、生产诊断、组织诊断以及技术诊断等，分别对企业的经营、生产、组织和技术进行分析。企业诊断的基本原则是使人、财、物在生产经营活动中的投入最少、转换最快、生产效益最大②。企业诊断不仅可以预警和处理危机，也可识别具体业务活动的危机影响因素、用于指导企业融资风险的识别与判断，进而将融资风险预警与识别联系起来。企业预警理论在揭示企业逆境、管理波动与管理失误现象发生规律的基础上，构建了企业管理系统的防范、纠错功能机制，为全方位监测企业活动的安全构建了一种适用于任何境况变化、具有普遍意义的理论方法体系。

四　企业融资理论

企业发展离不开资本的流动和增值，融资是企业资金运营、周转和盈利的保证。传统融资理论主要分析了企业融资成本与企业价值之间的关系，现代融资理论认为企业的融资方式取决于经营目标和收益成本条件的约束，具有一定的风险。企业融资理论大致可以划分为三个体系：一是以杜兰特（Durand，1952）为代表的早期企业融资理论学派。二是以 MM 理论为中心的现代企业融资理论学

---

① 张新民，王秀丽. 企业财务状况的质量特征 [J]. 会计研究，2003，09：35－38.
② 韩臻聪. 我国上市公司财务危机的成因浅探 [J]. 财会月刊，2006，02：16－17.

派。后来学者从信息不对称的角度研究企业融资，发展出新优序理论、代理成本理论、控制权理论、信号理论等，最终形成企业融资理论的第三个分支。

（一） MM 资本结构理论

MM 资本结构理论是现代企业融资理论学派的核心，同时也是企业融资风险形式与解释的重要理论基础。企业融资理论早期以 MM 资本结构理论为基础，后来分化成以法拉（Farrar，1967）、塞尔文（Selwyn，1967）、贝南（Brennan，1975）等为代表的税差学派[1]，和以巴克特（Baxter，1978）、瓦纳（Warner，1977）、阿特曼（Edward Altman，1984）等人为主的破产成本学派[2]。企业资本结构与破产成本的纠结关系最终归结为平衡理论，代表人物为罗比切克（Robichek，1967）、梅耶斯（Mayers，1984）、斯科特（Scott，1976）等人。

Modigliani 和 Miller（简称 MM）在 1958 年最早提出 MM 理论来研究企业资本结构与市场价值。在不考虑所得税且公司经营风险相同的前提下，该理论认为企业债务融资与公司价值无关。但是该假设条件过于苛刻，现实并不存在资本市场完善、资本自由流动、公司所得税为 0 的理想情况，因此，MM 理论进一步考虑企业所得税的影响，发展成为含税条件下修正的 MM 理论。在考虑公司所得税的情况下，债务利息可以进行税前抵扣，其属于免税支出，可以降低综合资本成本，增加企业价值。考虑所得税后，尽管股权资本成本会随负债比率的提高而上升，但上升速度却会慢于负债比率的提高。因此，MM 理论与融资风险联系起来，认为企业融资会增加

---

[1] 主要研究企业所得税、个人所得税和资本利得税之间的税差与企业融资结构的关系。

[2] Edward I. Altman. A Further Empirical Investigation of the Bankruptcy Cost Question [J]. The Journal of Finance, 1984, 39 (4)：1067 – 1089.

债务融资比例，负债越高，资本加权平均成本越低，因而公司价值越高的同时也面临较高的融资风险。当债务资本在资本结构中趋近100%时，企业的加权平均资本成本降至最低，此时企业价值达到最大，风险也随之增加。因此，企业负债融资越多，财务的杠杆作用越明显，公司价值越大。但是，债权融资并非越多越好，早期的企业融资理论学派发现，负债水平越高，企业还本付息压力越大，从而加大融资风险[①]。

（二）融资的权衡理论

为了克服 MM 理论的局限性，建立能够合理说明企业融资行为的资本结构理论体系，许多学者把融资风险纳入 MM 理论的分析框架，形成了企业融资的权衡理论。该理论认为制约企业无限提高负债比率、追求优惠减免的关键因素是由债务融资所带来的破产风险以及代理成本[②]。简单地说就是在负债的税收收益与破产的成本现值之间进行权衡，即在融资成本与融资风险间的权衡。权衡理论通过放宽 MM 理论完全信息以外的各种假定，考虑在税收、财务困境成本、代理成本的条件下，研究资本结构如何影响企业市场价值。负债融资的好处主要表现在以下几方面：一是公司所得税的抵减，二是权益代理成本的减少。负债有利于减少企业自由现金的流量，从而减少低效或非营利项目的投资。但是负债同样也受到财务成本的限制，主要表现在风险的直接成本、间接成本和权益的代理成本。因此，在现实中债务资本的边际成本和边际收益相等的时点对于企业融资而言非常重要，最佳融资结构点存在于税赋成本节约与

---

①　Stanley. B. Block, Geoffrey A. Hirt. Foundations of Financial Management ［M］. Higher Education Press, McGraw-Hill Companies, 2002. 11.

②　陈很荣，范晓虎，吴冲锋. 西方现代企业融资理论述评 ［J］. 财经问题研究，2000，08：62－66.

财务困境成本、代理成本相互平衡的点上，如图2-4所示。企业可以借助于权衡理论研究最优资本结构下的融资风险。

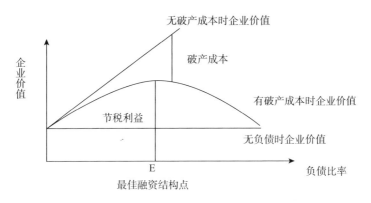

图2-4　权衡理论最佳融资结构

五　耗散结构理论

耗散结构理论是系统科学领域中飞速发展的"新三论"之一，是研究系统结构演化原理的一种理论。企业是一个远离平衡的系统，其本质在于资金的流动，企业需要保持动态平衡才能存在，平衡意味着企业生命力的暂时停止。科斯认为，企业的形成是为了交易成本最小化，是一个包含有多职能多层次的复杂开放系统，在系统中企业承担生产、营销、管理等多项职能，层次分为计划、控制、反馈等各层次，而职能和层次之间存在着复杂的联系和相互作用。企业既要内部资金运转流畅，又要流入流出通畅，因而必须将资金的流动保持为开放的系统。企业资金由流动走向封闭，就会出现问题或者危机，从而形成风险。其次，企业内各要素之间存在非线性机制。所谓非线性，是指引起系统处于非平衡状态的复杂过程，各要素主要是产生突变或质变，而不是逐步演变和扩散。企业在由不确定的风险转化为实际问题过程中，存在大量通过爆发性涨落而摆脱连续性的情况。即使是履行最简单的职能或进行正常的资金运动，也需要无数个耦合反应配合。因此，正常的企业运行是离不开非线性机制的。最后，企业在经营管理的存续期间还存在大量的周期行为和协同行为。因此，企业能够形成和保持耗散结构。

耗散结构原是应用在阐述生命系统自身进化过程的概念，本书将文化企业视为一个系统，假定文化企业最初处于一种无序状态，这样的企业是一个远离平衡的，包含多渠道、多层次融资活动的企业或系统，当外界条件（企业或融资活动系统外的条件，如宏观经济环境、经济政策、经营活动、管理活动等）变化达到一定阈值时，经过融资规模变动或文化产品创新价值"涨落"的触发，量变可能引起质变；企业或融资活动系统通过不断与外界进行资金和创新能力的交换，在耗散过程中产生负熵流，就有可能从原来的无序状态转变为一种空间、时间或功能的有序状态。这种非平衡状态下形成的新的有序结构，就是文化企业的耗散结构（见图 2 - 5）。耗散结构试图解释和探寻文化企业的机制与规律，即有序和无序相互转化的机制和条件问题。风险管理是认识、识别和评估风险，预防和警惕风险发生，促使企业改善融资结构的体系和实践活动，其首要任务是识别风险及其转化机制和条件。因此，耗散结构和风险管理目标是一致的。

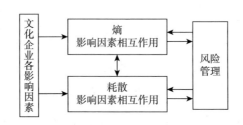

图 2 - 5   耗散结构系统下的企业风险管理

企业处于有序—无序—有序的转化过程中，不仅表现为要从有序走向无序，而且在于它要努力避免快速衰退为惰性的平衡状态。文化企业的融资活动与投资活动、运营资本的管理等都属于企业的财务活动，与管理活动共同构成企业的复杂系统。在文化企业正常融资活动过程中，组织内部借助管理机制把组织内陈旧、冗余或者有害的行为或存在进行分解，把衰老、垂死的或者不景气的组织成分（生产线、事业部、融资项目）进行剥离、清算或者收回，释放其中的资金、创造力等能量，使得企业内部有序结构不断遭到破坏，同时将这些去芜存菁的活动或行为视为企业组织自身产生的正熵，由于正熵的存在，企业由有序走向无序。但与此同时，企业又可以通过收购、合并等融资行为，从外界吸收资金、管理能力等资源，引进负熵，重构自身结构所需要的组织成分，以替代被剥离的组织成分，产生新的、更高层次的有序状态，使无序走向有序，从而使企业保持正常的运营活动。文化企业的这种相对稳定有序是通过自身的调控机制实现的。一旦某一风险因素造成调控机制的混乱，例如融资活动出现资金链断裂等困难，企业与外界进行资金、创新力、信息交换时发生障碍，系统内正熵增加，有序性遭到破坏。当正熵积累到一定的阈值，经涨落触发，企业就会从有序变为无序，这就是问题或危机，进而形成风险。问题的解决实际上是通过强化输入负熵流，通过引入融资、合并等活动应对危机或问题，防止输入正熵，并促进企业远离无序的状态以达到系统熵增为负或正熵不大的低熵有序状态，从而解除危机或解决问题，转危为安。因此，非平衡是有序之源。

参照耗散结构理论[①]提出者普利高津对耗散结构形成条件的说明，本书将企业耗散结构的形成条件做出类似的推导解释：社会和

---

① 耗散结构理论（Dissipative Structure Theory），由 I. Prigogine（比利时）在 1969 年提出。

文化企业结构的一个共同特征是它们产生于开放系统，而且这种组织只有与周围环境的介质进行资金和创新力的交换才能维持生命力。然而，只有一个开放系统并没有其他充分条件时，就无法保证实现文化企业的融资平衡结构。只有在企业财务系统保持"远离平衡"和系统内不同元素之间存在着非线性机制的条件下，耗散结构才能实现。显然，文化企业既有组织和微观的属性，又有社会和宏观的属性。在企业的存续期间既参与企业组织的活动，也参与经济社会的活动，具备形成耗散结构的条件。

但非平衡不是平衡，也不是失衡，而是涨落前的远离平衡态，是处于失稳临界点附近没有超过临界点的稳态。与此相对应，失稳包括两方面，一是由平衡变为不平衡而失稳，如企业融资过多导致财务杠杆加重，降低了资金的利用效率。二是不平衡趋向平衡而失稳。如企业在调整融资结构时评估风险失误，导致调整不能达到预期效果。所以，企业融资风险管理强调的是动态平衡。然而，许多企业管理者在实践中努力纠正不平衡的同时，往往不自觉地走向另一个极端，即所谓追求平衡。实际上，企业融资之所以存在风险，是因为只引入负熵流（增加融资数量等）并不一定能刺激企业资金利用效率达到临界点，要使企业完成资金"无序→有序"的跃进，必须使资金远离平衡，即企业要有相当的自身活力和抵抗力，通过涨落达到临界点才能完成新的跃进，使企业从无序状态恢复到有序状态。

非线性理论对文化企业的融资风险管理有着重要的启迪和借鉴作用。系统的不同元素之间存在着非线性机制，是耗散结构形成的重要条件之一。多组分、多层次的开放系统只有处于远离平衡的非线性区，才有可能经涨落的触发，从无序突变为稳定的有序的时空结构。非线性区有两个特征：一是突变、飞跃的临界点所在，二是存在可逆和不可逆两种不同趋势。因此，掌握非线性区对风险管理的意义不容忽视。耗散结构理论是双向的、利弊兼有的，可以启发企业管理者在实践中因势利导，尽可能防止和减少涨落的破坏作用，充分利用其积极作用，更好地预防风险。尽管研究风险成因要从各个层次上进行探索，但是作为风险本质的原因首先存在于微观层次中，并主要通过微观层次表现出来。因此只有把它与系统科学方法的其他理论（系统论、信息论、控制论、协同论、超循环论、突变论等）结合起来，才能充分发挥其应有的作用。

耗散结构理论可以深刻揭示企业内部的统一性及其与外界因素的统一，为风险管理模式转变提供理论依据。企业是复杂的、动态的耗散系统，企业风险管理的控制和防范需要各风险子系统的细化，在错综复杂的企业经营运行过程中，对融资活动的风险进行专门的监督与管理，能够具象化企业的风险，规定一定的管理范围和观察趋向，进而有利于风险的管理。企业是开放的，与外界进行资金、创新力、信息交换才能形成稳定的有序结构。但是，传统风险管理研究模式忽视了研究企业风险管理的过程，往往带有封闭或半封闭性质，而且使用的是脱离整体联系发展的孤立、静止研究方法。这就使得它不可能正确反映和解决作为开放系统的企业稳定、有序问题，因而不可避免地要被新的风险管理模式所代替。文化企业融资活动健康有序进行，实际上是以多职能、多层次的融资风险管理系统为主体和物质基础，以与外界交换所得到的创新能力为动力，以来自内部的信息为指令，以风险识别、度量和预警为调控手段，以时间和功能有序为目标的自组织过程。所以，掌握耗散结构观点有助于实现从风险管理向系统论、控制论管理的模式转变，有利于系统整体思维和全方位立体思维的建立，完善系统科学及方法，进一步推动企业风险管理的发展。

第三章
文化企业融资风险及其影响因素分析

第一节 我国文化企业的融资概况

一 文化企业的融资规模

在经济增长减速、结构转型、发展动力转变的新常态背景下，资本市场成为经济转型与创新的重要支撑，为文化产业持续发展提供了巨量资金支持。2014～2015年文化企业融资发展最为迅猛，2014年文化产业资金流入规模达3253.16亿元，较上年同期增长275.43%，2015年文化产业资金流入3241.8亿元，较上年同期小幅下降。从资金流入渠道看，股权融资、债券、众筹、新三板挂牌后融资均较上年同期出现大幅增长，2015年规模分别达到1079.12亿元、998亿元、9.58亿元、146.76亿元；信托融资规模为20.9亿元，较上年同期下降14.36亿元，上市融资规模为128.07亿元，较上年同期骤降[①]，原因在于2014年阿里巴巴的上市（融资217.67

[①] 数据来源于中山证券的研究报告。

亿美元，合 1337.7 亿元人民币）使 2014 年上市融资规模暴涨。同时，我国文化产业并购的市场活跃程度有较大提高，2015 年共计 204 起并购案例，较 2014 年的 153 起增长了 33.33%，在规模上，我国文化资本市场总计发起 1736.14 亿元的文化产业并购，同比增长 78.26%。[①] 与 2012 年相比，文化企业的总体融资规模一直维持在 3000 亿元左右，稳中有升，小幅波动。变动较为明显的是企业股权融资数量，2012 年约为 400 亿元[②] 而 2015 年达到 1000 亿元以上，规模增加了 1 倍多。融资规模较为稳定的是上市融资，2012 年上市融资规模估算在 100 亿元左右，2015 年的上市融资规模为 128 亿元。

二　文化企业的融资方式

文化企业的融资方式较为多样，但是大多局限于银行信贷，融资的担保方式多以固定资产抵押为主。除银行信贷融资方式外，文化企业其他主要的融资方式还分为债券融资、股权融资（IPO 上市、定向增发、公开增发、配股、可转债）、VC/PE 融资、基金、信托、并购、众筹等。根据融入资金的性质大体可以分为债务融资和权益融资这两种方式。

（一）债务融资

债务融资是指企业通过对外举债方式获得的资金。债务融资主要包括商业银行贷款和公司债券、可转换公司债券等。相对于权益性融资，债务融资不会稀释股权，不会威胁控股股东的控制权，还有一定的财务杠杆效益，但债务融资具有还本付息的刚性约束，风

---

① 数据来源于《2015 年中国文化产业资本报告》。
② 刘德良，金晶，张毅等. 创新文化产业投融资模式 ［R］. 经济日报，2013 - 02 - 21.

险较高，融资风险控制不当会直接影响企业的生存。

1. 银行贷款

在债务融资方式中，商业银行贷款是我国文化企业获取资金的主要方式，这主要是由于我国金融市场不发达，其他融资渠道不畅或融资成本太高。企业自有资本太少，资本充足率太低，银行贷款主要补充文化企业流动资金和固定资金的不足，我国当前的文化企业融资以银行贷款为主，银行贷款在全部资金供给中占比超过85%，而企业债券融资和股权融资仅分别占10%和5%左右（Barnstetter，2007）。按照贷款期限贷款分为短期贷款和中长期贷款，一般企业必须提供一定形式的担保才能获得贷款，担保形式一般包括抵押、质押和信用保证三种。大多数文化企业，尤其是中小企业用的都是抵押贷款，用于抵押的财产多为房屋、机器或土地，抵押率通常不超过70%，大型集团企业的子公司可以利用其母公司作为担保取得信用贷款。

文化企业的银行贷款方式主要包括抵押借款、质押借款、保证借款和信用证融资借款，还有部分保理借款、商业承兑汇票贴现等借款方式。银行贷款规模越大，债务融资越多，自有资本越少，企业的杠杆率（总资产除以自有资本）就越大，杠杆效应就越强。公司用较少自有资本和大量借贷的方法来保证运营的资金需求，企业获得利润的时候，收益率随杠杆率而倍增，而当企业面临亏损时，损失也将成倍放大。中国人民银行数据显示，截至2015年12月末，我国文化产业中长期贷款余额2458亿元，同比增长25.7%。①

债务融资能够优化资本结构，降低融资成本，有助于企业战略

---

① 中华人民共和国文化部网站.2015年文化金融合作取得突破，2016-2-5. http://www.mcprc.gov.cn/whzx/whyw/ 201602/t20160205_460588. html.

目标的实现，但是我国文化企业的银行贷款融资却举步维艰。截止到 2015 年底，我国上市文化企业共计 65 家，仅占总量的 1% 左右，2010~2015 年仅有约 43% 的企业新获得了银行短期贷款，新增中长期贷款的企业比例约为 11%，特别是在 2012 年，该比例仅为 9.8%。非上市文化企业则面临更为艰难的境况，以新三板部分文化企业为例，2010~2015 年新增银行中长期贷款的企业占比为 2.6%，2010 年该比例仅为 0.5%。

2. 债券融资

以债权融资中的债券融资情况为例，2010~2015 年我国上市文化企业共发生债券融资 114 起，总融资额度为 650.2 亿元，平均发行利率为 5.08%，利率在 2.99%~8% 徘徊，平均融资期限 2.49 年，其中最短债券发行时间为 0.49 年，最长债券发行时间为 5 年，多数是中短期债券，长期债券较为少见，债券发行利率高于同期银行存款年利率。[①] 在 114 起债券融资事件中，文化企业的所有制形式区分也较为鲜明。其中，有 100 起是国有企业融资事件，11 起是民营企业融资事件，3 起是公众企业融资事件。文化企业主要通过发行短期融资券、中期票据等债务融资工具进行直接融资，有效拓宽了文化企业融资渠道。2015 年末，共有 132 家文化类企业通过银行间债券市场发行了 652 只债券，累计融资 5873.19 亿元。[②]

3. 民间借贷

由于我国资本市场对于股票和债券的发行门槛和规定设置较为严格，一些文化企业为了能及时获得资金推广产品和项目进而抢占市场，在没有其他融资渠道时，会选择以高息直接向民间个人或金

---

① 数据来源：国泰安数据库。根据数据库中文化企业融资融券数据进行整理计算得出。
② 数据来源于中国人民银行官网。

融机构进行非正规融资，称之为民间借贷。民间借贷发生于公民之间、公民与法人之间、公民与其他组织之间，区别于金融机构贷款业务的借贷。民间借贷资金的来源主要有三种渠道：一是向个人借贷。文化企业通过良好的资质和信用，向亲朋好友或者其他企业的人士筹措资金，该办法手续简单、快捷方便。二是民间的商业借贷，这种民间借贷相对成本比较高，利率通常远高于银行利率，并且还款时限紧，财务风险较大。三是通过民间担保，担保公司利用自己的资产以及在银行方面的信用，为急需用钱的中小企业担保，以赚取担保费用。在经济活跃、资金流动性强的地区，个人和企业对资金的需求量大，民间借贷有很大的市场需求。与其他融资方式相比，民间借贷手续简便，时效性强，能够满足中小文化企业在生产经营中对资金的临时需求，已逐渐成为文化企业特别是中小文化企业不可忽视的融资渠道。但民间借贷活动与非法集资有着本质的区别，法律明确规定民间借贷的利率可适当高于银行贷款利率，但最高不得超过银行同类贷款利率的 4 倍，超过此限度的部分则为高利贷，不受法律保护。该债务融资方式利息高、信用约束差、资金来源不稳定，再加上缺乏法律公正和监督等原因，面临的风险相对于其他正规融资方式更大。

4. 并购融资

并购融资是指文化企业利用收购兼并、资产剥离、资产置换、分拆上市等资产重组手段，集中不同的优势资源，优化股权、资产和主营业务结构，构造核心竞争力，以期实现企业资源的合理配置，打造文化企业的航母和龙头。文化企业的并购重组多以股权转让为主，而近年来文化企业的资产重组活动日趋频繁，在国内几大产权交易机构挂牌的就有不少：中国华联文化公司 85% 产权转让、北京华丽嘉源文化有限公司 40% 股权转让、仪征化纤文化公司部分产权转让、上海新天地文化有限公司 100% 股权转让、重庆宏声文化有限责任公司转让 10% 股权等。除了挂牌交易进行股权转让的，还有少数私下进行的股权转让融资。企业通过并购重组，既拓展了经营业务的范围，也开拓了发展方向和利润空间。2015 年 10 月央行为引导货币信贷平稳适度增长实行的双降，进一步降低了社会融资成本，因此，2016 年国内文化企业迎来重组高峰，特别是未能成功上市企业的并购重组大大增加。

　　企业间通过资产与负债按照一定的评估公认价值进行置换，差额由双方协商购买。并购融资多发生在具有债务关系的企业与金融机构中。文化企业的并购活动近年来活跃度大幅提高，2015 年文化产业并购市场宣布交易案例达 276 起，披露交易规模 176.41 亿美元，较 2014 年分别增长了 16.95% 和 64.15%①，并购数量和并购规模均达到了 2010～2015 年最高（见图 3－1）。

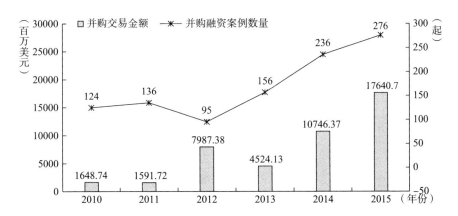

图 3－1　2010～2015 年文化企业并购活动宣布交易变化趋势

数据来源：根据 CVSource 相关数据整理，源自 www. Chinaventure. com. cn。截止时间：2015 年 12 月。

---

① 数据引自《2015 年中国文化产业资本报告》。

随着社会主义市场经济的发展和对外开放的深化，我国文化企业并购活动呈现出如火如荼的发展趋势，并购活动不仅发生在国内，不少国内大型企业还主动参与国际企业并购，企业并购资金金额更是呈几何倍数增加。但现有的并购融资方式较为滞后，难以适应所需巨额资金的国内或国际并购活动需要，因此，我国文化企业的融资需要借鉴国外企业并购融资方式。国外较为先进的并购融资方式包括杠杆收购融资和换股并购融资。杠杆收购（Leveraged Buy-Outs，简称 LBO）是指并购企业以目标公司的资产作为抵押，向银行或投资者融资来对目标公司进行收购，待收购成功后再以目标公司的未来收益或出售目标公司部分资产来偿还本息。杠杆收购融资不同于其他负债融资方式，杠杆收购融资主要依靠目标公司被并购后产生的经营收益或者出售部分资产来偿还负债，而其他负债融资主要由并购企业的自有资金或其他资产偿还。通常，并购企业用于并购活动的自有资金只占并购总价的 15% 左右，其余大部分资金通过银行贷款及发行债券解决，因此，杠杆收购具有高杠杆性和高风险性的特征。换股并购是指并购企业将目标公司的股票按照一定比例换成并购企业的股票，目标公司被终止或成为并购公司的子公司。换股并购通常分为三种情况：增资换股、库存股换股、母公司与子公司交叉持股。换股并购融资对并购企业来说不需要支付大量现金，不会挤占公司的营运资金，相对于现金并购支付成本也有所降低。换股并购对我国上市文化企业的融资活动具有重要的促进作用。

5. 认股权证融资

认股权证是一种衍生金融产品，它是由上市公司发行、能够在有效期内（通常为 3～10 年）赋予持有者按事先确定的价格购买该公司发行的一定数量新股权利的证明文件。通常，上市公司发行认股权证时将其与股票、债券等一起发行，通过给予原流通股股东一定的补偿，提高股票、债券等融资工具对投资者的吸引力，有助于顺利实现上市公司融资的目的。因此，发行认股权证对需要大量融资的并购企业来说可成功达到筹资的目标。

6. 资产证券化

文化企业的资产证券化是企业融资的新方向，是文化企业直接将文化资产收入作为信用基础向资本市场融资的融资方式。与银行和券商的信贷资产证券化产品不同，文化资产证券化中的基础资产主要是知识产权、版权等文化企业核心资产，融资的保障和依据是基础资产的当前获利和未来收益权，例如公园门票收入等基于未来收益现金流的收益、以互联网金融为代表的消费信贷等应收账款合同债权、影视公司对影视设备的融资租赁合同债权等。但是当前文化企业的文化资产却显得较为薄弱，权属不确定、现金流不稳定，大部分文化资产不能真实出售，增加了资产证券化的融资困难。如电影院票房、公园门票收入等是可以证券化的，但是如果收益不稳定或者文化产品不能像债券一样份额化，就会增加融资风险。目前我国技术知识产权受融资方式的限制，转化率不到10%，产权、知识产权的抵押、确权、现金流测算、定价等问题也并未解决，因此，虽然文化企业资产证券化市场的规模上升较快，但是流动性堪忧，加上文交所、金融机构对资产证券化的滥用和监管缺失，文化企业的资产证券化融资方式处于暂停状态。

（二）权益融资

权益融资是指企业通过吸收直接投资，发行普通股、优先股等方式取得资金。权益融资具有资金可供长期使用的特点，不存在还本付息的压力，但权益融资容易稀释股权，威胁控股股东的控制权，而且权益融资以税后收益支付投资者利润，融资成本较高。

1. 股权融资

企业的股权融资一般包括 IPO 上市、定向增发、公开增发、配股及可转债发行等融资方式。综合 WIND 数据库和 CVSource^①整理的数据，从我国 2010～2015 年的文化企业股权融资情况看，在文化企业的股权融资方式中，无论是在融资规模还是在融资事件的数量上，IPO 上市占绝对的主导地位，其次是定向增发、可转债发行，而公开增发和配股事件极为罕见，发生数量为 0。2015 年全年共有 11 家文化企业 IPO 上市，总融资规模达到 13.69 亿美元，同比增长 220.59%。其中 3 家企业于上交所挂牌，2 家企业于深交所挂牌，6 家企业于港交所挂牌（见图 3-2）。

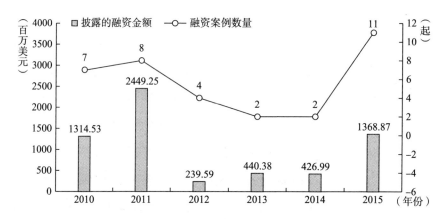

图 3-2　2010～2015 年文化企业 IPO 融资变化趋势

数据来源：根据 CVSource 相关数据整理，源自 www. Chinaventure. com. cn。截止时间：2015 年 12 月。

上市融资是文化企业在证券交易所公开发行股票获得资金的一种融资方式。虽然上市成本较高、约束较多、准入条件较严，但上市融资无需偿还本息，公开发行股票还可以提高公司的知名度，规

_____

① CVSource，投中集团旗下金融数据产品。

范企业的管理，有助于建立长期融资平台，支持企业并购扩张，从而利用证券市场的融资优势扩大规模。又因为文化企业具有投资大、周期长、风险高等特点，所以上市融资在文化企业的融资中具有重要的地位。按照上市途径的不同可以将上市融资分为三类：直接上市融资（IPO）、上市后再融资和买壳上市。上市后再融资是指公司上市以后，通过发行可转债、配股、增发新股等方式获得资金。买壳上市是指非上市公司在证券市场上通过协议转让、拍卖、收购流通股等方式购买一家上市公司（壳公司）一定比例的股权来取得上市地位，然后通过反向收购或资产置换的方式注入和自己有关的业务和资产，实现间接上市的目的。从理论上讲，通过股市筹集资金是文化企业与资本融合的理想模式，就文化企业上市融资与银行贷款、发行债券融资方式相比较而言，上市融资在许多方面要优于后两者。

文化企业上市后可以在资本市场迅速募集到所需资金，降低对银行贷款的依赖，同银行贷款相比，发行股票没有还本付息的压力，融资风险较小。该方式既降低了资产负债率，减轻了财务负担，有利于股权结构的优化，又提升了企业的借贷能力，为其他渠道融资提供资本保障。但是上市条件比较高，涉及财务、法律等多方面，而且手续繁杂，审批困难，融资费用较高，并且上市之后在信息披露、管理制衡和经营效果等方面也要受到较多约束。所以文化企业也经常采用买壳上市的方式获得融资。买壳上市的优点是直接通过资本进入资本市场，获得融资速度较快，障碍较少，并且随着退市制度等规定的出台，买壳上市可以借用的壳资源增多，买壳上市的收购成本直接下降。但是仍存在两大问题：一是壳资源的资产和人员的安排、处置等问题将会提高融资的成本，二是壳资源原来可能有大量负债，需要买入者偿还。上市融资是企业扩大资金规模、谋求产业扩张的道路之一，但是文化企业的特殊性决定了其必然要兼顾经济效益与社会效益，企业的盈利周期和模式都与资本的逐利要求有一定的距离，盲目地进入资本市场进行融资，往往会产生新的矛盾和问题，为企业带来风险。

2. 文化产业投资基金

文化产业投资基金包含所有涉及文化产业领域的投资基金，其中包括综合股权投资基金、影视基金、艺术品投资基金、动漫投资基金等各类专项投资基金，文化企业通过股权投资、实物投资和项目投资等融资方式获得这些专项投资基金。文化产业投资基金实质上属于私募股权投资基金的范畴，从文化企业的角度来看，主要是未上市企业向特定机构投资者以私募方式进行股权融资的集合融资方式。特定机构投资者包括以国家财政拨款为主要资金来源的企事业单位，国家控股的商业银行、保险公司、信托投资公司、证券公司等金融机构以及全国社保基金理事会等，在这之中有政府直接或间接参与的身影，因此具有较强的政府干预性和政府主导性。

文化产业投资基金采用市场化、专业化的运作方式，通过天使投资基金、创业投资基金、并购基金等在企业发展的各个时期予以支持，是文化企业重要的融资方式。目前我国的文化产业投资基金整体发展迅速，规模扩张较快，但总体处于初级发展阶段。2007年至2014年间，文化产业共发起设立了93支文化产业综合股权投资基金，仅2014年一年就新增加了51支文化产业投资基金。2014年40支披露募资总金额的基金数据显示，总募资金额高达1196.85亿元，平均单支基金的总募集金额达29.92亿元，其中首期募集金额达140.75亿元，平均单支基金的首期募集金额达10.05亿元。

从企业的角度来讲，国内文化产业企业整体不成熟，具备投资潜力的企业数量有限，企业文化创意不足、产品生命力较弱，企业盈利模式不够清晰，使得国内文化产业投资基金与可投项目之间整体处于供大于求的局面。从投资基金角度讲，由于基金市场运作的逐利性，大多数基金偏好投资未来两三年能上市的成熟企业，而文化产业市场化进程相对较晚，文化企业体制改革尚未完成，大量的优质文化资源并未进入市场，规模化和商业模式成熟的企业不多，与此同时成长性也普遍较弱，大多数企业很难在短期内爆发性增长，因此对资金真正有需求的很多中小文化企业仍然很难筹集到资金。另外，广电传媒等文化产业的细分领域受政策和行政体制的影响比较大，与此相关的文化产业虽然创新热情较高，但考虑到政策风险，许多投资基金也保持观望态度，因此，造成了获得产业投资基金的文化企业区域分布不均、部分领域融资过热而部分领域无法顺利融资等现象，阻碍了文化产业整体健康快速发展。如图 3 – 3 所示，2014 年文化产业投资基金 51 支中有 33 支分布在北京、上海、广州等一线城市，占总基金数的 65%，募集基金总金额达到了

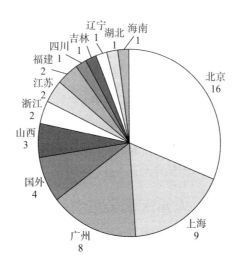

图 3 – 3　2014 年文化产业投资基金的区域分布情况统计

资料来源：图中数据从中国经济网、中国产业信息网整理而来。

339.05 亿元，占总金额的 28.32%，一线城市的产业投资基金融资成为文化产业发展的主要推动力量。

3. VC/PE 融资

2015 年文化企业 VC/PE 融资规模为 14.82 亿美元，环比下降 35.82%，融资案例数量 93 起，环比上升 27.40%。整体来看文化企业的融资活跃度有所上升，但融资规模依旧回落（见图 3 - 4）。2015 年文化企业 VC/PE 融资均值为 14.82 亿美元，相比 2014 年文化企业 VC/PE 融资均值 20.13 亿美元继续走低。在政策利好与文化消费活跃的促进下，各类风险资本进入文化产业的积极性不断高涨，文化企业对于风险资本的直接融资比重大幅度提升。

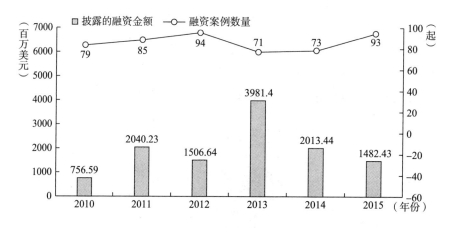

图 3 - 4　2010 ~ 2015 年文化企业 VC/PE 融资趋势

数据来源：根据 CVSource 相关数据整理，源自 www. Chinaventure. com. cn。截止时间：2015 年 12 月。

从融资轮次来看，在 2015 年文化企业 VC/PE 融资的 93 起案例中，A 轮融资 51 起，最高融资金额达 4900 万美元，相比较 2014 年 A 轮融资 36 起、最高融资金额 1303 万美元分别上升了 41.67% 和 276.06%；B 轮融资 12 起，最高融资金额为 3226 万美元，相比较 2014 年 B 轮融资 7 起，上升 71.43%，相比较 2014 年 B 轮融资最高融资金额 5537 万美元，下降了 41.74%；长期投资 27 起，最高融资额达 3.57 亿美元。整体来看，2015 年文化企业 VC/PE 融资在不同阶段均有提升，但没有发生重大个案。

4. 文化产业发展专项资金

截至 2015 年底，我国中央层面的文化产业发展专项资金已累计安排 242 亿元，支持项目 4100 多个，各级政府的各类文化产业专项资金支出总规模超过 100 亿元，专项资金的支持力度和增长趋势仍在继续增加。财政部支出的文化产业发展专项资金从 2011 年的 34 亿元增加到 2015 年的 50 亿元[①]，着重推动文化产业中传统媒体与新兴媒体的融合发展、巩固文化金融扶持计划，这也是文化企业获得融资的重要来源。贷款贴息、后期奖励、引导投资、组合投资等方式是文化企业获得政府资金支持的主要方式。

5. 众筹融资

众筹融资以向公众筹资的形式将创业者的股权、激励等与投资者的资金进行互换，通过风险共担来获得融资，投资者与志同道合的创业者共担风险，共享收益。投资者虽然更偏向于本金安全和风险系数低的传统投资，但是随着互联网金融的发展，众筹融资的形式和种类以互联网为平台得到了迅速发展和传播。从目前的众筹趋势来看，众筹融资的规模不断扩大，奖励模式和种类发展迅速，公众参与程度不断提高。

截至 2015 年 12 月 31 日，全国共有正常运营众筹平台 283 家，同比 2014 年全国正常运营众筹平台数量增长 99.30%。2015 年全年共有 40 家众筹平台倒闭（平台网站无法打开时间超过 30 天），

---

① 数据来源于财政部网站。

26 家转型。① 从区域看，北京、上海、广州和浙江稳居文化产业众筹融资的前列，其中北京地区遥遥领先。文化企业面临的众筹市场有更为详细的划分。文化众筹行业最热门的三大领域是互联网信息服务，乐器、玩具及视听设备制造和影视制作发行。在文化产业股权众筹市场，互联网信息服务、旅游业、影视制作发行三大领域瓜分了 64.62% 的市场份额。在奖励类众筹市场中，专业设计、出版与发行、工艺美术品制造三大领域占据全年事件总数的 56.70%，共发生 1016 起，是奖励类众筹最为热门的三大领域。

（三）其他融资方式

除债务融资和权益融资方式之外，兼有债务融资和权益融资性质以及内源性融资方式和难以归类的融资方式被划归为其他融资方式，其中包括企业的自有资金、预租预售款、合作方垫付、企业内部员工集资、典当融资、应收账款保理和政策性融资（财政贴息、专项扶持基金、政策性投资等）等方式。其中以自有资金为主要融资方式。

1. 自有资金

文化企业的自有资金包括初始资本、盈余公积和资本公积金等。自有资金是企业经营的基础和保证，是由企业自由支配、长期持有的自我积累。因为文化企业的经营风险大，作为资金提供者的银行、信托投资公司及其他投资者在追求投资收益的同时更希望保证资金的安全，而企业自有资金的注入则是一种良好的信号，大大增强了资金提供者的信心。

2. 信托融资

信托是一种具有融通资金人概念、融资与融物相结合的非常灵

---

① 数据来源于中国电子商务研究中心。

活的金融活动。它是以资金和财产为核心、以信任为基础、以委托为方式的财产管理制度。按照《信托法》的规定，信托是指委托人基于对受托人的信任，将其财产委托给受托人，由受托人按委托人的意愿，以自己的名义为受益人的利益或特定目的进行管理或处分的行为。文化企业信托是文化企业信托机构受信托人的委托，为了受益人的利益，代为管理、营运或处理委托人托管的文化企业及相关资财的一种信托行为。

信托融资是文化企业利用自身信用向信托机构融资的方式。该融资方式使用企业信用和信托财产，降低了文化企业的前期融资费用，融资成本较低。同时，信托融资的筹资能力相对较强，根据中国人民银行 2002 年发布的《信托投资公司管理办法》，信托公司筹集的信托资金总余额上限可达 30 亿元人民币，从而可以很好地满足文化企业对资金的大量需求。

从类别上看，主要有文化企业财产信托和文化企业资金信托两种方式。文化企业财产信托是指文化企业作为委托人，以其所有的文化企业财产委托信托公司设立自益信托，通过向社会投资者转让全部或者部分的信托收益权，使其成为最终收益人而获得相应资金来用于文化企业项目的活动。文化企业资金信托是指委托人基于对文化企业信托机构的信任，将自己合法拥有的资金委托给文化企业信托机构，由文化企业信托机构按照委托人的意愿，以自己的名义为收益人的利益或特定目的在文化企业领域管理、运用和处分该资金的行为。

3. 典当融资

典当融资，指文化企业在短期资金需求中利用典当行救急的特点，以质押或抵押的方式，从典当行获得资金的一种快速、便捷的融资方式。典当行作为国家特许从事放款业务的特殊融资机构，与作为主流融资渠道的银行贷款相比，主要针对中小企业和个人的短期需要，灵活性较高，融资手续简便、快捷，限制条件少。典当融资对于文化企业融资的优势在于：典当融资对于客户的信用要求较低，抵押品种类广泛，因此文化企业的知识产权等产品可以进行抵押，典当手续简单，审批周期短且不限制资金使用用途，对于文化企业非常适合。但是由于典当抵押不是专业的评估机构，对于文化产品的估值存在一定误差。

4. 联合开发

联合开发是指为了实现各自的战略目标，公司与其合作伙伴采取联合的方式共同参与市场竞争的一种战略取向，这种战略形势可以使他们相互协作，优势互补，能够解决资源和能力不足所产生的很多问题。联合开发能够有效降低投资风险，实现文化产品和共享机制的可持续发展。

5. 夹层融资

夹层融资是指在风险和回报方面介于优先债务和股本之间的融资形式，一般采取次级贷款的形式，也采用可转换票据或优先股的形式。对于公司和股票推荐人而言，夹层融资通常提供形式非常灵活的较长期融资，这种融资的稀释程度要小于股市，并能根据特殊需求做出调整。而夹层融资的付款事宜也可以根据公司的现金流状况确定。

除股权和债权融资外，还有债权和股权混合式的其他融资方式，例如可转换债券融资。可转换债券是指在发行时标明发行价格、利率、偿还或转换期限，持有人有权到期赎回或按规定期限和价格将其转换为普通股票的债权性证券。企业用可转换债券进行融资一般面临着转股失败和收益削减的风险。如果发债企业的股价表现不好或股市低迷，当股价低于转换价格时，投资者就会宁愿承受利息的损失要求企业还本付息而不转换成股权，这会直接导致企业的财务负担过重、资本结构失衡，从而增大融资风险。从已经发行的可转债方案来看，文化企业可转债设计的利率相对较低，如2014年吉视传媒股份有限公司发行的可转换公司债券融资规模达17亿元，极大缓解了文化企业融资不足的困境，且可转债的票面利率第一年仅为0.50%，最高也只有2.0%，远低于同期银行定期存款利率，明显偏重于股权特征，极大地减轻了公司融资负担，降低了其融资风险。与配股和增发等股权融资手段相比，可转换债券融资在相同股本的扩张下融资额更大，并且可转换债券转换成股票是渐进的过程，对公司估价的冲击也比较平缓。因此，文化企业采用可转换债券的融资方式不仅有利于调节权益资本和债务资本的比例关系，还有利于稳定上市文化企业的股票价值，向市场传达更好的信号。

三　文化企业融资的主要特点

文化企业由于产品和服务特性与其他企业存在较大的差别。在融资方式上，文化企业主要有以下特点。

一是文化企业的融资以产品或服务内容的创意为基础。文化企业是典型的创意为王的组织机构，主要依靠文化产品的文化价值和创意理念获得回报，企业的价值表现在文化产品和服务的创新中，只有高质量的产品内容、良好的产品形象、巨大的衍生收益才能获得更多的融资。但创新的实现却受到宏观微观经济环境中市场波动、产业政策、企业规模等诸多因素影响，投资者对创新的认定和衡量也不尽相同，导致文化企业融资结果的不同。

二是文化企业的融资一般是多种融资方式的组合。融资难是多数文化企业在发展过程中面临的最大的问题，这主要是因为企业中文化项目、文化产品等多以无形资产的形态存在，其中蕴含的版权、知识产权等的价值评估和转化存在巨大的不确定性，以及信用机制和知识产权法律体系的不完善，大多数文化项目和文化产品难以获得银行和投资机构的青睐，而民间投资又存在较大的盲目性和资源偏好性。因此，文化企业必须从多种途径增加融资，通过多种融资方式的组合分散风险、扩大影响力。文化企业的融资方式采取政府、银行、文化产业投资基金与保险公司共同合作的方式，从市场调研到风险评估、从创作机制到市场营销，经过一系列结构化设计后发挥各方作用，分散融资风险。例如红遍全国的"中国好声音"节目，以《The Voice》中国版权为融资基础，采取了文化产业投资基金和银行贷款的融资组合，取得了巨大社会影响和收益，形成了良好的融资模式。

三是利用未来收益权进行质押。文化企业中存在着大量的未经评估、资金回报不确定、盈利能力不确定的文化产品，产品成型周期长、资金回收期长、流动性低，现金流不够稳定，因此，针对文化企业融资难中核心的轻资产和银行信贷信用问题，文化企业可以使用未来收入来质押进行融资。文化企业具有盈利价值、能够获得较大回报的多数是版权、知识产权等文化资产，但是由于文化企业无形资产估值等普遍存在价值评估不权威、价值难以确定等缺点，多数文化企业的无形资产价值也并未准确体现。因此，文化企业的融资结构、工具、规模和收益都有一定的特殊性。文化企业因资产规模小、信用级别低面临融资难的问题时，根据文化产品或服务的特殊性，以未来预期收入和未来版权价值为核心，构建融资体系，建立银行、信托公司、担保公司、风险公司、市场研究机构等集成的以项目收益为主体的融资模式。例如上海的三家文化企业受惠于东方惠金文化产业担保公司设计的"门票收益质押"的贷款方案，尽管存在注册资本小、无有效实物资产和稳定销售收入等实际情况，但是企业可以以公司信用为担保，未来门票收入由银行直接收取后转成保证金作为还款来源，由此获得融资。

四是网络化、社会化高度协同的融资服务平台逐渐兴起。文化企业的融资注重产业链的资源整合与业态创新，融资涉及对象包括银行、投资机构、信托公司、保险公司、担保公司、资产评估公司、投融资中介机构、律师事务所、会计师事务所，实现网络流水线式的对接，通过网络可以极大地提高文化企业的融资成功率，降低融资成本。

第二节　文化企业融资风险的主要特征

文化企业作为新兴产业经济的重要推动者，其知识产权、版权等无形资产作为融资可抵押资产，其价值评估和转化存在一定困难，呈现出明显的行业特征。文化企业融资既有文化企业的特殊之处，又具有融资风险的一般特征。

一　客观性

风险是一种不以人的意志为转移、独立于人的意识之外的客观存在。无论是自然界的物质运动还是社会发展的规律，都是由事物的内部因素所决定的、由客观规律所决定的。文化企业融资风险的存在也是客观的，企业融资活动的发展规律由融资的内部因素决定，只要有融资活动的发生，就会对企业的各项运营活动产生影响，融资活动的变动在非平衡稳态的企业耗散结构中形成一定的冲击，影响企业稳态的形成。微小波动会由于混沌性、非线性衍生成大的、不稳定和不确定的风险，并且融资风险不可避免，只能在一定的时间和空间内改变风险存在和发生的条件，降低风险发生的频率和损失程度。从总体上说，融资风险是不可能彻底被消除的，而又因为文化企业无形资产价值确定和收益获得的不稳定性，影响融资活动的变动因素只会更多，文化企业的融资风险必然客观存在。正是因为风险的客观存在，从而决定了融资风险管理的重要性与必要性。

二 不确定性

一般而言，不确定性指事物的非规律或非规则性，表现在事物发生的可能性、发生时间、发生环境以及发生结果，难以被人们在事前确切知道和准确判断。风险具有不确定性特征，其主要强调风险的客观不确定性，指风险的发生与否、发生时间、环境及其后果等，具有不以人的意志为转移的不确定性。但是风险的不确定性多数情况下可以由客观概率加以度量或估计，不确定性水平存在不同的频谱：如果从事件发生的可能结果及其发生的概率来看，出现的结果确定而且发生概率确切已知，那么不确定成为确定；当事件出现的结果未知且出现结果的概率无法确认时，不确定性是完全的不确定性；出现的结果已知但是出现结果相应的概率未知，甚至客观估计难以知晓，这是介于前两者之间的不确定性；还有出现的结果已知且出现结果相应的概率可以客观确认或估计的不确定性。结合不确定性频谱，风险具有不确定性强调个体风险发生的偶然性以及相应结果与概率的不确定性。而从广义上讲，融资风险的不确定性，指介于完全确定与完全不确定之间的不确定；从狭义上看，风险具有不确定性是指出现的结果已知且出现结果相应的概率可以客观确认或估计的不确定性。

受多种复杂因素的影响，文化企业融资风险的爆发时间和原因难以预测，具有极大的不确定性。文化企业融资风险的不确定性表现为：一是文化企业无形资产价值和收益的不确定。文化企业的资产多为专利、非专利技术、知识产权、掌握核心技术的人力资本、版权、播放权等无形资产。无形资产的种类和形式相对宽泛，具有轻资产特性，而文化企业有形资产的比重相对较低，净资产比例偏低，没有充分的实物资产作为融资的抵押保证，文化企业的融资只能依赖于知识产权、版权等无形资产的价值变现和未来收益权等的现金流入。但文化企业无形资产的评估具有极大的不确定性，未来收益权等的现金流入极不稳定，增加了文化企业的融资风险。无形资产时间价值、公允价值的复杂变动，会影响无形资产的价格，进而影响企业价值的变动幅度，企业价值波动不断改变文化企业的资产负债结构，资产负债中相对稳定的范围不断收缩，不确定性则随之增大。这决定了文化企业较一般性生产制造企业在融资风险上具有更大的不确定性。二是文化企业融资风险损失的不确定性。文化企业的融资活动除贷款、股票等传统债权和股权融资外，还包括资产证券化、风险融资等高风险业务，并且高风险业务已成为文化企业经营的重要组成部分和主要盈利点。据统计，2015 年末文化企业融资余额达 551.77 亿元，占总资产的 7.7%，占净资产的 85.16%，投资净收益为 38.47 亿元，占利润总额的 41.54%[①]，融资额度的增加加剧了融资风险损失的不确定性，文化企业融资风险的产生既有金融自由化、市场全球化等宏观因素，也有管理层疏于监督、文化企业内部控制不充分等微观因素，进而导致评估融资损失的难度增加，风险损失的评估更加无法确定，所以文化企业融资风险的不确定性更加典型和特殊。

---

① 数据来源于中国人民银行网站和新浪证券。

三　蔓延性

文化企业的产品和服务范围相对狭小，融资活动属于财务活动的一部分，尤其是融资活动伴随着资金流动，贯穿于企业业务活动的各个环节，融资的现金流涉及企业的各个环节，融资风险普遍存在且不可避免，一旦文化企业的融资活动出现风险，将立刻通过现金的流动波及投资活动，进而影响财务活动。同时，企业融资业务不是独立完成的，融资活动与其他业务活动相互交叉和关联，有时一项融资同时涉及几家企业甚至关联金融机构，风险的扩散以及业务的交互联系使得风险因素在企业内部、企业之间以及市场上相互影响和渗透，同一个不确定因素可能会引发多种风险，融资风险又可能引发企业的另一种风险，相关的企业以及金融机构可能会由于一家企业的风险扩散而引发其他风险，甚至任何一个变化都可能导致风险发生变化，再引发整个市场风险。企业与企业之间的风险相关性加强，资本市场上融资风险也在国有资本、社会资本和私人资本之间交叉传染和蔓延，资本的流动性使得融资风险在交互扩散过程中的不确定性和危险性增强，即融资风险的蔓延性高于其他业务风险。

金融国际化程度日趋加剧，在信息化应用降低交易成本的同时，显著提高了融资风险动态传导的速度和关联度，融资结构变化明显加快，融资风险的蔓延性表现得更加显著。受制于文化企业无形资产自身不稳定的特性，文化产品投资回报见效慢，具有很强的滞后性。文化企业的项目转化成功率非常低，创作期和转化期不确定，平均时间为 3～5 年，同时在前期的准备过程中，投资人基本没有收益，并且投资的收益最终也不确定。一旦文化企业出现融资风险，风险迅速蔓延的同时企业的应对也具有一定的滞后性，进一步增加了风险扩散的范围。

四　隐蔽性

文化企业的融资风险不仅来自市场，更来自不确定的各种因素，风险是隐蔽的。融资方式不规范、融资规模不断膨胀、融资资金使用效益差、债务隐蔽性强等使得融资风险难以被监控，风险潜伏在企业内部难以被察觉，一旦爆发，风险性极高，又因为其交叉传染和蔓延的特性，极易造成巨大损失。文化产权价值评估的随意性、收益的不确定性导致文化企业缺乏融资担保抵押，而积累较少、发展较短的文化企业信誉体系并未完全建立，在融资过程中极易出现各种问题，但这些问题平时并不容易显现，而是蛰伏在企业内部，一旦情况变化，极易引发融资困境。另外，随着科学技术的不断进步，融资企业违规、作假手段更加丰富和狡猾，非流通股抵押或质押贷款、非法协议贷款、"过桥"贷款、额度贷款、利用虚假贸易背景票据贴现等违规方式频繁出现，使得融资风险的隐蔽性增大，加大了识别风险的难度。

五　构建性

风险具有构建性。风险及其存在依赖于人们的认识、态度、社会环境、文化伦理等。对于同一事物，依据不同的标准和尺度，一些人会认为一定的事物是风险，而另外一些人则认为它不是风险，这不仅取决于他们的认知，而且与他们所处的环境、制度和文化习俗等多种因素相关。

六　社会性与外部性

文化企业的融资具有显著的政策性、外部性和社会性特征，其风险不仅来自市场，更来自不确定的制度性因素。比如文化产业的投融资，由于文化产业在我国属于意识形态特征非常突出的行业，事业管理体制和企业管理体制共存，产权属性比较模糊，社会资本进入的风险较大。这表现为相互关联的两个方面，一是某些关系到国家信息安全或文化安全的行业如果有社会资本或外资进入，会引起资产属性的变化和国家控制的弱化等一系列问题；二是社会资本进入文化产业领域后，如果投资主体地位得不到保障，也会影响其积极性。

文化企业与政治关系密切，政策性非常突出。我国文化企业被视为与文化事业并举的文化与意识形态领域的经济主体，目前对于文化产业的管理涉及多个党政部门，比如中宣部、广电总局等。对于文化企业进行规范和管理的政策规章来自多个政府部门。2000 年以来，我国的文化体制改革在试点中不断探索前进，在推动文化产业的发展、丰富和创新文化产业投融资机制方面取得了不少成绩，但是由于我国文化产业发展的势头迅猛，国外文化企业也迅速抢占国内市场，文化企业相关政策的滞后性和不稳定性越来越突出。

文化企业以文化内容、高新科技和个人创意为其核心资源要素，其价值主要表现为无形的知识产权。文化企业的发展不但不会消耗自然资源、污染环境，而且还可以起到保护与开发历史文化资源、促进高新技术的应用与推广、激发艺术与创意活动等作用，不但保护了自然环境，同时也不断优化了自然与人文环境质量。

七　可控性与可测性

虽然融资风险客观存在，但是企业经过正确的风险规划和管理，可以在一定程度上对风险予以控制，因此，风险具有一定的可控性。正是由于企业融资风险是可控的，企业可以通过完善风险管理制度、充实资本资金、提高管理和技术人员的素质等防范对策，以及识别、避免预期可能引发融资风险的不确定性因素，在一定程度上对风险可能引发损失的概率和规模进行控制，所以风险防范才有一定的意义。在应对方法上，现有的风险计算方法、经济补偿方法都难以从根本上解决问题。文化企业需要通过提高现代性的反思能力来建构应对风险的新机制。

风险的发生及其后果与人为因素有关，客观概率与运算方式很难完全解释风险测度问题。相反，风险真实性的认定，以人们的认知、文化差异以及社会行为为基础，也有一定的不可控性。

无形资产的评估和运营是文化企业融资的关键。文化产品的核心价值主要来自精神性的无形价值，有形的物质载体在文化产品整体价值中所起的作用很小，甚至可以忽略不计。比如一部电影的价值，导演、演员的号召力，故事的吸引力，宣传所带来的关注度等无形因素是起着决定性的作用的，至于它的物质因素或资本对于电影价值的实现所起的作用是非常有限的。

第三节　文化企业融资风险的影响因素分析

文化企业融资体系中蕴含着巨大的风险，为了能够全面识别融资风险，必须从风险产生的源头入手，对影响融资风险的因素进行细致分析和深入探究，才能准确识别和管理风险，为下一步度量风险大小和预警风险奠定良好的基础。

一　文化企业融资风险的宏观影响因素

（一）市场环境

1. 利率变动

文化企业对外界经济环境的依赖性较强，除国家产业政策和金融政策外，宏观经济环境的变化、行业竞争态势的加剧，都将增大文化企业的融资风险，最终影响文化企业的运营和管理。

在文化企业融资环境中，利率变化会导致企业融资环境的变化和融资风险的产生。当文化企业融资方式为贷款时，利率将会影响融资成本大小，而资产和负债的期限不匹配时，就会出现利率风险；当融资方式为发行债券时，债券利率的高低与企业发债融资的成本直接相关，利率变化后，可能会导致资产市场价值下降的幅度大于负债市场价值下降的幅度，企业会遭遇经济损失或清算风险，这同样与利率的高低有关。因此，文化企业的主要融资方式都与利率相关，利率与企业的融资风险密切相关。

资本市场通过利率的波动影响企业负债利息率进而影响企业融资资金的供求情况。利率变动对文化企业融资造成的不利影响，主要表现为利率的调高会增加企业的融资成本，进而影响融资活动。例如，市场利率决定了债券发行价格和债券利息率的组合，而债券利息率一般是固定的。发行债券后，企业的负债利息费用等相关支出会随着负债利息率的增高而增多，财务杠杆系数也会随着负债利息率的升高而增加，负债利息率的不稳定会产生融资风险，影响股东的收益，增加企业破产的风险。当企业资本利润率下降时固定债券利息会加大企业的财务压力，特别是当企业面临财务危机甚至濒临破产时，债权人的优先求偿权会加重财务危机，增加企业破产的风险。利率水平不仅影响投资者购买债券的数量，而且企业也有可能因为利率变动影响偿还债务利息或者支付债券利息的规模，这些变动都将会影响企业的融资规模，使得文化企业面临因为利率变动而遭受损失的可能性。

从我国文化企业的资金来源渠道看，银行贷款仍然占据主导地位，文化企业单一的融资模式和融资结构，导致其资金链极易受到金融政策变化的冲击，尤其是与资金关系密切的利率，特别是金融机构信用政策中的贷款年利率。银行贷款利率的上升会直接影响资金的融资成本，加剧企业的融资风险。2011 年以来，央行连续调整存款准备金率，国内大型金融机构的准备金率已超过 20%，商业银行 1~3 年期贷款年利率从 2006 年的 3.06% 增加到 2015 年的 5.25%①，贷款利率不断上升，导致企业的融资成本不断增加。尤其是对于处于发展初期、极度依赖银行贷款的中小文化企业来说，市场环境变化对其发展的影响更加剧烈，利率的变动使文化企业容易陷入资金链紧张、周转困难的困境。文化企业文化产品的立项与开发都需要巨大的资金支持，市场中的资金与利率息息相关，利率的变化容易导致文化企业资金链条受阻或中断，企业的融资风险增加。因此，文化企业的融资需要多元化的融资渠道，以减少企业对银行信贷的过分依赖，降低企业的融资成本，尽量降低利率变化带来的融资风险。

2. 汇率变化

文化企业并不能左右或把握经济环境的变化规律，因此对于经济环境的不确定性是被动接受的，企业融资活动受到宏观经济环境中利率、汇率等市场环境因素的影响而面临不确定性的风险。文化企业固然要追求经济效益，但同时文化产业具有的文化属性使它有别于其他产业。文化产业肩负的功能是双重的：一方面，文化产业要服务于一国经济发展，为经济增长和就业做出贡献；另一方面，文化产业也要起到传播本国文化价值观的作用。因此，很多国家和企业在维护自身文化利益时，对于文化产品市场的开放和交易有一些强制性规定，例如利用汇率凸显文化产品和市场交易的国别化差

---

① 数据由对中国人民银行网站公布的数据整理得出。

异，文化企业要承受不同国别或贸易地区之间汇率的波动影响，而跨国交易由于国际货币兑换受到汇率波动的影响，进而影响文化交易规模。文化企业无论是进行外币融资或者利用文化产品交换进行货币融资，都将面临与外币交易相关的汇率风险变动带来的风险。文化企业的融资会随汇率的增加或降低而贬值或升值。汇率发生变动，企业持有外币融资升值时，到期偿还本息的实际价值就要高于借入时的价值；当汇率发生反方向变化，即借入的外币贬值时，文化企业得到汇率变动的持有收益。由于借入外币贬值，到期仍按借入额归还本金，按原利率支付利息，从而实际归还本息的价值减少。

3. 市场购买力

任何企业的生存和发展都离不开市场，企业的融资也要依赖市场进行，即使面对复杂多变的诸多不利因素，我国经济也保持了迅猛发展的势头，其中，我国居民强大的内需和市场购买力功不可没。但是伴随经济的发展，物价持续上涨，通胀现象严重，偏向需求侧的发展方式使得通胀还在持续增加中，物价上涨造成货币进一步贬值，消费者手中的购买力无形中减弱。因此，消费者购买力的不断下降导致企业利润和销售回款能力的下降，进而影响企业资金流动，造成融资能力下降，形成企业融资风险。

即便文化企业拥有良好的融资决策和融资规模，又在合适的时机进行正确的融资，再加上高效的融资管理手段，经济市场环境的不确定因素仍旧很难防范，尤其是消费者的喜好，直接决定文化产品的销量、影响文化企业的经营效果进而影响融资决策。所以，关注文化企业的融资风险必须重视消费者偏好和购买力。市场购买力风险就是指由于某些原因市场对于文化产品需求下降，导致文化企业无法形成最终销售回款的可能性，对于文化企业的融资来说是重要的风险影响因素。企业的风险管理控制、经营管理改进等都是为了最终能够在市场上顺利实现产品销售而赢利，无疑，市场购买力风险是最直接的影响因素。市场才是企业资金融通的最终源头，市场购买力影响供求关系变化，造成企业资金回笼放缓，不仅直接影响文化企业的资金回收和财务运作，还通过影响企业的资金回收进而影响到企业的融资能力。当文化企业面临回笼不畅、无力偿还贷款等困境时，极易产生融资风险。

（二）政策法规

企业持续经营受宏观经济环境的影响，对于经济环境的不确定性是被动接受的，企业并不能左右经济环境的变化规律，融资活动受到政治、金融、税收、财政政策等经济环境因素的影响，面临一定的不确定性风险，其中最重要的是宏观政策和法规的影响。宏观经济政策包括财政和货币政策、产业和区域发展政策等，通过分析政策来预测产业发展、政府投资方向等的变化趋势。政策法规包括关于文化企业融资的法律、政策和规范等。

1. 财税政策

政策法规的变化可能对企业的生产经营和融资形势产生一定的影响，宏观政策对文化企业的直接干预，不可避免地影响文化产品的需求，导致文化企业盈利能力和融资情况相对紧张。尤其是文化行业兼顾社会性和经济性的双重使命，企业的融资活动受国家产业政策、财政政策、税收政策等的多重影响，直接影响企业资金链的连续性和资本运营，产生融资风险。

财政政策包括财政支持政策、财政拨款、财政投入、财政补贴等宏观调控措施。扩张的财政政策通过加大财政支出规模，扩大对基础设施和产业的投资力度，增加文化企业的融资总量。税收政策包括税收优惠、税收减免等税收政策变动。财政政策运用财政支出等宏观调控手段支持文化企业的融资活动，世界各国或经济体的公益性文化产业单位的实收资本主要来源于政府支出、广告以及私人或企业的赞助和捐献等渠道。以欧盟和加拿大为例,欧洲理事会与欧洲比较文化研究所估计,2011 年欧盟各国公益性文化产业单位实收资本的 70% ~80% 来源于政府支出。其中,瑞典、奥地利、丹麦和波兰政府的支出额分别达 26.3 亿、23.0 亿、22.4 亿和 19.6 亿欧元,分别占各国公益性文化产业单位实收资本的 83.1%、79.5%、79.0% 和 72.6%。从政府出资构成来看,通常地方政府的支出额大于中央政府。2011 年,波兰、奥地利、瑞典和乌克兰地方政府支出额分别为 16.1 亿、15.2 亿、14.6 亿和 4.8 亿欧元,分别占政府支出总额的 82.4%、66.0%、55.5% 和 62.7%,分别比中央政府支出额占比高出 64.8、31.9、10.9 和 25.3 个百分点。[①] 由此可见政策支持对文化企业融资的资金来源影响重大。

我国相关政府部门也颁布了多个文化企业税收优惠政策,通过各项税收政策影响文化企业融资活动,降低企业的融资风险。国家税务总局、财政部、海关总署出台了多项支持我国文化企业发展的优惠政策,准许从事电影制作、发行、放映的电影集团公司、制片厂以及其他电影行业企业取得的转让电影版权收入、销售电影拷贝收入、电影发行等收入免征增值税;广播电视运营服务企业按规定收取的有线数字电视基本收视维护费,免征增值税,期限不超过 3年;出口图书、报纸、期刊、音像制品、电子出版物、电影和电视完成片按规定享受增值税出口退税等优惠政策。同时为了促进金融资本与文化产业的有效对接,有效改进和提升对文化产业的金融支持,促进文化产业的发展,由中国人民银行会同中宣部、财政部、文化部、广电总局、新闻出版总署、银监会、证监会和保监会九部

---

① 数据源自国家统计局世界主要经济体文化产业发展现状研究课题组的研究报告。

委联合发布《关于金融支持文化产业振兴和发展繁荣的指导意见》（以下简称"《指导意见》"），支持商业银行创新信贷产品，支持文化企业的融资。《指导意见》的出台，有助于促进文化大发展大繁荣，提高国家文化软实力，同时推动经济结构调整和发展方式的转变。此外，还有各项免征、退税等优惠，政府部门努力通过税收政策的宏观调控减轻企业融资负担，促进文化企业发展。

文化企业的融资受政策环境的高度制约。在大部分国家中，产业投融资与国家的宏观经济政策密切相关，不论在市场经济、计划经济还是转轨经济下，国家的财政投入、税收补贴、资产划拨等政策都对产业投融资具有直接或关键性的影响。我国文化企业具有双重属性，即经济属性和意识形态属性。企业的双重属性决定了其融资活动涉及国家的精神文明导向甚至经济产业结构的调整和引导，文化企业一直被视为国家的特殊行业予以关注，所以国家和政府在文化企业发展进程中的作用非常重要，政策环境的变化对文化企业的融资风险影响巨大。以债务融资为例，一般来说债务融资是文化企业首选的外源融资方式，债务融资政策的变化往往是文化企业最敏感、反应最直接的风险因素。国家每年的宏观调控政策都会影响融资门槛，在我国通胀持续运行的现状下，紧缩政策的推出会加大银行贷款的难度，进而导致文化企业的融资资金紧绷。除此之外，委托贷款、民间借贷、债券融资等融资方式应用的形式和数量，无一不受到政策变化的影响，尤其是文化企业所处的地域政策、产业政策、法律政策等也都对融资有很大的约束。政策风险是典型的系统风险，权益融资和其他融资方式也都存在相应的政策风险。文化企业产业链较长，相关行业较多，同时鉴于文化企业的特殊性，在当前市场环境不是十分完善的情况下，政策的波动性对文化企业融资形成的风险不容忽视。

2. 法律法规

新闻出版总署印发《关于贯彻落实〈关于深化新闻出版广播影视业改革的若干意见〉的实施细则》的通知，认同各类资本都可以参与媒体经营，中央办公厅、财政部等也陆续发布文件规定新闻出版业融资的资本来源，拓宽了融资渠道。《公司法》《证券法》《短期融资券管理办法》《信贷资产证券化试点管理办法》《证券投资基金投资资产支持证券的有关事项通知》《首次公开发行股票并上市管理办法》等多项法律法规为企业的融资提供了规范和指导，但也对企业的融资风险产生一定的影响。《公司法》《证券法》及其他相关法规对拟发行股票公司的规模、股权结构、获利能力、融资时间间隔、信息披露等各个方面均做了严格规定，并且要求企业发行股票必须经过管理部门的审批或核准，在法律法规方面对文化企业的融资活动做了详细规范，直接影响到文化企业融资规模的大小和成本。政策法规风险还表现在关于文化企业融资合法权益的法律法规并不健全，信贷政策存在所有制歧视，税收政策对部分中小企业的税收税负并不公平，文化企业的信贷普遍偏向国有企业等等。例如《出版管理条例》对文化企业的出资人进行了限制，规定所有出版社、杂志社、报社都是国有单位，且须有上级主管单位。主办单位要为出版单位的设立提供和筹集必要的资金、设备，并创造其他必要条件，报刊的主办单位即是报刊的投资人，目前尚无个人、集体可以出资创办或拥有报刊的规定。出于融资目的，文化企业对产品或项目进行虚拟包装向商业银行申请贷款，或者以统一产品项目向多个银行贷款、审批手续不健全、虚假注资、不按合同约定用途使用融资、随意挪用融入资金等不合规行为并没有明确和相应的规范来约束，这些都进一步加剧了企业的融资风险。

法律法规在文化企业融资活动过程中起着规范和担保的作用。

随着金融改革力度的进一步加大，金融机构由以传统的贷款业务扩张为主的管理模式逐渐向以贷款安全性为主的管理模式转变。文化企业如果没有足够的抵押物，很难得到贷款。特别是民营企业、私营企业在经营发展过程中又大量挂靠集体，采用合资合作方式，不同程度上存在着机器设备等固定资产所有权、房屋等不动产所有权等产权不明晰、法律障碍多，无法用作贷款抵押品等问题。同时，文化企业所在地一般经济组织有限，难以找到符合银行要求的贷款担保人，贷款风险相应增大。与此同时，部分地区抵押品登记、公证部门收费过高、过多，人为地增加了企业的负担。如果文化企业的法律法规较为完善和严格，企业自成立起就遵从规范的抵押和资产评估体系，从而增加企业融资的安全性，降低企业融资成本，降低其融资风险。规范的法律法规可以为文化企业的融资保驾护航。

二　文化企业融资风险的微观影响因素

文化企业融资风险的微观影响因素还可细分为融资风险的直接影响因素和间接影响因素。直接影响因素包括融资规模、融资结构和融资成本等，间接影响因素则包括管理水平、投资效率、运营能力及信用水平等。

（一）融资规模

企业融资规模与融资风险的关系非常重要。当企业融资为负债融资时，企业融资的利息费用支出由于利息率的存在与融资规模呈正向变动，利息费用增加后收益降低，进而导致文化企业偿付能力降低，增加破产的可能性。同时，融资规模越大，企业的财务杠杆系数越大，股东收益的变动幅度越大，融资风险越大。企业融资是现金循环的重要一环，只有资金充足才能维持企业营运资金的流动，帮助现金循环顺利完成。一般情况下，企业融资风险出现的原因主要是融资规模不足、融资结构失衡、融资成本过高等。企业融资规模不足，对营运资金的补充不足，企业无法增加营运资金投入，原有的营运资金无法满足企业日常生产经营的需要，现金流将出现断裂，进而影响企业扩张。

我国文化企业主要表现为局部的负债融资过高，财务支付风险即偿债风险巨大和整体负债不足，财务杠杆风险过高，即不能恰当利用财务杠杆原理，进而制约企业的发展。但是我国文化企业的直接融资比重过低，如股权和债券融资在文化产业资本结构中所占比例极低。目前我国的文化类上市企业仅有六十余家，但是部分不是通过正常途径上市，而是以昂贵的代价购买一家上市公司的部分或全部股权而借壳上市（如博瑞传播和新华传媒等）。同时，作为企业直接融资的一种形式，债券融资与股票融资相比具有税收抵免作用、财务杠杆效应、不分散企业控制权以及更能解决信息不对称的优点。然而，我国企业债券这种融资方式始终没有受到人们的青睐，企业更偏向于股权融资。

我国文化企业融资规模相对较小、融资效率低下是一个不争的事实。原因不仅有宏观的经济金融体制背景因素，也有文化企业自身的因素①。文化企业的发展大都靠自有资金和政府财政资金的支持，外部融资体系尚待完善。一方面，由于文化产业的发展时间较短，大部分文化企业属于中小微企业，企业规模和利润较小，自有资金有限；另一方面，由于文化创意产业的无形资产比例高、固定资产比例小等特点，文化创意企业很难获得银行贷款的支持，再加上文化企业难以把握的产品前景、经营成果，以及并不稳定的未来

---

① 马丹妮. 拓宽融资渠道，实现文化企业融资方式多样化［D］. 北京：首都经济贸易大学，2005.

收益和现金流等，资本市场对于文化企业的投资也并不看好，企业的外部融资来源也受到限制，阻碍了文化企业的融资和发展。

文化企业上市融资目前还只是少数实力雄厚的大企业的权利，从我国 A 股市场反馈的数据来看，截至 2014 年底我国 78.4 万家文化企业[1]中上市的文化企业数量仅为 31 家，上市数量在十万分之一以下，这主要是由于文化产业的信用水平偏低、盈利前景不明确，以及股票上市的规定条件对于刚刚经历转企改制的文化企业来说较为严格，文化企业普遍上市融资显得不太现实。而相对于股票来说，债权融资在文化企业中的比重较大。债券发行总额大，票面利率高，发行期限长，并且债券相对于股票而言比较安全，保值性和增值性较强，十分适合文化行业这种周转期长、产品前景不确定的行业。宏观政策的制约以及文化企业自身的诸多原因，使得债券融资在我国文化企业融资中的比重十分小[2]。与此同时，由于海外资金缺少进入我国文化企业的途径，国内资本与国外资本的对接尚存在诸多困难，对于国内文化企业的融资需求而言，并不是一个值得期待的渠道，而民间融资这种形式本身存在太多不确定性[3]，狭窄的融资渠道极大地限制了企业的融资规模，提高了企业的融资成本。

（二）融资结构

资本结构是企业各种资金来源中长期债务与所有者权益之间的比例关系。企业融资方式会影响企业的资本结构，进而影响公司的治理结构，因而文化企业可通过一定的融资方式达到较好的资本结构，实现股权与债权的合理配置，优化公司的治理结构，降低委托

---

[1] 文化部. 中华人民共和国文化部 2014 年文化发展统计公报，2015 - 5 - 14.

[2] 张正宜. 浅析我国目前文化企业融资现状 [J]. 商场现代化，2006，3：164 - 166.

[3] 张群，邱玉兴，王丹丹. 文化产业上市公司的融资效率及影响因素研究——基于异质性随机前沿分析法 [J]. 会计之友，2016，20：55 - 59.

代理成本，保障企业在融资活动完成后能够增加企业价值。融资结构是影响文化企业融资风险的重要内在因素之一，而资产负债率是衡量企业融资结构的重要指标。企业资产负债率过高将可能增加企业偿债能力不足的风险。2010～2014 年，我国沪深两市上市文化企业的平均资产负债率为 52.80%，而一般企业的资产负债率控制在 30%～50%[①]，上市公司尚且如此，可见我国文化企业普遍地存在资产负债率较高的现象。文化企业的轻资产特征也较为明显，企业的固定资产占总资产的比例仅在 18.80% 左右，企业可以用于抵押的资产规模相对较小，再融资难度较大，偿债能力不足导致资金断裂、破产清算的可能性不断增加。

企业的融资结构影响融资规模的大小，进而会影响企业股东收益的稳定性，产生融资风险。债务融资的利息费用固定，不随企业利润的变动而变动，加上负债利息具有节税作用，因此债务融资的风险比较低。而权益性融资虽然不用按时还本付息，但是债权人要求收益率高，并且由于发行条件、融资规模、资金用途等都受到较为严格的限制[②]，融资效率相对较低，根据风险与收益相匹配的原则，企业面临的融资风险相对较高。因此，企业的融资结构主要取决于权益融资和债务融资的比例大小。

此外，不同的融资方式下安排的债务结构不同，产生的融资风险也不尽相同。债务结构风险主要是源于文化企业债务融资计划的安排是否合理的不确定性，并在偿还贷款过程中显现出来。企业根据资产负债表、流动比率、速动比率、已获利息倍数和财务杠杆等指标来计算和规划企业的融资规模，以及短期负债和长期负债比

---

① 数据源自对收集到的上市企业数据相关整理。
② 陈耿. 上市公司融资结构：理论与实证研究［M］. 北京：经济管理出版社，2007.

例①。债务融资的偿还期限、融资规模都对融资风险有一定的影响。短期贷款过多，企业短期内的支付压力过大，容易引发债务结构风险，影响企业的现金流，严重时会导致企业破产。债务期限结构错配是我国许多企业出现流动性财务危机的主要原因之一，文化企业在快速增长过程中应高度重视债务期限结构错配问题，以免不断积累融资风险②。

我国文化企业从文化体制改革转企改制以来，发展时间较短，核心竞争力不足且创新能力较差，小微文化企业占文化企业总数的98.5%③，因此文化企业规模总量较小、资产抵押担保能力严重不足，能够获得的银行贷款支持有限，并且还款条件苛刻，融资贷款期限较短，与文化企业产品需要的长期研发过程严重不符，进一步加剧了企业融资风险。表3－1是对我国2002～2014年社会融资规模共13年的资金来源和结构统计，从整个产业资金来源和结构来看，全社会的主要融资方式是银行借款、债券融资等，融资方式较为单一，融资成本较高，加剧了企业的融资风险。

表3－1　2002～2014年我国社会融资规模存量及增长率统计④

单位：亿元，%

年份	社会融资规模存量	存量增长率	其中：						
			人民币贷款	外币贷款（折合人民币）	委托贷款	信托贷款	未贴现的银行承兑汇票	企业债券	非金融企业境内股票融资
2002	148532	0	0	–	0	–	–	–	–

---

①　Christopher Casey. Corporate valuation, capital structure and risk management: A stochastic DCF approach [J]. European Journal of Operational Research, 2001 (135): 311 – 325.

②　曾秋根. 企业债务期限结构错配的风险及对策困境分析——以华源集团为例 [J]. 审计与经济研究, 2006, 21 (5): 86 – 90.

③　来自中国政府门户网站，http://www. gov. cn/xinwen/2015 – 10/15/content_2947079. htm。

④　数据来源于《2002～2014年社会融资规模存量统计表》。

续表

年份	社会融资规模存量	存量增长率	其中：						
			人民币贷款	外币贷款（折合人民币）	委托贷款	信托贷款	未贴现的银行承兑汇票	企业债券	非金融企业境内股票融资
2003	181655	22.3	21.4	26.6	13.3	–	126	132.9	8
2004	204143	14.9	14.3	16.8	61.6	–	–8	4	8.5
2005	224265	13.5	13.3	11	11.8	–	0.7	129.1	4.7
2006	264500	18.1	16.3	9	20	–	44.9	68.7	12.5
2007	321326	21.5	16.4	21.9	29.9	84	138.4	41	45.8
2008	379765	20.5	18.7	5.1	29.1	84.3	9.2	78.7	17.7
2009	511835	34.8	31.3	55.5	35.8	63.4	36.5	86.2	18.3
2010	649869	27	19.9	16.9	44.2	34.4	135.5	42.3	30.9
2011	767478	18.2	16.1	13.1	21.1	13.5	24.8	36.2	17.7
2012	914186	19.1	15	27.2	17.1	75	20.7	44.4	8.6
2013	1074575	17.5	14.2	7.2	39.7	61.1	12.6	24.2	6.6
2014	1228591	14.3	13.6	4.1	29.2	10.7	–1.8	25.8	12.7

　　注1：社会融资规模存量是指一定时期末（月末、季末或年末）实体经济（非金融企业和个人）从金融体系获得的资金余额。数据来源于人民银行、证监会、保监会、中央国债登记结算有限责任公司和银行间市场交易商协会等部门。

　　注2：当期数据为初步统计数，同比增速为可比口径数据。

　　文化产业的融资方式包括自筹资金、银行贷款、财政支持、社会融资和外资引进五个部分。支持文化产业发展的资金来源以银行贷款为主，其次是企业自有资金以及财政资金，其中自有资金约占30%，银行贷款约占30%，政府补贴及外资约占40%，其他的融资方式如上市融资、债券融资、信托融资以及基金融资等所占的比重十分微小。表3-2是我国上市文化企业的融资规模及融资方式统计表，文化产业2015年的融资规模共3254.1亿元，占当年社会融资规模的0.24%。将表3-1与表3-2进行比较后可以发现，我国上市文

化企业的融资方式相较于整个社会融资来说，方式更加灵活，融资
方式更为多样，除银行贷款、债券融资、信托贷款等方式外，众筹、
IPO 等融资方式已经在上市文化企业中占据了一定的地位，且得到了
较快发展。

表 3 - 2　2015 年我国文化企业融资方式及规模统计

单位：亿元，%

| 年份 | 融资规模 | 增长率 | 其中： | | | | | | |
			银行贷款	股权融资	债券	众筹	IPO	企业信托	其他
2015	3254.1	275.43	1079.12	998	9.58	146.76	128.07	20.9	881

注：数据来源于网络整理。

（三）融资成本

资金的取得、使用都是有成本的，即使是自有资金，资金的使
用也不是"免费的午餐"，企业融资成本的高低将会影响企业融资
规模的取得和使用。企业融资活动应选择融资成本低的资金来源，
否则，融资活动的目的将违背融资的根本目标，损害企业价值。西
方优序融资理论从融资成本考虑了融资顺序，因此，企业选择融资
方式时应首先选择资金成本较低的内源资金，再选择资金成本较高
的外源资金；在外源资金选择时，优先选择具有财务杠杆效应的债
务资金，后选择权益资金。

融资成本包括债权融资成本、股权融资成本以及并购重组成本
等，文化企业融资风险主要是到期无法偿还融入资金或者无法达成
融资条件从而引起企业资金链断裂导致财务状况不佳，最后导致企
业所有权主体利益损失、经济利益或者发展机会损失。而无论是无
法清偿债务还是难以支付满意的股利，都与融资成本密切相关，任
何影响融资成本的因素都可能造成融资风险。

融资风险与融资成本之间的关系密不可分，文化企业一直在寻求融资风险与融资成本间的均衡。目前，文化企业是自主经营、自负盈亏、自担风险的经济主体，其融资渠道、融资方式多元化，而每种融资方式的融资成本各不相同，所承担的风险也有差异。由于债务利息较为固定，债权人由于优先求偿权存在要求的收益率并不高，因此企业负债融资融入的资金所承担的利息率也较低，再者债务利息可以计入企业成本并抵扣所得税，与权益性融资相比在一定程度上降低了企业的融资成本，但是债务融资会加大企业的融资风险。由于债券利息的固定性，当企业利润增加时，每单位利润的边际利息将会降低，从而提高收益；当企业利润下降时，收益下降的幅度相对也会更大，即融资成本增大企业收益的波动幅度①。而权益融资的成本相对较高，且无须偿还，面对的融资风险较小。融资成本是影响融资策略、融资结构乃至融资风险的重要因素，文化企业融资成本并不仅限于融资资金的筹集、使用成本和费用率等，还包括了融资的机会成本、风险成本、代理成本等。融资成本与融资风险成反向变动的关系，因此，企业应准确把握住融资的真实或实际成本，权衡融资方式，选择最佳资本结构，尽量降低企业的融资风险。

企业的融资从来源可以被划分为内源融资和外源融资。对企业来说，内源融资似乎是无偿的，因为不需支付融资成本，但是从社会投资及资本平均收益来看，内源融资如果应用到其他领域会有一定的留存收益，企业使用后只是无需对外支付，这就是企业使用内源融资的机会成本。企业融资的风险成本主要指破产成本和财务困

---

① 苏雪串. 企业资本结构理论及最佳资本结构的确定 [J]. 城市金融论坛，1996，3：45 - 47.

境成本，与企业破产相关的企业价值损失就是破产成本，财务困境成本包括因财务困境影响企业经营能力，或者间接导致生产减少、决策错误等产生的各种管理、法律和咨询费用。企业融资成本还包括必须支付的代理成本，资金的使用者和提供者之间产生的委托代理关系会产生代理成本，代理成本包括监督成本、激励成本和约束成本等。

融资成本影响融资风险，本书主要讨论了融资成本的测算指标和内容。对于融资成本衡量指标的选择，学术界普遍将融资成本看做是资金使用的成本，一般用融资成本率来表示，其公式一般为：融资成本率 = 资金使用费 ÷（融资总额 − 融资费用），但是这样计算的融资成本考虑不够全面，计算结果并不真实，仅可以代表名义融资成本，计算的关键是如何合理衡量真实的融资成本。真实的融资成本不仅包括资金在筹集和融入过程中发生的费用，还包括资金的时间价值成本和风险成本。黄少安和张岗（2001）定义股权融资成本包括四部分，分别是股利、融资交易费用、上市公司的控制及负动力成本和股票上市广告效应带来的负成本。但在实际测算融资成本时，偏向于上市公司中容易获得的股利、融资交易费用等因素，反而忽略控制成本等因素，由此得出的股权融资成本远低于债务融资成本。按照这种方式测算得出的上市公司股权融资成本为2.42%，而同期银行贷款利率一年期为5.85%。相较之下，包含成本因素并不全面的融资成本计算公式得出的股权融资成本会出现一定的偏差[①]，上市公司有可能误认为股权融资募集的资金可以永不归还，仅需支付股利或股息即可，这种认知会对上市公司的融资方

[①] 黄少安，张岗. 中国上市公司股权融资偏好分析［J］. 经济研究，2001，11：12 − 20 + 27.

式和融资结构产生一定的影响，进而加剧了企业的融资风险。西方学者的财务研究基本认可资本资产定价模型（CAPM）经过风险调整之后在所有者权益成本中的主流地位，而黄少安和张岗等人对融资成本的研究缺乏对上市公司在融资前后融资成本变化的定量比较，也缺少对建立在计量模型上的企业融资成本与融资结构的经验研究和深度分析。随着财务管理的发展，仅仅用融资成本率或名义上的融资成本公式来代表和评价融资成本未免有些偏颇，融资成本的内涵和外延需要扩展到其他几个相关成本。

（四）管理水平

企业的融资风险与管理水平息息相关，管理水平会有效提高企业各方面的效率尤其是融资能力，有助于企业融资活动的进行。一般的管理风险涉及企业的法人治理结构及组织结构的完善与否，法人治理结构之间是否形成有效约束和权力制衡，对管理风险的影响巨大。公司的法人治理结构一般由股东大会、董事会、监事会、高级经理组成，相互之间形成多重风险约束和权力制衡机制，从而降低了企业的融资风险。加强企业的管理水平，有助于有效利用融资资金，以免造成不必要的成本损失。文化企业的管理水平低主要表现在管理观念落后、企业内基本管理工作缺乏和管理环节薄弱、人员素质普遍不高、对市场的潜在需求研究不够、产品研制的技术力量有限、对市场的变化趋势没有预见性等方面。由于管理的种种缺陷，文化企业融资发展的后劲不足。高开业率和高废业率是文化企业的主要特点，从而使得商业性金融机构对其发放贷款时非常谨慎。在我国，文化企业5年淘汰率近70%，约30%的企业处于亏损状态，仅有三成左右的文化企业具有成长潜能，七成左右的文化企业发展能力较弱，能够生存十年以上的文化企业仅占1%。因此，文化企业无论是进行直接融资，还是间接融资，都会面临诸多融资障碍，融资风险往往较大。

治理结构是企业管理过程中为解决委托代理关系和信息不对称问题而提出的缓解途径。由于双方信息不对称、股权治理功能弱化、债务约束软化、经营者报酬激励制度不完善等，股东与经营者的委托代理关系中存在着道德风险，即掌握控制权的经理们（即代理人）很可能会追求自己的利益而不是委托人的利益。委托人与代理人之间的最终目标不同，会形成道德风险和委托代理冲突。公司股东一般追求股东价值的最大化，而公司经营者一般追求个人利益和权力的最大化，当委托人与代理人的原则相悖时，代理人很可能会借职务之便而出现道德风险。治理结构应在委托人和代理人之间搭建沟通的桥梁，进而缓解道德风险和冲突。因此，在股票融资条件下，由于高昂的监督成本和股东"搭便车"行为的双重影响，委托人和代理人之间信息不对称带来的道德风险难以得到有效控制①。当前文化企业发展时间较短，管理制度和财务规范存在一定的缺陷，造成企业整体信用体系不完善、信用不足、融资总量不能满足需求、不能按期偿还增加企业财务负担等借贷风险。

（五）投资效率

投资与融资作为企业资金流入和流出的两大业务，关系非常密切。投资在企业发展中的地位可以与融资活动比肩，以公司投资效率为核心，投资活动将对融入的资金进行分配和使用，投资收益将再次回归企业被用作内部资金，融资与投资构成了企业资金流的循环过程。投资风险是指企业对未来投资决策以及客观条件的不确定性导致投资资本损失或实际收益与期望收益产生负偏差的程度及其发生概率。投资风险对融资风险的影响分为很多方面，有学者也对

---

① 王威. 融资方式风险比较及启示［J］. 中国投资，2001，4：25-28.

投资活动对负债融资、现金股利、公司治理等的影响做过一定研究，如杨华军和胡奕明（2007）、李万福等（2010）。投资风险与财务风险作为企业财务管理的内容，在企业的内部控制过程中相互影响、共同作用，而一般企业很难分清投资风险与融资风险的整体性影响。站在企业层面，如果将融资风险与投资风险从财务风险中剥离出来，有助于对企业具体业务活动及风险管理进行针对性研究，有助于聚焦重点。

投资风险与融资风险是联动的，投资的获利能力将影响企业的融资活动。企业投资盈利越高，融资的使用效率就越高，对外界投资者的吸引力就越大，企业实际需要的融资量减少，获得的融资量增加。投资的资金成本也会影响企业融资的规模，投资花费的成本越高，企业需要的融资规模也越大，进而影响融资成本的高低。融资决策会影响企业的投资方式和投资效率，融资的利息费用支出会影响投资规模，投资活动通过影响企业的资金流进而影响融资业务。企业运用财务杠杆，将资金在投资与融资之间进行匹配，在使用融资的条件下，既扩大了投资的利润范围，同时也增加了投资风险和融资风险。

（六）运营能力

企业在生产经营活动中由于经营手段、策略及运营水平等给企业融资带来的本身固有的风险就是运营风险。运营风险对融资风险的影响，直接表现为企业利润额或利润率的不确定性。当企业完全用股本融资时，运营风险即为企业的总风险，完全由股东承担。当企业采用股本与负债融资时，由于财务杠杆对股东收益的扩张性作用，股东收益的波动性会更大，所承担的风险将大于运营风险，其差额即为融资风险。企业的经营管理与企业收益息息相关，稳定的经营和管理能力能够给予投资者信心，保证企业顺利融资。反之，企业如果经营不善，则不仅股东收益将化为泡影，而且还需要用股本支付利息，严重时企业将丧失偿债能力，被迫宣告破产。即使融资成功也面临营业利润不足以支付利息费用、不能按时还本付息的困境，进而增大企业的融资风险。此项风险属于非系统风险，每个企业的风险程度不同。大多数文化企业成立时间短，规模小，自有资本偏少，自身薄弱的积累导致抵御风险的能力较差。运营能力比较强的文化企业在调动资金或者进行融资时自由度较大，面临的风险较小。刚组建或实力薄弱的文化企业对其运营能力不能有效衡量，无法预测企业运营的前景，会丧失对文化市场进行准确判断的机会，致使企业融资条件缺乏、企业结构失衡，加上文化行业的生产产业链比较长，一旦企业运营出现问题，必然会产生资金的连锁反应，增大企业的融资风险。

企业的主营业务收入和盈余是否稳定（产品是否适销对路、主要顾客是否稳定、盈利能力是否稳定等），企业在厂房、土地、资金等方面是否存在短缺，员工的不安定情况和罢工的潜在因素，债券期限安排是否合理（期限的长短要考虑收益与成本）等都是经营过程中不确定因素的来源。文化企业体量小、经营风险高，市场上大部分文化企业的项目存在创新性不足、未来体量及市场拓展空间不能迅速增长、产权价值无法量化评估等风险，限制了文化企业融资的渠道和规模。多数文化企业利润的主要来源是文化项目或产品的衍生收益，而文化产品的建设、创作、培养和成长周期较长，知识产权、版权等无形资产的运营与管理基础较为薄弱，衍生收益并不稳定，未来前景不易判断，风险系数较高，并且文化企业的无形资产较多但流动性差，缺乏抵押资产，导致偿还能力较弱，融资风险较高。

文化企业对无形资产的运营与管理能力较为薄弱，缺少对版权产品的深度开发和综合运营。文化企业的特殊性不仅在于其对意识形态的引导和社会公益性上，更是表现为无形资产的轻小及难管理上。文化企业的知识产权、版权等资产不仅普遍体量轻、积累少、发展时间短、规模小、盈利能力弱，在价值评估、盈利预测方面更是存在着较大的风险和管理难度。根据中央文化企业问卷调查和访谈结果，在100多家中央文化企业中，只有14家企业建立了版权资产管理制度或者开展了版权运营活动。多数文化企业在管理过程中对知识产权、版权资产权属及介质没有明确的证据或证明，增加了文化企业融资时的资产估值难度，如南方广播影视传媒集团下属的南方电视台和广东电台就有36万余小时的视音频资料，多年来积累的节目资源量庞大，但很多资料历史久远，从制作或购买之初就没有建立相关的版权档案，造成大量的节目版权信息模糊不清，近2/3的资产不能完全明确产权。更多的是大量的版权、知识产权处于长期闲置和未开发状态，仅是被当成历史资料简单保存，没有被认定为资产或者有明确的经营计划，大量的知识产权、版权等资源无法产生效益，成为沉默资产。很多国有文化企业版权资产管理意识薄弱，如珠江电影集团有限公司经过梳理，发现丰富的版权存量（300多部故事片、500多部纪录片、上千部的节目、歌曲①，以及大量剧本），都没有进行开发和利用，存在巨大的、不确定的衍生收益。

（七）信用水平

　　企业通过大量的业务积累和良好的信誉获得融资，文化企业的信用水平代表了企业活动的可靠性和贷款的安全性，决定了融资规模的大小和成本。企业因各种原因未能及时按照融资合同条款足额

---

① 　数据来源于珠江电影集团网站。

偿还而发生违约的可能性会损失企业的信用和形象，降低外界对企业偿债能力、履约状况、守信程度的评价，导致企业融资活动遇到困境。发生违约时，企业的贷款本息不能按时收回，甚至无法收回，可能是贷款前对借款人的资信评估失误或者是贷款发放后主客观情况发生变化。目前，文化企业的资信等级普遍不高。据调查，我国 50% 以上的文化企业财务管理制度不健全，上市文化企业的信用等级 60% 以上都是 B3 或 B3 以下，抗风险能力较弱，而银行新增贷款 80% 集中在 A3 和 A2 类企业。因此，文化企业的信用风险会影响企业的融资规模，进而影响企业的融资风险。

在信用危机所导致的融资风险中，文化企业信用不足是普遍现象。有的文化企业会计信息不真实、财务做假账、资本空壳、核算混乱，有的企业抽逃资金、拖欠账款、恶意偷税，这在一定程度上影响了文化企业的形象。相对于信息的公开化和透明化，文化企业由于版权、知识产权等的保密性，信息基本上是内部化、不透明的，银行金融机构和其他投资者很难通过一般渠道获得其信息，这给文化企业向外界进行融资增加了困难，增加了企业和贷款机构双方的成本，造成企业信用评估和评级的下降。

第四章
文化企业融资风险的识别分析

风险识别是对风险进行度量和评估的基础，如何正确识别和确定融资风险是有效进行风险管理、主动规避的重要内容。文化企业融资风险的识别需要在错综复杂的经济和社会环境中，从风险产生的原因入手，运用各种方法和工具找出融资活动所面临的各种潜在不确定性因素，以及时做出正确的应对之策。只有正确和全面识别企业所面临的融资风险，才能清楚认识企业融资过程中的困境及问题，进而选择适当有效的方法进行风险管理。由于融资风险的不确定性，风险识别必须是一项持续和系统的工作。文化企业在融资活动过程中要密切关注风险的来源，并时刻保持警惕，随时识别和发现新的风险影响因素。

第一节　融资风险的可识别性推导

企业是一个复杂的自适应系统，在进行每一项业务或活动时都面临环境的复杂性和不确定性，各业务或活动及其环境间具有交互的、复杂的自组织、自适应过程，其可以经过多次不确定性波动之后通过耗散结构和系统的自适应达到一定的稳态。融资活动产生的微小变动会引发耗散系统中熵值的变动，向动态稳定性恢复过程的波动即为融资风险。目前为止，对于风险管理的定量研究一般是从单一的、线性的因果角度对复杂的企业风险做还原论和确定论的思考，在此基础上建立模型，进行预测、计划、控制等，并把风险研究对象限制在确定性条件下可以解决的范围，这种解决问题的方法论存在机械性、线性、均衡、静态等局限，无法解释和解决企业复杂的实际问题[①]。相关的研究成果也仅仅是从风险管理系统要素的完备性角度展开分析，并未形成具有一定普适性的针对融资风险管理的系统分析。文化企业本身的特殊性及其在社会经济系统中的独特地位，决定了其融资行为的重要性和复杂性。由此，文化企业的融资风险也会具有 Nas 和 Skjeltorp 所揭示的混沌、非线性、非均衡和突变性等特征，同时文化企业各种风险因素之间耦合度高，风险因子间的联系广泛且密切，多因素多方面的相互作用使得融资风险具有了明显的非线性、混沌、自组织、自进化的特征。因此，运用能够处理复杂多变量及多路径并发的结构方程模型来探索文化企业的融资风险十分必要。探索融资风险的不确定性影响因素，能够有效控制和掌握影响因素的重要性程度，降低系统的熵值，以最终达到降低融资风险复杂性的目标。因此，需要从文化企业融资风险复杂的影响因子体系出发，对融资风险的影响因素进行综合、动态的研究分析。

　　本书将企业整体风险看作是市场风险、政策风险、管理风险、融资风险、投资风险、运营风险、信用风险等 7 大风险模块相互影响与耦合，分别记为 R^1，R^2，…，R^7；各风险模块又由许多子因素

---

① Davis J. S. , Leblanc R. J. A Study of Applicability of Complexity Measures [J]. IEEE Transactions on Software Engineering, 1988, 14 (9): 1366 – 1372.

影响，每个模块内的子影响因素设为 F_1，F_2，$\cdots$，F_n，对应于每个风险模块的影响因素分别记为 R_j^i，其中 $i = 1$，2，$\cdots$，7；j 为每个风险模块内影响因子的个数，$j = 1$，2，$\cdots$，n。文化企业融资风险及其余各风险模块间的关系如图 4 - 1 所示。融资风险受市场风险、政策风险、管理风险等企业内外部风险因子的影响，7 大风险模块间具有相互影响的关系，融资风险又受融资规模、融资成本等子因素的影响，风险影响因素间的关系错综复杂。而其他的风险模块也是如此，因此各种风险之间必须通过有效的分析工具，来保证企业整体运营各个环节及活动正常运作不会被融资风险影响而产生阻塞和停滞现象。对此，运用能够处理多种多元线性回归关系的结构方程模型来定量描述影响融资风险的各种风险因子及其影响大小非常合适。通过结构方程模型对每个风险模块内及风险模块间的关系进行识别和度量，描述文化企业各风险模块对融资活动是否产生影响，进而识别企业融资风险的影响因素。

设企业进行融资活动时，风险模块对融资产生了影响表示为 1，如果没有产生影响，则以 0 表示。风险模块对融资产生影响的概率为 p_{11}，而模块对融资风险没有产生影响的概率为 p_{10}，则某一风险模块对融资风险的影响分为两种状态：有影响和没影响，而影响程度大致可划分为三种：完全影响、部分影响和隐约影响。因此，基于以上的分析假设，p_{11} 和 p_{10} 的条件满足 $0 \leq p_{11}$，$p_{10} \leq 1$，$p_{11} + p_{10} = 1$；而结构方程模型假定对于每一个指标 x_i（$i = 1$，2，$\cdots$，m），y_j（$j = 1$，2，$\cdots$，n）只在其对应的潜变量上有不为 0 的因子负荷，而在其他潜变量上的因子负荷为 0，则各风险模块是否对融资活动有影响的转移矩阵 P_e 代表了变量间的影响关系，转移概率表示变量间的关系大小。

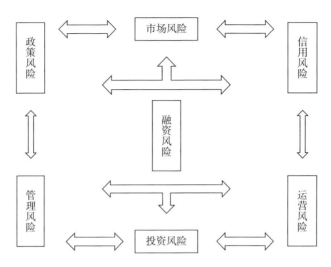

图 4 - 1　文化企业融资风险的影响因素关系图

当代表融资活动的影响因素 x 取值在一定限度时，转移概率的平衡条件为：

$$\omega(x \rightarrow x + \Delta x) P_e(x) = \omega(x \rightarrow x - \Delta x) P_e(x + \Delta x) \quad (4.1)$$

下标 e 表示稳态概率分布，转移概率 $P_e(x) = \mu e^{U(x)}$。由此可得：

$$e^{U(x+\Delta x)-U(x)} = \frac{(1 - x)(1 + x)}{[1 - (x - \Delta x)][1 + (x + \Delta x)]} \quad (4.2)$$

其中，$\Delta x = 2/K$，对于足够大的 K，取极限 $\Delta x \rightarrow 0$，可得到一个关于 $U(x)$ 的简单微分方程：$dU(x)/dx = -d\ln[(1 - x)(1 + x)]/dx$，由此得 $P_e(x) = 1/L(1 - x^2)$，这里

$$L = \int_{1-\varepsilon}^{1+\varepsilon} \frac{1}{(1 - x)(1 + x)} \quad (4.3)$$

此时 $\varepsilon = 2/K$ 是一个正数，该系统状态转移模型呈现双稳态特性，并将在均衡边界 $x \approx -1$ 和 $x \approx 1$ 之间产生转移，表示风险模块

对融资风险的影响概率在 −1 到 1 之间。

第二节　研究假设

经济学、管理学、心理学等社会科学领域经常会处理抽象的概念，例如风险、幸福感等概念，结构方程模型能够将抽象的概念加以识别并估计，通过数理统计的方式将具体数据反映成不同个体在抽象概念上的强度，将抽象的概念转化为可操作的变量，反映变量间的共变性关系及其与抽象概念的关系①。而且结构方程模型没有假设的限制，可以进行多个因变量的多重回归计算，同时估计影响因子结构和影响因子关系，是容许更大弹性的测量模型、分析更加复杂的模型。本章研究拟用结构方程模型中验证性因素分析②和路径分析结合的结构分析方法，将融资风险及企业中的其他风险因子视作潜在变量，从宏观和微观角度对我国文化企业融资风险的影响因素进行识别和辨析，不但可以解决线性回归方程中的多个解释变量间的共线性问题，而且可以估计风险各影响因素的重要性。首先做出两个假设。

假设 1：企业的融资风险与融资成本、融资结构、融资规模、无形资产占总资产比例呈正相关关系。一是根据企业预警理论，融资规模越大，企业需要面对的融资对象越多，使用的融资方式更加多样化，融资过程中不可控因素越多，面临的融资风险越高；二是根据 MM 资本结构理论，企业的融资成本越高，融资收益相对于融资成本的比例越小，融资中断或失败的可能性越大，融资风险越

---

① 邱皓政. 结构方程模型的原理与应用［M］. 北京：中国轻工业出版社，2009.
② 因素分析又可称为因子分析，表示模型中的潜在变量或构成。

大；三是融资的权衡理论表明，企业的负债融资比例越高，即资产负债率越高，融资风险越大；四是文化企业融资的特点，即企业的无形资产价值转化与评估的不确定性，造成文化企业可抵押资产少，资产变现能力慢，周转期较长。因此，无形资产所占总资产的比例越高，企业的融资风险越高。文化企业的融资风险是不能被直接观察和测量的构念，在结构方程中可以作为潜在变量，由可观察变量来度量。融资结构、融资规模、融资成本和无形资产比率等测量指标不仅与融资风险存在直接的影响关系，更是可以作为可观察变量来共同表示融资风险。

假设2：融资风险受到市场环境、政策法规等宏观因素和管理水平、投资效率、运营能力等微观因素的共同影响。在融资风险的识别过程中，风险管理者需要分析文化企业宏观和微观以及企业内外各风险因素对融资活动的作用和影响[①]。通过上一章文化企业融资风险的影响因素分析，选择市场风险、政策风险、管理风险、投资风险、运营风险、信用风险等风险因子作为融资风险的识别变量。管理风险、投资风险、运营风险等微观影响因素是内生潜在变量，而宏观影响因素市场风险、政策法规风险被看作是外生潜变量，这些风险共同影响融资风险。风险因子的载荷值越大表明该风险或因素对融资风险的作用越强，同时各风险因子之间并无特定的隶属结构关系。因此，可以运用结构方程模型来识别多变量、不同层次的影响因素及因子间的关系强度，检验外因潜在变量与内因潜在变量间的结构关系，识别融资风险的多重影响因素和衡量指标。

---

① Litterman, R. Hot Spot tm and Hedges [J]. Journal of Portfolio Management, Special, 1996 (12): 52~75.

第三节　模型构建

一　测量模型

结构方程模型（SEM）分为测量模型和结构模型两部分，单独使用测量模型时，用作验证性因素分析，主要用于假设 1 和假设 2 的验证性因素分析、描述潜在变量和观察变量之间的共变效果、验证融资风险因素与其他风险因素之间的关系，其表达形式如式 4.4 所示。

$$y = \Lambda_y \eta + \varepsilon \tag{4.4}$$

其中，y 代表了潜变量矩阵；Λ_y 表示用来衡量融资风险影响因素可观察变量与各自对应风险因素间的影响关系载荷矩阵；η 为表示企业融资风险影响因素之间关系矩阵；ε 表示观察变量被潜在变量解释不完全的测量残差。

假设 2 假设文化企业融资风险的内部影响因素包括管理风险、投资风险、运营风险和信用风险。融资风险与其他 4 种风险是平行并列的关系，共同存在和相互影响的关系。因此，对这 5 种风险进行简单的验证性因素分析，提出的有待检验的因素结构模型如图 4 - 2 所示。根据设定，验证性模型仅需由式 4.4 的方程式决定，此时 Beta 矩阵所有的结构参数均需要被自由估计，不需设定固定参数，模型遵循专家建议①以协方差矩阵作为输入数据。因为相关系数是介于（-1，1）的标准化系数，在 SEM 中带入相关系数矩阵，

---

① Cudeck R.. Analysis of correlation-matrices using covariance structure models ［J］. Psychol Bull, 1989 (105): 317 - 327.

并不能导出协方差的数据，观察不到样本的一些重要数据。因此，最好根据统计学知识使用协方差数据，协方差矩阵能够涵盖相关系数矩阵，相关系数矩阵即用协方差除以标准差可得，二者的方差和标准差一致。模型中共有 18 个测量变量 Y_1，Y_2，$\cdots$，Y_{18}；5 个潜在变量分别是管理、投资、融资、运营和信用风险，用 η_1，η_2，$\cdots$，η_5 表示。每一个测量变量仅受单一潜在变量的影响，由此产生 18 个因素载荷参数，测量变量到潜在变量影响的因素载荷矩阵为 Λ_x，测量残差为 ε_1，ε_2，$\cdots$，ε_{18}，测量残差之间被视为独立没有共变，其变异量可以被自由估计。而 5 个潜在变量之间存在着两两相关的

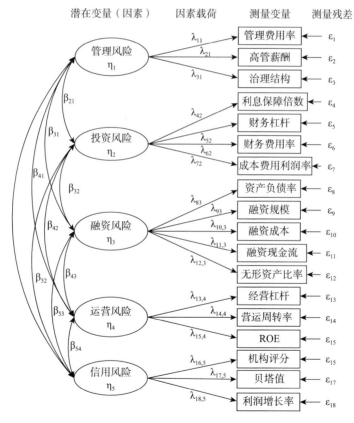

图 4 - 2　假设 1 验证性因素分析模型参数路径图

关系，因素共变允许自由估计，产生 $C_5^2 = 10$ 个相关系数参数，分别为 β_{21} 到 β_{54}。模型 1 中，研究的重点是潜在变量间的关系矩阵 B 矩阵及测量变量与潜在变量之间相互影响的因素载荷矩阵。

二　结构模型

结构模型表示了各变量之间的路径结构和因果关系，对潜变量之间的因果关系进行了构建和验证，将因素分析的触角延伸到潜变量的外部，通常表达为式 4.6。在测量模型的基础上加上结构模型，构成了完整的结构方程模型。结构方程模型是测量模型和结构模型的整合运用，也是验证性因素分析与路径分析的结合。按照因素分析，假设 2 的潜变量区分了内生潜变量和外生潜变量，因此对应的测量模型有两个，表达式为式 4.4 和 4.5。

$$x = \Lambda_x \xi + \delta \tag{4.5}$$

$$\eta = B\eta + \Gamma\xi + \zeta \tag{4.6}$$

从式 4.4 到 4.6 中，y 表示融资风险微观影响因素的测量变量；x 代表了用企业融资风险的宏观影响因素的测量变量；ξ 表示外生潜在变量，分别是影响融资风险的市场环境、政策法规等，η 是内生潜变量，如管理水平、投资效率、运营能力和信用水平等，融资风险是其中之一；Λ_x 为融资风险宏观影响因素的载荷矩阵，即各宏观因素测量变量的指标对融资风险的影响程度；同样 Λ_y 表示用来衡量融资风险微观影响因素的可观察变量与各自对应潜变量的影响关系载荷矩阵；δ 和 ε 表示测量模型的误差项，即测量变量没有被潜在变量解释的残差。而式 4.6 中 B 矩阵是 5 个内生变量的 5×5 回归系数矩阵，5 个内生变量的相关关系是传统的路径分析模型，Γ 表示 5 个内生变量与 2 个外源变量的 5×2 回归系数矩阵，是企业的宏观影响因素与微观影响因素相关关系的系数矩阵；ζ 是 5×1 个内生变量无法被解释的干扰变量，是结构模型的残差矩阵。因此，根据前述假设和变量间关系，构建的结构方程模型如图 4-3：

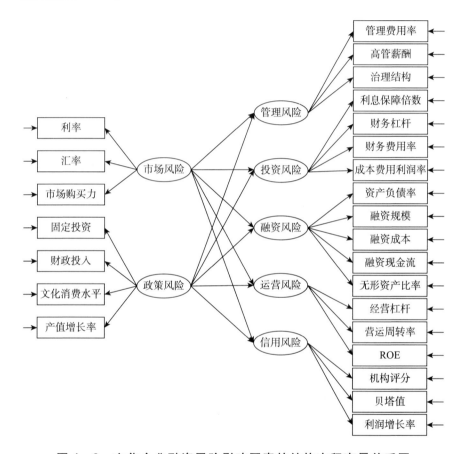

图 4-3　文化企业融资风险影响因素的结构方程变量关系图

具体的结构模型矩阵表达式为如式 4.7 所示。

$$
\begin{pmatrix} \eta_1 \\ \eta_2 \\ \eta_3 \\ \eta_4 \\ \eta_5 \end{pmatrix} = \begin{pmatrix} 1 & \beta_{12} & \beta_{13} & \beta_{14} & \beta_{15} \\ \beta_{21} & 1 & \beta_{23} & \beta_{24} & \beta_{25} \\ \beta_{31} & \beta_{32} & 1 & \beta_{34} & \beta_{35} \\ \beta_{41} & \beta_{42} & \beta_{43} & 1 & \beta_{45} \\ \beta_{51} & \beta_{52} & \beta_{53} & \beta_{54} & 1 \end{pmatrix} \begin{pmatrix} \eta_1 \\ \eta_2 \\ \eta_3 \\ \eta_4 \\ \eta_5 \end{pmatrix} + \begin{pmatrix} \gamma_{11} & \gamma_{12} \\ \gamma_{21} & \gamma_{22} \\ \gamma_{31} & \gamma_{32} \\ \gamma_{41} & \gamma_{42} \\ \gamma_{51} & \gamma_{52} \end{pmatrix} \begin{pmatrix} \xi_1 \\ \xi_2 \end{pmatrix} + \begin{pmatrix} \zeta_1 \\ \zeta_2 \\ \zeta_3 \\ \zeta_4 \\ \zeta_5 \end{pmatrix}
$$

$$(4.7)$$

模型中企业融资风险的宏观影响因素包括市场环境、政策法规两方面，其中外生潜在变量 2 个（市场环境、政策法规）、外生测量变量 7 个（利率、汇率、市场购买力、固定投资、财政投入、文化消费水平、产值增长率）、内生潜变量 5 个（管理水平、投资效率、融资风险、运营能力、信用水平）、内生测量变量 18 个。内生潜变量被外生潜变量解释，B 矩阵对称有 10 个结构参数，$Gamma$ 矩阵有 10 个结构参数。外生变量的因素载荷参数 7 个，内生潜变量因素载荷系数 18 个。

结构模型是否可以识别需要满足 t 法则，即模型中待估计的参数量 $t \leq (p+q)(p+q+l)/2$，其中 p 为内因潜在变量的观察变量数，q 为外因潜在变量的观察变量数，在本书的模型中 $p = 18$，$q = 7$，简单计算得出所需估计参数的个数不能超过 325 个，而实际需要估计的参数分别为 8 个参数矩阵 Λ_x、Λ_y、B、Γ、Φ、Ψ 以及 2 个随机误差项矩阵中的未知参数，满足 t 法则，模型可以识别。在不考虑文化企业的样本数据总体是否服从正态分布假设的前提下，采用极大似然估计法进行估计参数。

三　变量选择

在结构方程模型中具体进行测量或可以直接获得数据的变量被

称之为可观察变量或测量变量，研究可以基于实现提出假设性概念，利用具有共同性的变量估计潜在变量。本研究中文化企业的市场风险、政策风险、管理风险、运营风险、信用风险、投资风险、融资风险等变量并不能直接观察得到，因此将其分别作为潜在变量由其他指标构建。可观察变量则是指可由企业财务报表和相关财务数据直接获得或可通过具体测量得到的指标。

（一）宏观影响因素及衡量指标

除第三章分析的文化企业融资风险的外部宏观影响因素外，本书还根据学界研究人员对融资风险成因和影响因素分析，综合选择了衡量指标。彭韶兵（2005）认为融资风险由内外部各种不确定性的因素推动，向德伟（1995）、毛蓓蓓等（2011）分别从外部环境、内部管理两个角度较为系统地研究了企业融资风险的影响因素，庞介民（2003）从融资规模、融资限制与内部控制等不同角度研究了企业风险的影响因素，也有学者提出市场环境的变动对风险产生巨大的影响。利率、汇率的变动会影响文化企业的融资成本，造成文化企业融资风险的变动。同时，文化企业的融资活动受政策影响较大。政府对文化企业的政策扶持和税收优惠极大促进了企业融资规模的扩大，政府还通过产业资金的调配为新兴文化企业的融资发展提供了保障。此外，文化企业的产品和服务具有鲜明的精神文明特色，居民的生活水平、消费习惯决定了文化产品的需求。国家也不断通过对文化设施和固定资产的投资来拉动文化产业的发展，通过一定的产业政策、财政政策和税收政策来促进文化产业和企业的融资。经过综合研究与考虑，本书建立了文化企业融资风险的宏观影响因素及衡量指标，如表4-1所示。

表4-1　文化企业融资风险的宏观影响因素和衡量指标变量

变量名称	测量变量	变量符号	变量说明
市场风险 ξ_1	利率	X_1	一般贷款加权平均利率①
	汇率	X_2	美元对人民币的汇率中间价平均值
	市场购买力②	X_3	每年的居民消费价格指数（CPI）
政策风险 ξ_2	固定投资	X_4	文化产业每年固定资产投资完成额
	财政投入	X_5	文化行业公共财政支出
	文化消费水平	X_6	文化产品及服务居民人均消费支出
	产值增长率	X_7	文化产业增加值的增长率

（二）微观影响因素及衡量指标

1. 融资规模

融入资金的多少会影响文化企业的融资风险大小。当企业融资规模较大时，面临的还款压力和融资约束较多，会加大企业的经营压力和融资风险。但同时，企业得到充足的融资，一定程度上会促进业务的增长和盈利的增加，为缓解融资不确定性增加了保障。买忆媛等③（2011）认为企业的融资规模能够避免由现金流局限可能造成的融资风险，进而保证企业的无形资本发挥作用。

2. 融资成本

顾银宽等（2004）针对文化企业上市公司的融资总成本选择建

---

① 数据源自2007~2014年每年中国人民银行公布的《中国货币政策执行报告》。由于研究的是企业融资风险，因此对于企业来说，选择市场中的贷款利率较为合适。

② 数据出自历年《中国统计年鉴》，对于统计数据取年均值。

③ 买忆媛，梅琳. 无形资本VS有形资本：创意产业新企业生存能力的影响因素分析［J］. 管理学报，2011（4）：577-586.

立了企业的融资总成本①计算公式，经典的资本结构理论 MM 理论表明企业存在最优融资结构，在上市文化企业面临同样的市场和政策环境下，企业的股权融资成本变动较为一致，企业融资风险与债权融资的变动具有较高的关联性。综合相关学者的研究成果，本书选取加权平均资本成本作为融资成本的衡量指标。

3. 无形资产比率

文化企业区别于其他企业的独特之处在于其无形资产的特殊性。文化产品等无形资源具有巨大的创造潜力，尤其是版权、知识产权等无形资产的开发，表现出无形资产的规模报酬递增性（Lev，2001）②，无形资产的收益与价值评估对资产的融资能力影响较大，因此，文化企业无形资产占总资产的比例极大地影响了融资风险。Barney 认为无形资源是企业保持竞争优势所必需的资源③，尤其是在文化企业中，文化企业在资产构成上具有一定的独特性，即有形资产在企业的资产构成中的比重比传统产业要小，表现出一定的轻资产特点（金碚，2010）④，而无形资产比重相对较大，其获利与发展潜力巨大，但是资产变现的前景和价值大小并不确定。学界在分析无形资产的特殊性时，习惯采用绝对性和相对性的指标，绝对性指标是指无形资产的规模，相对性指标一般用无形资产占总资产的比重来表示，如于玉林⑤（2009）的研究。根据上述分析，本书

---

① 顾银宽，张红侠. EVA 贴现模型及其在上市公司价值评估中的实证研究 ［J］. 数量经济技术经济研究，2004，02：129 - 135.

② Lev B. Intangibles: Management, measurement, and reporting ［M］. Washington: Brookings Inst Press，2001. 20.

③ Barney J. B. Is The Resource-Based "View" A Useful Perspective For Strategic Management Research? ［J］. Academy of management review，2001，26（1）：41 - 56.

④ 金碚. 中国企业竞争力报告（2010）——金融危机冲击下的企业竞争力 ［M］. 北京：社会科学文献出版社，2010.

⑤ 于玉林. 无形资产辞典 ［M］. 上海：上海辞书出版社，2009.

在文化企业融资风险的影响因素中加入具有行业特色的文化产品无形资源，并将指标设置成无形资产占总资产的比例（简称为无形资产比率）来突出文化企业无形资产对融资风险的重要性。

此外，也有学者研究发现股权集中度、融资结构等其他影响因素与企业融资活动和风险存在一定的相关性。诸如 2001 年于东智对 923 家上市公司股权结构与股票风险的关系研究、2004 年王汉生对第一大股东持股影响财务风险的探究等，但是这些研究多是关注企业的财务风险、公司盈利等内容，并非专门关注融资活动及其风险。本书在考虑融资风险的直接影响因素时，对多数指标与融资规模的相关性进行了初步检验，剔除了部分与融资规模相关性较小的指标。

4. 投资风险

宋常（2013）等按照财务活动的内容，将融资风险、投资风险等视作是影响企业财务风险的主要因素（邓亚昊，2015）。按照普遍性来说，投资风险与融资风险有并列伴生的风险，因此，投资风险可以看做是企业内部影响融资风险的重要风险指标。Myers（1977）、Froot、Scharfstein 和 Stein（1993）认为企业投资不足的成本受风险管理的影响，Stulz（1990）指出公司风险管理可以解决过度投资和投资不足的信息不对称问题。投资风险主要受资本市场的不完全性影响，投资活动增加了融资风险的分散成本。而投资风险与投资效益关系密切，投资效益是指投资活动所取得的成果与所占用或消耗的投资之间的对比关系，因此可以从财务效用、投资效率等方面对企业的投资风险进行评价。利息保障倍数、财务杠杆、财务费用率等反映了企业的财务效用，成本费用利润率体现了文化企业投资的效率。

5. 管理风险

管理风险主要由企业的管理水平决定，包括对管理费用的控制、高级管理人员的相关能力以及公司治理结构的完善与健全等。卜林、李政（2015）等对企业条件风险价值和边际期望损失之间协同变动效应的研究进一步强调了公司管理水平与风险的关联度。管理费用率是指管理者对管理费用的使用和控制情况，比例越大，花费的管理费用和成本越多，管理效率越低下。文化企业的人力资源是企业的核心竞争力，理查德·佛罗里达[①]（2012）强调了人才对于创意经济发展的重要性，普遍意义上，管理人员的能力越高，文化企业的创意也就越丰富。但是高级管理人员的胜任能力、领导力不容易被体现和统计，因此本书采用企业支付薪酬来衡量其管理能力。公司的法人治理结构一般由股东大会、董事会、监事会、高级经理组成，从而形成多重风险约束和权力制衡机制，因此，治理结构取决于企业董事会、监事会等权力机构的设置与职能约束。但是，该统计指标不便于统计，只能从侧面描述和观察。董事会、监事会是否充分履行职责等可以通过董事会和监事会会议的次数来观察，进而体现企业监督和约束职责的独立性、有效性。谢乐斌（2010）发现企业的制度环境与公司治理结构对风险具有抑制性，Demsetz（1985）的研究发现企业融资活动与公司治理和内部控制具有高度相关性，但这也容易产生内生性的风险，Bergeman、Dirk、杜英斌等的研究有效支持了这一结论。

6. 运营风险

企业经营运转能力会直接影响企业融资的业务范围、规模和速

---

① Florida R. The Rise of the Creative Class-Revised and Expanded［M］. New York：Basic books，2012.

度等，进而形成运营风险影响企业的融资活动。梁益琳等（2011）采用应收账款周转率、净资产周转率、每股经营活动净现金流来体现企业营运能力[1]，张玉明等（2011）也使用应收账款周转率、净资产周转率等来说明企业的资金运营能力，剩余指标则换成了固定资产周转率和存货周转率[2]。文化企业的运营能力包括企业对资产的运营效率与效益、对融入资金的使用和周转，以及经营所耗费的成本费用等。基于上述学者的研究，本书的运营风险指标分别从经营水平、周转率与收益三方面选择经营杠杆、营运资金周转率和净资产收益率等指标来进行衡量。

7. 信用风险

信用风险是金融业被最早认知的风险，其主要指信贷资金安全系数的不确定性，表现为企业由于多种原因不能及时或无力偿还银行贷款本息，致使银行贷款形成呆账的可能性[3]（Murphy，2003）。世界银行研究发现银行通常是因为出现信用风险而破产[4]（Cebenoyan et al.，2004），但近年来，信用风险的影响与度量已逐渐成为企业风险管理的重要课题[5]。信用风险研究从早期的以信用评级机构的信用等级划分发展到采用结构化模型、信用转移矩阵、精算衡量等的量化分析法，学界试图通过综合简约模型和结构模型两者的优

① 梁益琳，张玉明. 基于仿生学的创新型中小企业高成长机制实证研究——来自中国中小上市公司的数据 [J]. 经济经纬，2011（6）：92-96.
② 张玉明，梁益琳. 创新型中小企业成长性评价与预测研究——基于我国创业板上市公司数据 [J]. 山东大学学报（哲学社会科学版），2011（5）：32-38.
③ Murphy, A. An Empirical Analysis of the Structure of Credit Risk Premiums in the Eurobond Market [J]. Journal of International Money and Finance, 2003, 22（6）：865~885.
④ Cebenoyan, A. and Strahan, S.. Philip E. Risk Management, Capital Structure and Lending at Banks [J]. Journal of Banking and Finance, 2004, 28（1）：19~43.
⑤ Altman, E., Resti, A. and Sironi, A.. Default Recovery Rates in Credit Risk Modeling: A Review of the Literature and Empirical Evidence [J]. Economic Notes MPS, 2004, 33（2）：183~208.

势而寻求模型互补的有效途径①。当然，不同的学者提出和讨论了
多种因素对企业信用状况的影响（Giesecke，2004；Chen，Panjer，
2003）。由于难以在质量、价格和功效上对不同文化产品做出评价，
文化企业的信用、融资机构对企业的评价等成为企业信用的代表。
通常学界采用投资机构对企业的投资评级得分、文化企业的证券风
险波动指数 β 值等指标来表示信用风险。英美国家的大企业主要向
银行等金融机构获得贷款、拆借等融资，而中小企业一般向商业银
行融资，因而企业的规模及信用会有专门的评估机构按照一定标准
作出评估，进而影响企业在资本市场的融资能力。此外，因为现实
中难以直接获取公司总资产价值和资产收益波动率的基本数据，本
书选择用利润增长率来替代。

最终，文化企业融资风险的微观影响因素衡量指标选择如表
4 - 2所示。

表4 - 2　文化企业融资风险的微观影响因素与衡量指标变量

变量名称	衡量指标	变量符号	变量说明
管理风险 η_1	管理费用率	Y_1	管理费用/营业收入
	高管薪酬	Y_2	企业高级管理人员的年薪报酬
	治理结构	Y_3	董事会与监事会每年举行会议次数之和
投资风险 η_2	利息保障倍数	Y_4	息税前利润与利息费用的比率
	财务杠杆	Y_5	（净利润 + 所得税费用 + 财务费用）/（净利润 + 所得税费用）
	财务费用率	Y_6	财务费用/营业收入
	成本费用利润率	Y_7	（利润总额）/（营业成本 + 销售费用 + 管理费用 + 财务费用）

① 王志诚，周春生. 金融风险管理研究进展：国际文献综述［J］. 管理世界，2006，04：158 - 169.

续表

变量名称	衡量指标	变量符号	变量说明
融资风险 η_3	资产负债率	Y_8	负债合计/资产总计
	融资规模	Y_9	债务融资额 + 股权融资额
	融资成本	Y_{10}	加权平均资本成本
	融资现金流	Y_{11}	融资活动产生的现金流量净额
	无形资产比率	Y_{12}	无形资产/总资产
运营风险 η_4	经营杠杆	Y_{13}	(净利润 + 所得税费用 + 财务费用 + 固定资产折旧、油气资产折耗、生产性生物资产折旧 + 无形资产摊销 + 长期待摊费用摊销)/(净利润 + 所得税费用 + 财务费用)
	营运周转率	Y_{14}	营业收入/平均营运资金
	ROE (净资产收益率)	Y_{15}	净利润/股东权益平均余额
信用风险 η_5	机构评分	Y_{16}	投资机构对文化企业的评级得分
	贝塔值	Y_{17}	上市文化企业的证券相对于整个市场波动的风险值
	利润增长率	Y_{18}	当期利润/前期利润

第四节　数据的收集与处理

根据研究需要，本书以沪深两市全部 A 股上市文化公司 2005～2014 年共 10 年的数据为研究对象，手动收集上市公司财务报表中与企业融资风险相关的数据，通过财务报表数据计算得出企业内部各微观影响因素的贡献值，以此来衡量文化企业上市公司内部的融资风险大小。样本数据收集后按照以下标准筛选：剔除在样本期间因业绩过差被冠以 S、ST、＊ST 的公司；剔除被会计师事务所出具非标准审计意见的上市公司；对于统计变量中残缺数据的处理采用多元计算（Multiple Imputation）方法中的蒙特卡罗马尔科夫算法（Monte Carlo Markov Chain，简称 MCMC 算法）进行缺失值填补。按照以上筛选标准对样本进行整理后，得到符合要求的上市公司 65 家，样本数量 380 个，有效观测值超过 10000 个。行业分类标准采用证监会颁布的《上市公司行业分类指引（2012 版）》，其中文化企业隶属于第三产业大类之下，包括新闻传媒、印刷出版、电影电视制造等共 9 个门类的企业。数据主要从上海证券交易所官网、深圳证券交易所官网以及锐思数据库、Wind 数据库等收集和整理，运用的程序是 Lisrel 8.80。选取的样本是上市文化企业多个时间点与融资风险相关的数据。

由于 SEM 模型选取了大量的观察变量，不同的衡量指标往往量纲不同，为了消除指标间单位量度的差异，在使用数据前需要对数据进行标准化处理。根据对数据的观察，本书发现其存在离群数值现象，所以选择了 z-score 标准化，详见式 4.8：

$$Z_i = \frac{x_i - \overline{x_i}}{S_i} \tag{4.8}$$

其中，x_i 代表观察指标 X_i（$i = 1$，2，…，17），$\overline{x_i}$ 表示其平均值，S_i 则是指标 X_i 的标准差。在 SEM 模型中样本数超过一定规模时可以忽略残差正态分布的假设，直接对残缺值进行处理。

第五节　描述性统计

变量的描述性统计如表 4 - 3 所示。观察表 4 - 3，当标准差远大于均值时，那就表明数据可能存在极端异常值，这时可能要对数据做进一步的处理。结合表格和指标，本书主要从文化行业的整体情况、融资风险直接相关指标以及其他变量进行统计描述与分析。

表 4 - 3　变量的描述性统计

变量名称	N	最小值	最大值	平均值	标准差	偏度	峰度
年平均贷款利率	380	.05	.08	.0670	.008	-.097	-.364
汇率	380	6.12	7.31	6.5684	.383	.916	-.121
固定投资	380	1129.82	6174.06	3583.7	1691.471	.158	-1.281
市场购买力	380	99.02	101.88	100.54	1.001	-.022	-1.268
财政投入	380	898.64	2691.48	1912.0	610.232	-.202	-1.339
文化消费水平	380	1634.82	3001.80	2289.1	473.524	.103	-1.339
产值增长率	380	.10	.40	.2155	.099	.778	-.668
管理费用率	374	.01	6.34	0.20	0.58	7.744	67.542
高管薪酬	380	2.20	1886.64	351.84	282.72	1.577	3.031
治理结构	380	4.00	33.00	12.405	5.013	1.272	2.463
利息保障倍数	371	-324.15	326.60	-2.184	5.06	-.331	15.652
财务杠杆	380	-1.77	12.46	1.257	1.052	6.383	59.712
财务费用率	380	-9.98	10.56	1.64	6.943	-.367	1.659
成本费用利润率	377	-2.07	1.43	.123	.323	-2.174	15.851
融资现金流	380	-21.02	21.97	-2.24	311.143	0.318	-1.828
融资规模	377	-3.874	4.99	2.391	1.395	-.798	1.301
加权平均资本成本	378	-12.92	5.74	-.0186	.948	-8.347	107.486
资产负债率	379	.02	2.63	.430	.099	3.084	15.038
无形资产比率	380	.00	.79	.058	.085	3.617	19.850
经营杠杆	380	-68.89	9.46	1.320	3.914	-15.529	275.800
营运周转率	377	-144.89	44.04	0.038	11.701	-6.336	69.565
净资产收益率	378	-2.94	3.51	.069	0.378	1.094	39.784
机构评分	380	.00	2.00	.1.48	.012	-.026	1.194
贝塔值	380	0.11	2.10	1.088	0.263	0.183	1.310
利润增长率	375	-62.94	48.65	3.675.	5.293	8.434	99.193

一　文化产业发展情况统计

截至 2014 年底，我国文化产业共有上市公司 65 家，2014 年全部上市公司的营业收入为 1198.83 亿元，同比增长 14.71%，净利润为 159.41 亿元，同比增长 22.24%。行业整体市盈率（TTM）为 67.83 倍，行业中公司市盈率（TTM）中值为 78.55 倍。整体市净率（MRQ）为 6.31 倍，公司市净率（MRQ）中值为 7.36 倍。

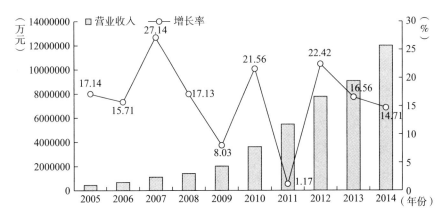

图 4 - 4　上市文化企业营业收入及其增长率变化趋势

数据来源：新浪证券和 Wind 数据库。

上市文化企业的营业收入逐年增长，从 2005 年的 466438.65 万元到 2014 年的 11988310.03 万元，规模不断增大，利润增长率呈震荡趋势。从文化行业的整体情况来看，文化行业整体的市场规模稳步扩增，但是增幅波动明显，产业融资面临巨大的发展空间和风险。不断出台的支持政策和数据显示的行业前景，均表明文化产业未来的融资需求空间巨大，其融资风险的管理也会更加复杂和严格。2014 年文化部、央行与财政部联合发布《关于深入推进文化金融合作的意见》，大力促进文化与金融产业的融合，使文化企业融资与动荡、高风险的金融业联动起来，文化企业的融资风险也随之增加。从行业发展潜力来说，无论是出版行业，还是传媒行业，按照收入口径计算的资本化率都偏低。例如 2013 年全国平面媒体上市公司的全行业收入合计 562 亿元，净利润 66 亿元，按照收入口径，资本化率仅为 3.1%；广播电视全行业收入合计 247 亿元，按照收入口径的资本化率为 6.8%，这些都表明文化产业未来发展需要的资本空间巨大，融资需求将会持续增加。同时，文化企业获得的政府支持也在逐年增加（见图 4-5），产业产值随着 GDP 的增长而增加，一直保持着较为稳定的趋势（见图 4-6）。随着国企改革政策的放松和产业转型升级的诉求，文化企业通过兼并、重组等融资方式实现扩张和发展的案例将会继续增加，融资风险管理的重要性将会继续增加。如表 4-3 变量的描述性统计所示，年均贷款利率最小值 5.25%，最大值为 8.01%，均值为 6.7%，标准差为 0.008，我国的一般贷款加权平均利率走势较为平稳，波动幅度不大。汇率也是自 2007 年的最高值 7.31 后大致维持在 6.6 的平均水平，宏观指标的大体变化趋势与现实较为吻合。

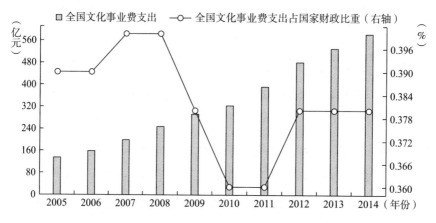

图 4-5　2005~2014 年文化行业公共财政支出变动情况

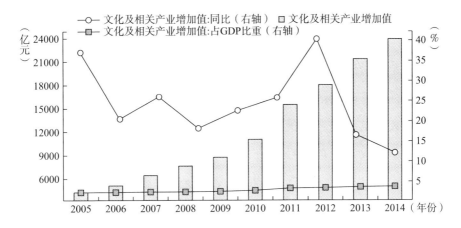

图4－6　2005～2014年文化行业产业增加值变动情况

数据来源：图4－5和图4－6中的数据均来自 Wind 数据库和国家统计局历年的《文化产业发展报告》。

二　文化企业融资活动的统计分析

文化企业融资规模在最小值777.51万元到最大值147.236亿元之间变动，均值为22.676亿元，这表明融资规模大于22.676亿元的文化企业占多数。从标准差数值1.395可以推断，文化企业的融资规模也较为稳定。仔细观察文化企业融资规模的统计量，其中有三家文化企业在2007年、2009年通过买壳上市由其他行业或ST公司摘帽转入文化行业，融资规模出现负值现象，因此本书将其剔除后再做统计。未剔除数据前的融资规模峰度为3.864，剔除异常值后峰度骤降为1.301，表明异常值的影响比较显著。融资规模的偏度系数为－0.798，分布存在左偏现象，均值在峰值的左边，这也与上述分析最小值为777.51万元，但均值却有22.676亿元，融资规模众数大于均值的分析相对应。峰度系数1.301小于正态分布的标准系数3，说明融资规模的峰度更缓，分布态势更加偏向于均匀分布。

　　融资活动现金流最大值 349602.12 万元，最小值 -134510.55 万元，均值为 9510.9 万元，远超文化企业 2005~2014 年的资产平均值 925.89 万元，这说明上市文化企业融资融入现金流量进出规模较大，企业融资活动承担的风险较大。对正向融资现金流流入直接取对数、负向现金流绝对值后再取对数，并标明负号，可以得到融资现金流取对数值的最小值为 -21.02，最大值为 21.97，方差为 311.143，这说明文化企业融资融入现金流差距很大，文化企业的融资效率存在显著差异，企业融资离散程度较高，处于剧烈波动状态，融资面临风险较高。加权平均资本成本率均值为 -1.86%，融资成本较低的原因主要是我国文化企业的股权融资资本存在部分负值，这说明在股权融资过程中存在特殊情况，文化企业实际的权益资本成本率要么是由于内部控制影响股权成本[①]出现反常，要么是文化企业的股权融资有一定的补贴或优惠等特殊政策，造成股权融资的成本为负，融资没有成本并且有收益。

　　文化企业的资产负债率最低为 2%，最高达 263%，这说明部分文化企业的负债融资很高，融资风险非常大。但是从均值来看，文化企业的资产负债率为 42.95%，在 40% 左右，方差为 0.099，偏度系数为 3.084，峰度为 15.038，与一般行业的资产负债率差别不大，与国外企业的资产负债率接近。图 4-7 显示了文化企业资产负债率的变化趋势，资产负债率由 2005 年跳跃性逐年递减，自 2010 年后一直低于 40%，说明 2010 年后，文化企业的负债规模相对有所减少，企业的融资方式有所变化。文化企业的无形资产比率最小值为 0，最大值为 79%，均值为 5.8%，无形资产在文化企业

---

　　① 陈汉文，程智荣. 内部控制、股权成本与企业生命周期 [J]. 厦门大学学报（哲学社会科学版），2015，2：40.

中占的比例较低，与普通企业无形资产的占比相近。无形资产并没有因为文化企业拥有大量的知识产权、版权等无形价值而增加，可能是因为无形资产的价值并没有被评估或真正转化，在文化企业中只是沉默的资产。

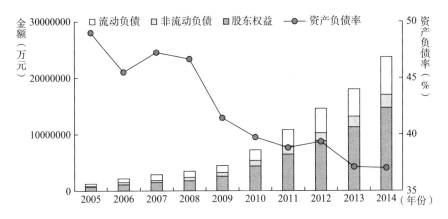

图 4 - 7　2005 ~ 2014 年文化企业负债与股东权益及资产负债率变动情况

数据来源：Wind 数据库。

第六节　实证结果与分析

一　验证性因素分析

（一）模型说明和参数估计

验证性因素分析是限于企业微观影响因素及企业内部风险因素间相互影响关系的分析模型。本书所建立的融资风险识别模型中，企业内部风险因子的测量变量共 18 个，即内生测量变量数目（Y）18 个，内生潜在变量 η 数目为 5，样本数 380 个，其余为 0，导入的协方差矩阵如本章后附表 4 - 9 所示。模型 1 的参数估计结果如下：模型总估计参数数目 46，其中 ξ_i 到 Y 的因素载荷 13（13 = 观

察变量 18 – 内生潜变量 5）个，内生潜在变量的解释残差矩阵 5
个，内生潜变量被内生潜变量解释的回归矩阵 10 个，内生观察变
量被内生潜在变量解释之误差项的协方差矩阵（THETA-EPS）共
18 个，LISREL 程序采用最大似然估计法，总计进行 28 次迭代完成
所有的参数估计，依次给出参数估计原始值、标准误与统计显著性
t 检验值。以融资风险变量为例（见表 4 – 4），它对应的第一个衡
量变量为资产负债率，该变量到融资风险的因素载荷值为 0.36，标
准误为 0.11，t 值 3.27（t 值为原始值除以标准误），因为 t 值远大
于 1.96，因此达到显著水平，表示该参数具有统计上的意义。矩阵
Λ_y、Ψ、Θ_ε 参数估计结果显示，模型 1 的所有参数估计均具有显著
意义。

表 4 – 4　融资风险潜变量的参数估计结果统计

		资产负债率	融资规模	融资成本	融资现金流	无形资产比率
融资风险	载荷系数	0.36	0.58	0.57	0.56	0.55
	标准误	(0.11)	(0.11)	(0.11)	(0.11)	(0.11)
	t 检验值	3.27	5.27	5.18	5.09	5.01

内生潜变量间的参数估计结果也以矩阵的形式表示，各潜变量
的方差被设定为 1，因此对角线数据为 1，下三角区域的系数视为
标准化参数，各协方差的数值为相关系数，根据结果文件整理的各
潜在变量间的相关系数矩阵如表 4 – 5 所示。由表 4 – 5 可知，融资
风险与管理风险间的相关系数为 0.50，t 值为 4.08，达到显著性水
平，其余各变量间相关系数 t 值均达到显著水平，表明这些标准化
协方差的估计均具有统计意义。在文化企业的各风险因素中，融资
风险与运营风险关系最为密切，其次是投资风险。同时，Θ_ε 矩阵也
列出了各测量变量的误差变异量估计数与统计检验值，结果显示 18

个测量变量的测量误差的 t 检验值均达到显著水平，表明这些误差变异量均是有意义的估计量。误差变异数值越大，表明测量残差越大，该变量被潜在变量解释的程度越低；数值越小，测量残差越小，该变量被潜在变量解释的程度越高。

表 4-5 模型 1 内生潜变量相关系数矩阵

	管理风险	投资风险	融资风险	运营风险	信用风险
管理风险	1				
	(0.22)				
	4.61				
投资风险	0.44	1			
	(0.10)	(0.16)			
	4.62	6.17			
融资风险	0.5	0.52	1		
	(0.12)	(0.12)	(0.32)		
	4.08	4.49	3.14		
运营风险	0.55	0.52	0.84	1	
	(0.12)	(0.11)	(0.18)	(0.25)	
	4.44	4.74	4.67	4	
信用风险	0.45	0.39	0.46	0.94	1
	(0.10)	(0.08)	(0.11)	(0.15)	(0.16)
	4.62	4.57	4.21	6.4	6.15

LISREL 程序还列了出各测量变量与潜在变量的多元相关平方值（Squared Multiple Correlations for Y Variables），如表 4-6 所示。该数值反映了测量变量能够被潜在变量解释的百分比，类似回归分析中的 R^2，数值同时也反映了测量变量的信度（reliability）。例如对资产负债率指标 Y_8 来说，载荷数 0.36 表示资产负债率中有 36%

的变异量能够被潜在变量管理风险解释，64%的变异量为误差变异。多元相关平方值越小，表示变量被解释的比率越低，表明该测量变量与潜在变量的关系越弱。依据古典测验理论的观点，量表信度需要到 0.70 才属于比较稳定的测量，但是社会科学领域的量表达到这种载荷值很不容易，因此 Raine-Eudy（2000）的研究指出，组合信度达到 0.50 时，测量变量在反映真实值时可获得基本的稳定性[1]。

表 4 – 6　文化企业各测量变量与潜在变量的多元相关平方值

	潜在变量	变量间关系	载荷数	残差	ρ_c	ρ_v
管理风险 ξ_1	管理费用率 Y_1	Y_1——ξ_1	0.59	0.41	0.31	0.09
	高管薪酬 Y_2	Y_2——ξ_1	0.53	0.47		
	治理结构 Y_3	Y_3——ξ_1	0.54	0.46		
投资风险 ξ_2	利息保障倍数 Y_4	Y_4——ξ_2	0.69	0.31	0.43	0.07
	财务杠杆 Y_5	Y_5——ξ_2	0.53	0.47		
	财务费用率 Y_6	Y_6——ξ_2	0.55	0.45		
	成本费用利润率 Y_7	Y_7——ξ_2	0.58	0.42		
融资风险 ξ_3	资产负债率 Y_8	Y_8——ξ_3	0.36	0.64	0.36	0.11
	融资规模 Y_9	Y_9——ξ_3	0.58	0.42		
	融资成本 Y_{10}	Y_{10}——ξ_3	0.57	0.43		
	融资现金流 Y_{11}	Y_{11}——ξ_3	0.56	0.44		
	无形资产比率 Y_{12}	Y_{12}——ξ_3	0.55	0.45		
运营风险 ξ_4	经营杠杆 Y_{13}	Y_{13}——ξ_4	0.45	0.55	0.18	0.07
	营运周转率 Y_{14}	Y_{14}——ξ_4	0.50	0.50		
	净资产收益率 Y_{15}	Y_{15}——ξ_4	0.50	0.50		

---

[1]　Raine-Eudy, R. Using structural equation modeling to test for differential reliability and validity: An empirical demonstration [J]. Structural Equation Modeling, 2000, 7 (1): 124 – 141.

续表

	潜在变量	变量间关系	载荷数	残差	ρ_c	ρ_v
信用风险 ξ_5	机构评分 Y_{16}	Y_{16}——ξ_5	0.67	0.33	0.13	0.20
	贝塔值 Y_{17}	Y_{17}——ξ_5	0.59	0.41		
	利润增长率 Y_{18}	Y_{18}——ξ_5	0.61	0.39		

（二）模型拟合度分析

结构方程模型的模型拟合指数用来判断假设模型与实际观察值之间的拟合情形，从整体来反映模型估计的统计意义。根据假设 1 结果文件的列示以及表 4-7 中对模型 1 拟合指数的统计，发现假设 1 模型的自由度为 125，卡方值为 295.18，P 值等于 0.00，表示假设模型与观察值之间存在显著的差异性。自由度等于模型的整体估计点数减去参数估计数，模型 1 中 18 个测量变量可以产生 171 = (18×19) /2 个测量点数，即 153 对共变量与 18 个方差，而假设 1 模型中，需要对 51 参数进行估计，因此，自由度剩下 125 = 171 - 46。卡方 χ^2（Chi-Square）用于测量数据间的相关性，对样本较为敏感，最小拟合函数卡方值（MIinimum Fit Function Chi-Square）298.28 以及正态化最小平方加权卡方值（WLS chi-square）295.18 在结果文件中均有提供。前者是用于计算所有其他各模式拟合度估计法的原始卡方值，后者是其他模式拟合指数计算的基础值。本书模型结果统计中的卡方值均值（WLS 卡方值），一般值越小越不显著，测量变量与观察值的拟合程度也就越好。此外，χ^2 与自由度的比值也可以用来判断模型的拟合度，一般认为 χ^2/DF 小于 5 时拟合程度较好。卡方值不显著时，可以进行拟合指数的比较来判断模型的拟合程度。

表 4 - 7　验证性模型与结构模型拟合度指标比较

模型	χ^2	DF	χ^2/DF	RMSEA	NFI	NNFI	CFI	SRMR	GFI	AGFI
模型 1	295.18	125	2.36	0.060	0.89	0.92	0.93	0.061	0.92	0.89
模型 2	593.44	254	2.34	0.059	0.88	0.91	0.92	0.063	0.89	0.86
修正后	296.31	244	1.21	0.024	0.94	0.99	0.99	0.037	0.94	0.92
标准			小于 5	≤0.08	接近 1		>0.90	≤0.05	>0.90	接近 1

注：模型 1 为验证性因素分析模型，模型 2 为结构方程模型。

　　SEM 中常用的判断模型与实际拟合结果的检验指标有绝对拟合指数和相对拟合指数之分，绝对的拟合指数包括 RMSEA、χ^2/DF、AGFI、SRMR 等，而相对拟合指数以 NFI、CFI、IFI 等为代表。在各种拟合指数的指标中，最常用的指数为近似误差均方根系数 RM-SEA，该系数不受样本大小与模型复杂度的影响，随着模型与现实的完美拟合而逐渐趋于 0。假设 1 中 RMSEA 指数的数值为 0.060，90% 置信区间范围在（0.051；0.069），包涵了惯用的小于 0.06 标准，显然，该结果显示样本模型的拟合程度较好。GFI（Goodness-of-Fit Index，简称 GFI）是拟合优度检验，反映了设定的模型对实际样本数据的拟合程度，调整的拟合优度指标 AGFI 降低了模型本身复杂程度对结果的影响，在测量变量较多时可以使用。假设 1 的 GFI 值为 0.92，AGFI 值为 0.89，表明模型的测量变量数量对拟合程度产生了一定影响，模型仍有一定的修正空间。平方平均残差的平方根 SRMR 度量了拟合残差的一种平均值，说明了样本方差和协方差在假定模型正确情况下估计值的差异，一般值越小越好，最好小于 0.05，假设 1 的 SRMR 值为 0.06，说明拟合与实际有一定出入。在其余的指数中，NFI、NNFI、CFI 等都是较为常用的相对拟合指数。标准化拟合优度指标 NNFI 改善了 NFI 易受小样本与高自由度问题的影响，可以提高模型的拟合程度，因此模型 1 中从 0.89 提高到

0.92，模型的拟合程度更加理想。比较拟合优度指标 CFI 反映了理论模型与无任何共变关系的虚无模型的差异程度，数值最好要超过 0.90 向 1 靠近，越近越好，大于 0.90 拟合度才比较理想[1]，假设 1 模型 CFI 指标 0.93，超过 0.90，表示模型的拟合度较为理想。

综上所述，模型拟合的主要指标显示拟合度较为理想，但是卡方值的显著性和 AGFI 表明测量变量与观察值之间存在差异，严格来说理论模型没有达到最佳拟合度，需要进行模型修正。

（三）因素相关及内在拟合检测

在假设 1 的验证性模型中，本书关注的是潜在变量融资风险与其他风险因素之间的关系及测量变量与对应的潜在变量间的关系。数学原理上，结构方程的参数估计与一般传统的因子载荷估计过程相同，但由于验证性因素分析可以排除测量残差的影响，同时又可以设定测量变量与潜在因素之间多维相关的假设，因此结构方程验证性因素分析的因素载荷结果高于传统估计值。潜在变量进行的是标准化参数估计，设每一个潜在变量的变异都相同并等于1，表 4-7 和图 4-8 列出了模型 1 测量变量和潜在变量之间在完全标准化解之下的因素载荷、残差、拟合指数的组合信度与变异萃取量，因素载荷的数值多数在可接受的范围之内，且表中所有参数的显著性检验均达到 0.10 的显著水平，因此，本模型的多数参数估计结果均可以接受。标准化因素载荷中信用风险的机构评分载荷系数最高，其次是利润增长率，说明文化企业信用风险的主要测量指标为机构评分，与实际情况较为相符，测量指标质量良好。在融资风险中，

① Hu, L., & Bentler, P. M.. Cutoff criteria for fit indexes in covariance structure analysis: Conventional criteria versus new alternatives [J]. Structural Equation Modeling, 1999, 6: 1-55.

融资规模、融资成本与融资风险的关系较为接近，接着依次是融资现金流、无形资产比率和资产负债率，各个指标的载荷系数相差不大，均出现了统计显著性，具有一定的统计意义，充分说明选择的文化企业融资风险的测量指标较为平均，对于融资风险的描述较为适切。

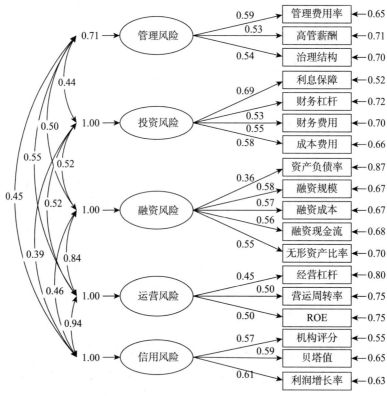

Chi-Square=295.18,df=125,P-value=0.00000,RMSEA=0.060

图 4 - 8　假设 1 验证性分析路径

二　结构性模型分析

（一）参数估计与拟合分析

根据软件分析结果，结构方程模型的内生与外源测量变量各为

18 和 7，内生与外源潜在变量分别为 5 和 2，样本数为 380。需要进行估计的参数设定 Λ_y 矩阵中为 13 个，Λ_x 矩阵中 7 个，Gamma 矩阵估计所有的参数 10 个，外生潜在变量之间的关系 Φ 矩阵中 1 个，内生潜在变量被外生潜在变量解释的残差 15 个，以及测量变量的残差参数 25 个，共 71 个。模型的迭代次数为 26 次，采用最大似然估计法进行估计。从 Λ_y 与 Λ_x 矩阵的估计数、误差以及 t 检验值可以发现，内生潜在变量和外生潜在变量各测量模型的因素载荷均达显著水平，表示测量模型良好。

外生潜在变量间的共变与相关估计数为 0.59，达到显著水平（标准误为 0.07，t = 8.24），结构模型对于内生潜在变量的解释力相对也较好，分别是 0.23、0.60、0.40、0.32、1.09，其中，结构模型对于信用水平的解释力最好，可以解释 109% 的信用水平变异量，财务效率可以被解释的变异量为 60%，融资风险则可以被解释 40% 的变异量。表 4 - 7 的拟合度分析数据显示，拟合度尚为理想，说明模型与上市文化公司样本的估计差别不大。选取的指标体系可以描述文化企业的融资风险。WLS 卡方值为 593.44，卡方自由度比为 2.34，接近 2 的惯用门槛。RMSEA 值为 0.059，NNFI = 0.91，CFI = 0.92，尽管如此，模型仍有修正的空间。表 4 - 8 显示矩阵 Gamma 的回归系数多数达到显著水平，即在整体结构中外生潜在变量 KSI 到内生潜在变量 ETA 之间的矩阵关系里，有三个影响路径标红，没有达到显著性水平，即政策法规与企业投资效率、运营能力和信用水平的关系，说明这三个设定的参数没有统计意义，显然政策风险与其他影响因素之间的关系不够密切。

表 4 - 8   假设 2 中主要变量矩阵的载荷系数及显著性检验

		管理风险	投资风险	融资风险	运营风险	信用风险	市场风险
市场风险	载荷系数	0.26	0.61	0.38	0.42	1.16	
	标准误	(0.12)	(0.16)	(0.13)	(0.13)	(0.17)	
	t 检验值	2.07	3.91	2.87	3.13	6.72	
政策风险	载荷系数	0.28	0.23	0.33	0.21	- 0.23	0.59
	标准误	(0.11)	(0.13)	(0.12)	(0.12)	(0.15)	(0.07)
	t 检验值	2.46	1.74	2.80	1.73	- 1.53	8.24

(二) 变量间关系分析

表 4 - 8 是假设 2 中文化企业融资风险的内生、外生潜在变量影响路径载荷系数统计表,结合文化企业融资风险度量的影响因素及权重图 5 - 1,得出以下两个结论:一是文化企业融资风险同时受到内部和外部因素的共同影响。二是文化企业融资风险影响的因素按重要程度排序依次是投资风险 (0.77)、运营风险 (0.40)、市场风险 (0.38)、政策风险 (0.33)、管理风险 (0.23) 以及信用风险 (- 0.01)。其中,投资效率及其衡量指标与企业融资活动非常接近,而投资效率是最容易影响融资活动链的风险,因此投资风险的高低直接与文化企业融资风险的管理水平相关。管理风险也是影响企业融资风险管理活动和系统的重要因素,而信用风险与企业融资风险管理的关系并不密切,这极有可能是因为信用风险与企业的融资活动与融资规模密切相关,但是与企业的管理活动,尤其是融资风险的管理水平关系就开始疏远。同时,实证结果也显示信用风险与企业其他融资风险的影响因素关系都不太密切,在进行模型修正时可以考虑去掉一个潜在变量。此外,从宏观方面来看,汇率和市场购买力与政策效果也有较大的相关关系,可以分析出市场购

买力影响文化企业的政策偏移，具有一定的政策导向作用，汇率在一定程度上也影响融资策略的制定，对文化产品及服务的进出口工作要重视起来。

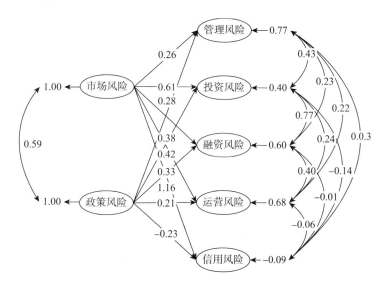

图 4 - 9　文化企业融资风险的影响因素结构路径

图 4 - 10 是完整的结构方程模型估计结果图，从内生潜在变量融资风险与其测量变量之间的路径载荷系数来看，影响融资风险最重要的因素是融资规模，其次是融资成本，接下来依次是资产负债率、融资现金流和无形资产比率。除了检验模型拟合度和变量间载荷系数，也可以通过观察测量变量的测量残差来衡量假设模型的计量特性。假设 2 的残差散点图列出了样本数据标准化残差与正态化残差的偏离图，描述了测量残差的分布情况，结果显示假设 2 的残差散点分布几乎与对角线重合，残差较为符合正态分布，表明测量变量的适切性与观察样本较为符合。

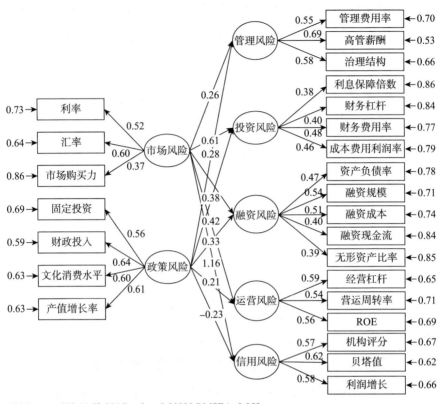

Chi-Square=593.44,df=254,P-value=0.00000,RMSEA=0.059

图 4 - 10　假设 2 的结构方程模型估计结果

(三) 模型修正

综合上述的分析结果, 利用修正指数检查对结构方程模型进行修正。根据修正检查的建议, 内生潜在变量信用风险与其他潜在变量间的关系相对较弱, 仅为 - 0.01, 基本可以忽视, 因此直接删除该潜在变量及相应的参数。同时发现在文化企业融资风险的直接影响因素中, 融资现金流与无形资产占总资产比例的重要性相对较小, 影响程度分别为 0.40 和 0.39, 融资现金流的大小与变动基本和融资规模一致, 本书实证研究又是以文化企业的相关数据为例, 为突出文化企业无形资产的特殊性, 保留无形资产占总资产比例的

指标，删除融资现金流指标，对结构方程模型进行修正。重新修改
LISREL 的语法，代入样本数据进行估计，修正结果如表 4 - 7 第 4
行数据所示，修正模型的整体拟合度有所改善，比原来模型更加符
合完美拟合的标准，修正后的模型自由度下降，模型的复杂程度降
低且各拟合指标均有所优化，融资规模的影响大小由原来的 0.54
上升到 0.58，融资成本由 0.51 变为 0.57，无形资产占总资产比例
对融资风险的重要性程度也有所提高，增加到 0.55。

（四）结论

　　文化企业的融资风险同时受微观因素和宏观因素的影响，宏观
影响因素指市场环境变动和政策法规等外部因素对融资风险的影
响，微观影响因素是企业内部各种因素共同作用于融资活动，可细
分为融资风险的直接影响因素和间接影响因素。根据结构方程模型
最终的修正结果分析，文化企业融资风险微观的影响因素按照影响
大小排序依次为融资规模、融资成本、无形资产占总资产比例及融
资结构，间接影响因素按重要性排列依次是投资风险、管理风险、
运营风险、市场风险和政策风险，这与我国文化企业的融资风险实
际情况较为相符。结构方程模型不仅显示了融资风险与各影响因素
之间的关系，同时也测量了各影响因素的权重大小，为下一步度量
文化企业的融资风险奠定了坚实的基础。

表 4 – 9　样本数据的协方差矩阵

	Intereat	Exchang	CPI	FixedAI	Fiscal	Consump	Vak–add	Manfee	Compen	Govem	Coverage	DFL	Fexpen	RPC	CFF	Fscale	ROI	Debtr
Intereat	1																	
Exchang	-0.50	1																
CPI	0.44	-0.89	1															
FixedAI	0.40	-0.90	0.95	1														
Fiscal	0.46	-0.95	0.94	0.99	1													
Consump	0.47	-0.91	0.95	1.00	0.99	1												
Vak–add	0.59	0.11	-0.16	-0.36	-0.28	0.29	1											
Manfee	-0.01	0.12	-0.08	-0.09	-0.10	-0.08	0.03	1										
Compen	0.18	-0.37	0.37	0.40	0.40	0.40	-0.12	-0.06	1									
Govem	-0.03	0.22	-0.24	-0.28	-0.28	-0.26	0.21	-0.05	0.03	1								
Coverage	0.11	-0.03	0.03	0.00	0.01	0.01	0.13	0.00	-0.05	0.05	1							
DFL	0.02	0.09	-0.08	-0.09	-0.09	-0.09	0.05	-0.03	-0.14	0.09	-0.01	1						
Fexpen	-0.09	0.16	-0.14	-0.14	-0.15	-0.15	0.00	0.00	-0.02	0.34	-0.01	0.27	1					
RPC	0.10	-0.14	0.14	0.13	0.14	0.14	0.03	0.03	-0.33	0.05	-0.15	-0.05	-0.06	1				
CFF	0.08	-0.10	0.13	0.09	0.09	0.09	0.09	-0.02	0.21	-0.02	-0.01	-0.06	0.07	0.10	1			
Fscale	0.11	-0.22	0.25	0.25	0.25	0.25	0.06	-0.09	0.59	0.19	-0.03	0.02	0.30	0.14	0.24	1		
ROI	-0.02	-0.03	0.02	0.06	0.06	0.06	-0.12	-0.07	0.10	-0.04	-0.13	0.01	-0.01	-0.04	0.03	0.08	1	
Debtr	-0.08	0.23	-0.19	-0.18	-0.20	-0.18	0.01	0.09	-0.16	-0.04	-0.04	0.08	0.14	0.02	-0.06	-0.08	-0.19	1

续表

RIA	-0.04	0.08	-0.11	-0.10	-0.10	0.02	0.02	-0.25	-0.08	0.21	0.14	0.04	-0.34	-0.09	-0.13	-0.10	0.15	1						
DOL	-0.01	0.01	-0.03	-0.01	-0.01	0.00	0.00	0.01	0.00	0.00	0.10	0.02	0.03	0.04	0.01	0.02	0.02	0.00	1					
Opercap	0.00	0.00	-0.03	-0.02	-0.02	0.05	0.00	0.03	0.05	0.00	0.00	-0.02	0.09	0.03	0.00	0.05	-0.05	-0.12	0.01	1				
OPE	-0.05	0.03	-0.03	-0.04	-0.03	-0.05	0.02	0.00	0.01	-0.27	0.00	0.00	0.11	0.00	0.05	-0.01	-0.01	-0.18	0.00	0.05	1			
Oplev	0.10	-0.18	0.15	0.14	0.14	0.06	-0.03	0.01	-0.18	0.04	-0.01	-0.50	0.07	-0.22	0.01	-0.21	-0.07	-0.17	-0.07	0.07	-0.01	1		
Marval	0.11	-0.22	0.32	0.32	0.29	-0.14	-0.05	0.58	0.20	-0.03	-0.32	0.01	0.26	0.26	0.70	0.09	-0.12	-0.17	0.01	0.03	0.00	0.02	1	
Progro	0.02	-0.07	0.11	0.12	0.11	-0.07	0.02	-0.08	-0.04	0.11	-0.10	-0.10	-0.12	0.00	-0.15	0.02	0.01	0.45	-0.01	-0.03	-0.08	0.16	0.08	1

第五章
文化企业融资风险的度量分析

风险度量（Risk Measurement）又称风险评估（Risk Estimating），主要是衡量影响风险或危机事故发生的可能性因素导致风险损失发生的可能性及大小。对文化企业的融资风险进行度量，可以为企业的风险管理者提供判断工具，对不同融资规模下的融资风险进行评估，有助于企业控制融资风险，合理规划企业融资活动，制定恰当融资目标，提高资本运营效率。

第一节　融资风险的可度量性推导

文化企业不但面临融资风险，还面临市场环境风险、政策法规风险、管理风险、投资风险、信用风险等诸多风险。根据风险转移算法（RTA），企业的 7 大独立风险因子可以表示为：

$$r_i = p(|\lambda_i - \overline{\lambda_i}|) \tag{5.1}$$

式 5.1 中 i 代表文化企业的第 i 个风险模块或要素（如市场风险、政策风险、管理风险、投资风险、融资风险等），$\overline{\lambda_i}$ 表示计划情景，λ_i 为实际情景，p（·）表示计划情景同实际情景偏离的概率。同理，文化企业整体风险表示为：

$$R = p(|\lambda - \overline{\lambda}|) \tag{5.2}$$

其中 $\overline{\lambda}$ 表示文化企业风险作为一个系统整体的计划情景，λ 表示文化企业风险整体的实际情景。

将企业的融资风险作为独立的风险模块与其余 6 大风险并列，关于融资风险这一独立风险模块的整体效果的度量，可以通过风险逐步检查法识别融资活动中的风险瓶颈要素，求出对应的风险值。具体步骤为：在企业风险管理系统中设置一系列控制点，用以跟踪风险传递过程，然后测量各控制点面临的独立风险值 R_i，并求得相邻控制点之间的风险增量 $\Delta_{i,i+1} = R_i - R_{i+1}$，确定初始至结束控制点间的风险增量 $\Delta_{n,1} = R_n - R_1$，当 $\Phi_i = \Delta_{i,i+1}/\Delta$ 取极小值时，对应的控制点 i 和 $i+1$ 即为所求的风险瓶颈要素，此时要素对应的风险值即为所求的企业融资风险。

Kodak、IBM 和 HP 等企业利用 Bass 模型[①]对新产品的扩散过程进行了预测，在对企业融资风险进行测量时引入 Bass 模型描述文化企业融资风险在企业内的蔓延和扩散问题，公式为：

$$\frac{dR(t)}{dt} = \alpha[\Psi - R(t)] + \frac{\beta}{\Psi}R(t)[\Psi - R(t)] \tag{5.3}$$

其中，$R(t)$ 为 t 时刻企业融资风险的度量值；α 为企业各风险因子或模块间的相互影响力，体现了企业各风险模块的相互作用和影响；β 为企业融资风险的扩散系数。Ψ 为融资风险可以度量时企业整体风险的阈值，可以由描述系统复杂性的管理熵概念确定。其计算和推导的理论过程如下：为得到文化企业风险系统复杂性的

① Bass F., Srinivasan S. A study of spurious regression and model discrimination in the generalized bass model [J]. Advances in Econometrics, 2002, 16 (1): 295 – 315.

综合尺度，需要建立相应的复杂性空间，按照企业各风险模块的关系与结构，定义 R_1、R_2、$\cdots$、R_7 分别为文化企业整体风险空间 H^7 上市场环境风险、政策法规风险、管理风险、投资风险、融资风险、运营风险和信用风险的对应空间，$R_1 \times R_2 \times \cdots \times R_7$ 为七维线性熵空间，Φ 是定义为 $R_1 \times R_2 \times \cdots \times R_7 \rightarrow H^7$ 的一个映像，且满足：

$$\begin{cases} \Phi(R_{i1} + R_{i2}) = \Phi(R_{i1}) + \Phi(R_{i2}) \\ \Phi(C \cdot R_i) = C \cdot \Phi(R_i) \end{cases} \tag{5.4}$$

Φ 是 H^7 上的七维线性形式或七个维度的协方差张量，定义此张量为 $T_7(H)$，是 H^7 上的一个矢量空间。定义矩阵 B 由 R_1、R_2、$\cdots$、R_7 上的矢量空间 B_i 的七维复杂性矢量构成，则有 B_i 的统一熵：

$$\| \Phi_i \| = \| \Phi(R_{1i}, R_{2i}, \cdots, R_{7i}) \| = | \det(B_{mi}) | \tag{5.5}$$

由上式 5.5 推出 H 上的风险量化尺度，即 R_1 到 R_7 的统一熵值为：

$$| \det(B_{m_{i+1}} - B_{m_i}) | = \| \Phi(R_{1_{i+1}} - R_{1_i} + R_{2_{i+1}} - R_{2_i} + \cdots + R_{7_{i+1}} - R_{7_i}) \| \tag{5.6}$$

则文化企业风险系统全部张量的熵值为：

$$\Psi = \| B \|_{T,(H)} = \sum_{i=1}^{m} \| \Phi(R_{1i}, R_{2i}, \cdots, R_{7i}) \| = \sum_{i=1}^{m} | \det(B_{mi}) | \tag{5.7}$$

因此，上述公式推导反映了融资风险在企业内的扩散过程，展示了企业融资风险对企业各方面的作用和影响机制，考虑了企业内外部的影响因素，尤其是与融资风险密切相关的互动耦合风险因子，具有良好的解释性与普适性，这说明企业的融资风险可以用具体数值量化，只是需要提前做出大量假设，将企业看做一个整体，将融资风险及其影响因素具象化，看做是企业整体的组成和影响部分，利用空间维度的概念与关系解释融资风险的可度量性。

第二节 基于结构方程模型的融资风险度量

基于第一节的融资风险可度量分析，文化企业的融资风险可以进行度量。假设文化企业为各种风险因子互动耦合的整体系统，融资风险是不可被直接观察和测量的影响因子，本书根据融资风险的影响因素建立结构方程模型进而对文化企业的融资风险进行度量。

一 模型构建

根据第四章结构方程模型的结构架设，在对文化企业融资风险的影响因素进行识别和修正后，发现文化企业融资风险的影响因素及权重大小如图 5 – 1 中所示。文化企业的融资风险不仅受到外部宏观因素（市场风险和政策风险）的影响，而且受到企业内部融资活动相关的直接因素（融资结构、融资规模、融资成本、无形资产比率）和间接因素（管理水平、投资效率和运营能力）的影响。

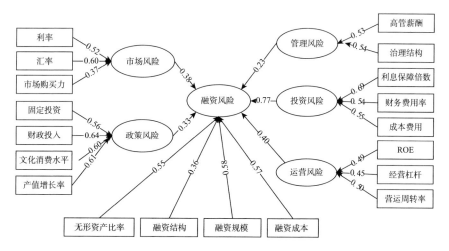

图 5 –1 文化企业融资风险度量的影响因素及权重

$$
\begin{aligned}
融资风险 = &\ 0.36 \times 融资结构 + 0.58 \times 融资规模 + 0.57 \times 融资成本 + \\
&\ 0.55 \times 无形资产比率 + 0.38 \times 市场风险 + 0.33 \times 政策风险 + \\
&\ 0.23 \times 管理风险 + 0.77 \times 投资风险 + 0.40 \times 运营风险 \\
= &\ 0.36 \times 融资结构 + 0.58 \times 融资规模 + 0.57 \times 融资成本 + 0.55 \times \\
&\ 无形资产比率 + 0.38 \times (0.52 \times 利率 + 0.60 \times 汇率 + 0.37 \times \\
&\ 市场购买力) + 0.33 \times (0.56 \times 固定投资 + 0.64 \times \\
&\ 财政投入 + 0.60 \times 文化消费能力 + 0.61 \times \\
&\ 产值增长率) + 0.23 \times (0.53 \times 高管薪酬 + 0.54 \times \\
&\ 治理结构) + 0.77 \times (0.69 \times 利息保障倍数 + 0.54 \times \\
&\ 财务费用率 + 0.55 \times 成本费用利润率) + 0.40 \times (0.45 \times \\
&\ 经营杠杆 + 0.50 \times 营运周转率 + 0.49 \times ROE)
\end{aligned}
$$

二　样本数据与变量选取

研究选取我国资本市场上 2015 年沪深两市 A 股全部上市文化企业作为样本，数据来源于新浪财经、巨潮资讯及 Wind 数据库。经统计发现，符合条件的、数据不存在缺失的上市文化企业共 60 家。文化企业融资风险度量的指标体系选取参照上一章对融资风险识别和修正的实证结果，对影响融资风险的潜变量和衡量指标有所删减，具体详见表 5 - 1。

表 5 - 1　经结构方程模型修正的文化企业融资风险度量指标删除表

删除的潜变量	删除的衡量指标	影响程度	删除理由
信用风险	机构评分	- 0.01	对融资风险的影响程度较为微弱，仅为 - 0.01
	β 值		
	利润增长率		

续表

删除的潜变量	删除的衡量指标	影响程度	删除理由
	融资现金流	0.40	影响程度和变动幅度与融资结构指标基本一致，为简化模型和突出文化企业融资的特殊性，保留影响程度较为相近的融资结构指标

数据来源：由实证研究结果整理。

三　计算结果与分析

本书从横向和纵向的角度对文化企业的融资风险度量结果进行比较与分析。其中，横向比较文化企业融资风险在本行业某一时点状态所处的地位与排名，纵向比较一段时期内文化企业融资风险的大小和变化。

（一）文化企业融资风险影响因素的权重分析

本书分析结构方程模型对融资风险影响因素识别的实证结果，得出影响融资风险的潜变量、测量指标以及权重，具体统计如表5-2所示。文化企业的投资风险对融资风险的贡献率最大，权重为0.77，表明文化企业中融资活动和投资活动密切相关。其次，对文化企业融资风险影响较大的是直接因素，依次是融资规模、融资成本、无形资产比率，影响权重大小分别为0.58、0.57、0.55。最后是管理风险、运营风险、市场风险和政策风险因素。因此，文化企业上市公司为控制融资风险应着重企业投资效率和融资规模的提高与扩大，注重无形资源的开发利用，进而控制融资成本。

表 5 - 2　文化企业融资风险度量的各级指标及权重

	潜变量	潜变量权重	度量指标	测量指标权重
我国文化企业融资风险度量的指标权重统计	市场风险	0.38	利率	0.52
			汇率	0.60
			市场购买力	0.37
	政策风险	0.33	固定投资	0.56
			财政投入	0.64
			文化消费水平	0.60
			产值增长率	0.61
	管理风险	0.23	高管薪酬	0.53
			治理结构	0.54
	投资风险	0.77	利息保障倍数	0.69
			财务费用率	0.54
			成本费用利润率	0.55
	运营风险	0.40	ROE	0.49
			经营杠杆	0.45
			营运周转率	0.50
	融资结构	0.36		
	融资规模	0.58		
	融资成本	0.57		
	无形资产比率	0.55		

数据来源：由实证研究结果整理。

　　具体分析融资风险潜变量的衡量指标。与利率和市场购买力指标相比，文化企业市场风险衡量指标中汇率的权重相对较高，影响程度高于市场购买力近 1 倍，这说明文化企业的金融环境对融资影响较大，尤其是涉及汇率的进出口业务是文化企业融资风险形成的重要影响因素。与其他行业相比，政策风险对文化企业的融资影响相对较大，但是在本研究中财政政策、产业政策对融资活动的影响

没有明显区别。和其他影响因素相比，投资风险对融资风险的影响
较为突出，再一次证明了企业投融资活动的密切相关性。在融资风
险的直接影响因素中，融资规模的作用最为突出，近年来，我国文
化企业的融资规模年年上升，文化产值占 GDP 的比重不断增加，
2014 年达 3.76% 左右①。融资规模的扩大带动了文化企业创新能力
的增强和企业规模的扩大，为文化企业的可持续发展奠定了基础。
同时较低的融资结构影响力也反映了多数文化企业对融资方式的要
求并不高，因为我国文化企业正处于急速上升期，文化企业融资的
瓶颈集中于融资规模与企业发展速度的匹配，以及融资规模与融资
成本的控制，融资来源和融资方式短期内未对融资风险产生明显的
影响，基本与我国文化企业的融资现状吻合。

（二）文化企业融资风险纵向比较

从图 5 - 2 文化企业 2010～2014 年融资风险的纵向排名比较
可以看出，文化企业的融资风险变动呈现多峰型的态势，多峰型

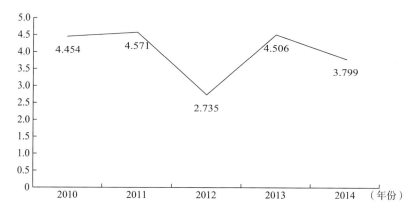

图 5 - 2　2010～2014 年文化企业融资风险变动情况
数据来源：由实证研究结果整理。

---

①　数据来源：国家统计局网站。

曲线说明文化企业的融资风险具有自适应性。在融资风险较高时，企业能够自身调节，降低融资风险。总体上看文化企业的年均融资风险处于动荡状态，但波动幅度较小，融资风险整体呈现下降趋势。

（三）文化企业融资风险横向比较

以 2015 年文化企业的数据为例，将 2015 年的相关数据和各指标值代入并计算文化企业的融资风险得分，对企业的融资风险大小进行排序。表 5-3 是我国上市文化企业 2015 年的融资风险排序。

根据融资风险的排名结果来看，在所选择的 60 家样本企业中，文投控股、深大通的融资风险大小与其他文化企业的融资相比明显较大，分别为 12.462、9.111，与融资风险最小值 1.020 的差距平均在 10 倍左右，说明同一行业的融资风险相差非常大，文化企业之间的融资风险表现存在着发展不均衡的现象，这也与现实状况基本吻合。同时，从表中可以看出 73% 的企业融资风险值在 3 以下，各企业的融资风险大小较为平均。从行业分布来看，融资风险较高的位列前 8 名的文化企业按顺序分别是文投控股、深大通、中信国安、游族网络、天神娱乐、蓝色光标、游久游戏、当代东方，融资风险较大的前 8 家文化企业以网络、手机游戏为主的休闲娱乐类文化企业居多，休闲娱乐类文化企业的发展前景不够确定，融资活动的不确定影响因素较多，风险较大。文投控股公司 2015 年巨大的融资风险主要源自其在 2015 年 11 月由 *ST 松辽利用定向增发完成借壳上市，文投控股的资金用于认购 *ST 松辽的股权，企业的现金流动性受到影响，虽然借壳上市完成后文投控股再以 22.36 元/股的价格向北京市文资办旗下文创产业基金等融资 25 亿元，但是仍旧不能弥补该特殊的资本运作方式增加的文投控股集团管理经营的不确定性，因此，文化企业的融资需要注意融资项目的高风险性、企业管理的复杂性等。

表 5 - 3　上市文化企业 2015 年融资风险排序

证券代码	风险值大小	排名	证券代码	风险值大小	排名	证券代码	风险值大小	排名
600715	12.462	1	601928	2.742	21	000156	1.891	41
000038	9.111	2	300418	2.702	22	002712	1.889	42
000839	5.108	3	300364	2.650	23	002181	1.755	43
002174	4.850	4	002624	2.639	24	601801	1.708	44
002354	4.435	5	300242	2.624	25	000665	1.699	45
300058	4.306	6	002027	2.557	26	000802	1.670	46
600652	4.230	7	000835	2.483	27	002238	1.654	47
000673	4.141	8	000719	2.345	28	300063	1.616	48
300027	3.997	9	601929	2.320	29	000607	1.591	49
601098	3.873	10	600831	2.285	30	600880	1.579	50
000917	3.644	11	600136	2.276	31	601999	1.557	51
000793	3.466	12	002400	2.267	32	600633	1.552	52
002739	3.249	13	300392	2.195	33	002343	1.546	53
600576	3.232	14	600637	2.175	34	300133	1.543	54
002143	3.128	15	300148	2.138	35	002175	1.518	55
002071	3.079	16	600825	2.131	36	300251	1.511	56
600037	2.949	17	300336	2.020	37	002555	1.434	57
600229	2.941	18	600373	1.997	38	600757	1.282	58
300291	2.907	19	300071	1.982	39	300269	1.217	59
000681	2.772	20	600088	1.937	40	600551	1.020	60

数据来源：由实证研究结果整理。

根据融资风险排名结果，2015 年文化企业的融资风险大小得分的分布范围可以分为四个区间，呈现相对均匀的分布。融资风险大小区间在 0.000~2.000 的文化企业共有 23 家，其中融资风险基本可以被忽略的企业占 38.33%，说明我国 1/3 以上的上市文化企业融资风险较小，融资活动较为稳定；融资风险值大小区间在 2.000~4.000 的为微小融资风险，处于该区间的文化企业有 29 家，占比 48.33%，表明我国近半数文化企业处于微小融资风险状态；融资风险大小区间在 4.000~9.000 的一般融资风险，包括 6 家企业，占 10%；风险区间在 9.000 及以上的风险较为严重，该风险区间只有 2 家企业，占 0.33%，表明我国文化企业的融资存在风险较为严重的企业。

第三节　基于 GARCH 模型的融资风险度量

一　研究假设

1952 年马克维茨发表的"组合选择"理论假设投资风险可以视为投资收益的不确定性，并且这种不确定性可以用统计学中的方差或标准差加以度量，为金融风险的研究开辟了一个全新的思路。本书遵循该思路进行思维发散，将企业的融资风险视为融资规模或融资现金流的不确定性，通过测量不确定性来度量企业的融资风险。随着研究深入，学者已经将投资——现金流敏感度作为企业融资约束程度的衡量指标[①]（Fazzari et al. , 1988；Al-meida and Campello，2007；Guariglia et al. ，2011），这主要是从外部投资者

---

① 茅锐. 产业集聚和企业的融资约束［J］. 管理世界，2015. 2；58 – 71.

的角度对企业的现金流进行的研究，而从企业的角度来看，可以将企业融资约束的衡量指标看做是融资——现金流敏感度。融资现金流波动率越高，说明企业融资现金流的变动越剧烈，表明企业的资金流动越频繁，融资风险越大。因此，可以做出以下假设：

假设：文化企业融资风险与融资现金流的波动率成正相关性。

2009 年 Curto 使用了误差分布为正态、平稳帕累托和 t 分布的 ARMA-GARCH 模型，分别对股票市场进行研究，证明了金融序列波动状态的描述非常重要。文化企业的融资风险也是资金波动的不确定性，与金融市场的波动状态相同，因此，融资现金流的敏感度变动率相当于金融资产收益率序列，具有波动集聚性。融资活动的风险对于企业其余活动的冲击具有持续性，表明了前期项对后期的影响，其值越大说明历史波动对现在的影响越大，同时也说明现金流波动对冲击的反应函数的衰减越快，波动的持续性较低。

二　模型选择

GARCH 模型（Generalized Auto Regressive Conditional Heteroskedasticity，简称 GARCH 模型）是 1986 年 Bollerslev 在 Engle 提出的自回归条件异方差模型（Auto Regressive Conditional Heteroskedasticity，简称 ARCH 模型）基础上改进的广义 ARCH 模型，能够使用历史数据和时间序列数据较好地刻画数据波动的时变特性，在描述风险时可以用收益率的波动性来表示风险的大小。GARCH 模型弥补了一般收益率波动模型中令收益率方差为常数的严格假设，在模拟波动率的变化趋势时与实际金融时序的波动变化较为相符，因此，在衡量文化企业的融资风险时可以应用该模型。

设 y_t 为对数现金流波动率，a_t 为在时间点 t 时刻的新信息，令

$a_t = y_t - \mu_t$，结合 GARCH（p，q）的定义，当 a_t 同时满足条件式 5.8 和式 5.9 时，则称 a_t 服从 GARCH（p，q）模型。

$$a_t = \sigma_t \varepsilon_t \qquad (5.8)$$

$$\sigma_t^2 = \alpha_0 + \sum_{i=1}^{p} \alpha_i \alpha_{t-i}^2 + \sum_{j=1}^{q} \beta_j \sigma_{t-j}^2 \qquad (5.9)$$

其中 ε_t 为随机变量序列，服从均值为 0、方差为 1 的独立同分布，$\alpha_0 > 0$，α_i，$\beta_j \geqslant 0$，且 $\sum_{i,j=1}^{\max(p,q)} (\alpha_i + \beta_j) < 1$（当 $i > p$ 时，$\alpha_i = 0$；当 $j > q$，$\beta_j = 0$）。p 是 ARCH 项的次数，q 是 GARCH 项的次数，σ_t 是条件方差。特别地，当 $p = 1$，$q = 1$ 时，得到 GARCH（1，1）模型：

$$a_t = \sigma_t \varepsilon_t \qquad (5.10)$$

$$\sigma_t^2 = \alpha_0 + \alpha_1 \alpha_{t-1}^2 + \beta_1 \sigma_{t-1}^2 \qquad (5.11)$$

同时，$0 \leqslant \alpha_1$，$\beta_1 < 1$ 且 $\alpha_1 + \beta_1 < 1$。

三　变量选取与样本选择

由于融资现金流的波动与金融产品波动类似，具有集聚性及尖峰厚尾性，本书采用容易估计的 GARCH 模型估计融资现金流波动率。但是融资现金流的变动并不能每日都被观察到，文化企业的融资方式主要是股权融资和债权融资，企业股权融资价值和债权融资价值的波动之和与企业市值的波动基本一致。因为企业的债权融资在入账时，对企业的影响是长期的和分散的，较为平均，企业融资现金流的波形主要是受股权融资中的市值波动影响，因此，本书把文化企业的市值波动率作为文化企业融资现金流波动率的替代指标，研究市值波动率的变动趋势来评估企业的融资风险。已有研究表明从理论和实证角度 GARCH 模型在描述金融市场波动时更优于 SV 模型，因此本书应用 Stata 软件建立 GARCH（1，1）模型对企业的市值的波动率和方差进行参数估计，用来估计文化企业融资风险的大小。

本书选取沪深两市 A 股全部上市文化企业作为研究对象，选择上市文化企业 2007~2014 年的市值作为样本数据，数据来源于 Wind 数据库。经过数据处理与统计发现，2007~2014 年 A 股全部上市文化企业共有 65 家。根据研究需要对样本数据进行一定的处理后，可以得到每天的企业市值变动率的对数收益率，计算公式为 $y_t = \ln P_t - \ln P_{t-1}$，其中 P_t 为第 t 日的市值，P_{t-1} 为第 $t-1$ 日的市值。

四 描述性统计

文化企业市值波动率的描述性分析统计如表 5-4 所示，变量数据共有 1944 个观察值，上市文化企业市值波动率序列的均值为 0.17%，最小值为 -9.16%，最大值为 42.62%，极差大小超过 50%，但是波动的标准差仅为 0.026，表明不同的文化企业融资现金流的波动性的差异较小，数据较为集中。中位数值为 0.30%，大于 0.17% 的平均值。一般来说，中位数反映数据的偏度，偏度统计量是对偏度的无量纲测度方法，对 $\dfrac{E\{(x-\mu)^3\}}{\sigma^{3/2}}$ 进行估计，三阶中心矩是由二阶中心矩标准化得来的，默认对称分布的数据偏度为 0。偏度统计值为 2.25，表明数据有较强的右偏性。峰度统计量是对 $\dfrac{E\{(x-\mu)^4\}}{\sigma^4}$ 进行估计，四阶中心矩是由二阶中心矩标准化得来，正态分布的参考值为 3，模型的峰度统计值为 44.24，说明样本数据的峰度远远超出正态分布的标准，样本数据的分布形状更为陡峭。综上所述，可以推断出文化企业融资现金流波动率的分布偏度较大且具有鲜明的金融时间序列厚尾特征。

表 5 - 4   文化企业市值波动率描述统计

变量名称	观察值	均值	标准差	最小值	25%	50%	75%	最大值	偏度	峰度
日收益率波动	1944	0.17%	2.55%	- 9.16%	- 1.05%	0.30%	1.55%	42.62%	2.25	44.24
处理后	1943	0.15%	2.36%	- 9.16%	- 1.05%	0.30%	1.55%	19.68%	- 0.12	6.51

由表 5 - 4 还可以看出，文化企业市值整体的变动率波动方差较小，说明波动幅度小，但 75% 分位数 1.55% 却与最大值 42.62% 相差较大，因此推断最大值可能出现异常。本书结合样本数据的百分位数统计描述观察整体数据，简单对偏斜厚尾的数据进行处理，将观测值中的最大值 42.62% 删除，然后再进行描述性统计分析，数据处理后的描述性统计结果仍旧列示于表 5 - 4 中，参见表 5 - 4 第三行处理后的变量统计结果。简单数据处理后发现，样本的均值、标准差、偏度和峰度均有所下降。其中，峰度由 44.24 下降到 6.51，表明简单处理结果作用非常大。样本数据的峰值参考值仍旧大于参考值 3，高于正态分布的值，厚尾仍旧存在。而此时偏度系数 - 0.12 小于 0，表示分布转向负偏，分布密度曲线的尾巴拖向左方，这意味着偏度和峰度仍旧同时存在，序列尾部相关，也表明不能用正态分布拟合文化企业的日波动率。

对于连续的变动率变动数据，选择核密度图对其进行观察和描述。核密度图比直方图更加平滑，如图 5 - 4 所示，其中样本数据的核密度曲线是实线表示，拟合的正态密度曲线用虚线表示。图 5 - 4 表明核密度曲线比正态曲线更加陡峭，并且稍微有点偏斜，这与表 5 - 4 的统计描述结果相对应。

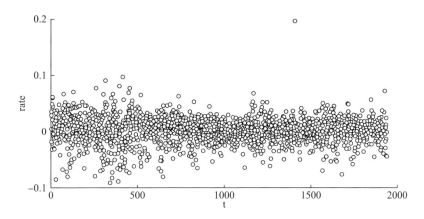

图 5 - 3 文化企业每日市值波动率对应的散点图

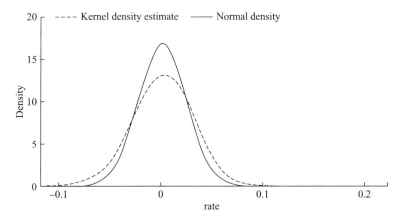

图 5 - 4 文化企业市值波动率的时间序列散点图

图 5 - 5 中的 6 幅图主要用于检验文化企业市值的日收益率及其幂、平方等函数的分布距正态分布有多远,从中可以看出,收益率本身(右上)比其立方形式(左上)更加接近正态分布。

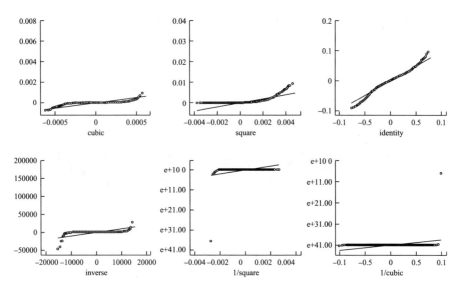

图 5 – 5　文化企业市值日波动率的各种形式与正态分布的拟合

图 5 – 6 显示，文化企业的每日平均市值波动率存在波动性聚集的现象，这也是企业通过收益来衡量风险而产生的的波动性聚集现象。文化企业的每日平均市值在某一段时间内剧烈波动，而在另一段时间内较为平稳。因此，需要对样本数据的时间序列是否存在单位根进行检验，进而判断时间序列是不是平稳序列。

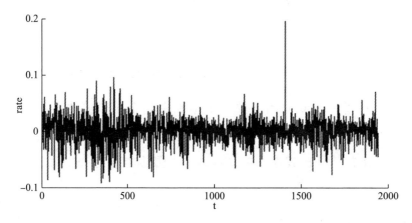

图 5 – 6　文化企业 2007 ~ 2014 年市值的日平均波动率时间趋势

五　实证结果与分析

（一）ADF 检验

在经济学和管理学原理中，向量自回归不仅会影响回归系数左偏，还会使传统的 T 检验失效，更有甚者，两个独立的单位根变量很有可能会出现伪回归（Spurious Regression）或伪相关现象。为避免出现这种情况，可对变量作一阶差分或协整。但在此之前，都必须进行单位根检验。ADF 检验结果对滞后阶数较为敏感，因此采用多种信息准则来确定自回归模型的滞后阶数。根据 Schwert（1989）的方法计算可以得到变量的最大滞后值 $P_{\max} = 12 * (N/100)^{1/4} = 25$，$N$ 为样本容量，令 $\hat{p} = 24$，进行 ADF 检验得到 T 检验的结果如表 5 - 5 所示。该表 ADF 统计量 Z（t）显示，在 1% 的水平上拒绝存在单位根的原假设，即文化企业融资波动率没有单位根，为平稳序列。MacKinnon 的近似 p 值也显示在 99% 的置信区间下，也拒绝非平稳的原假设，结论一致。此外，本书还进行拉格朗日乘子检验（LM），即检验残差平方的滞后项 e_{t-1}^2，滞后一期的最小二乘法残差平方滞后项卡方值为 6.863，显著性水平为 0.008，进而验证最小二乘法的残差存在显著的自回归条件异方差效应。

表 5 - 5　ADF 检验结果

	Test Statistic	1% Critical Value	5% Critical Value	10% Critical Value
Z（t）	- 41.406	- 3.430	- 2.860	- 2.570

MacKinnon approximate p-value for Z（t）= 0.0000

考察普通最小二乘法的残差平方是否自相关还可以通过直接观察残差平方的自相关图和偏相关图进行判断，结果如图 5 - 7 和

图 5-8 所示。图中与各残差分布点直接相交的横线为 2 倍标准差下的自相关系数和偏自相关系数，如果样本数据的残差平方值超出横线范围，即可以得出样本之间存在着自相关性或者偏自相关性的结论。同时，残差平方和的 Q 检验结果也非常显著，这些都表明普通最小二乘法的残差平方和序列存在自相关性，因此，波动率的扰动项存在条件异方差性，即文化企业的市值波动率具有波动集聚性。

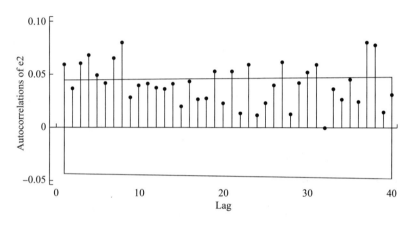

图 5-7 残差平方的自相关图

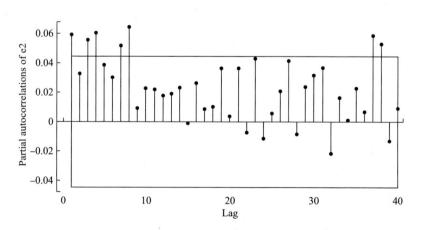

图 5-8 残差平方的偏自相关图

（二）GARCH 检验

本书利用信息准则估计序列残差平方项 e_t^2 的自回归阶数，结果显示多数准则在 4 阶滞后期上显著，进而可以把高阶 ARCH（4）模型进一步简化为 GARCH（1，1）。GARCH（1，1）的模型结果列示于表 5 - 6，其中，ARCH（1）与 GARCH（1）均非常显著，尤其是 GARCH 项，在误差项中贡献了超过 90% 的影响力。

表 5 - 6 GARCH（1，1）模型的回归结果

	相关系数	标准误	z 值	显著性	95% 置信区间	
rate						
rate						
L1.	0.05954	0.0242	2.46	0.014	0.0121	0.1070
_ cons	0.00123	0.0004	2.48	0.013	0.0003	0.0022
ARCH						
arch						
L1.	0.0508	0.0082	6.21	0.000	0.0348	0.0669
garch						
L1.	0.9300	0.0097	95.35	0.000	0.9105	0.9487
_ cons	0.0000113	0.0000024	4.83	0.000	6.74e - 06	0.0001

表 5 - 6 中 GARCH 检验显示模型在 90% 的显著性水平下显著，且符号为正，表明融资现金流波动率越高，融资风险越高，即融资风险与融资现金流波动率成正相关关系。

由于融资现金流波动率的统计主要以企业的市值波动率为主，融资现金流波动率的误差扰动项可能存在厚尾现象，从而不服从正态分布的假设。图 5 - 4 显示的日波动率核密度与正态分布对比图显示文化企业波动率偏向正态分布的右端。通过模型和演变数据，

分别进行 Jarque-Bera、偏度和峰度 3 个检验，检验扰动项是否符合正态性，检验结果均强烈拒绝"误差扰动项服从正态分布"的假设，因此，假设扰动项服从 t 分布，重新用 GARCH（1，1）进行估计，与服从正态分布的结果比较见表 5 - 7。

从实证分析的结果来看，利用 GARCH 模型对文化企业的融资现金流进行检验，发现文化企业的融资现金流波动率假设无论是呈正态分布还是 t 分布，文化企业的融资现金流波动率都能较为合适地衡量文化企业的融资风险，融资现金流波动率扰动项服从正态分布的 GARCH 模型能更准确地衡量上市文化企业的融资风险。独立样本的 T 检验与 Mann-Whitney U 检验结果均显示，文化企业的融资现金流波动率在假设样本数据正态分布的情况下检验值更加显著，说明文化企业融资风险符合正态分布的假设，呈现的金融资产的尖峰但厚尾程度不明显。文化企业的融资风险波动率变化较为稳定，风险一直在较为稳定的范围内。

表 5 - 7　假设扰动项不同分布的 GARCH 模型比较

	正态分布	T 分布
rate		
L. rate	0.0595 * (2.46)	0.0438 * (1.94)
_cons	0.00123 * (2.48)	0.00208 *** (4.47)
ARCH		
L. arch	0.0508 *** (6.21)	0.048 *** (4.56)
L. garch	0.930 *** (95.35)	0.937 *** (68.79)

	正态分布	T 分布
_ cons	0.0000113 *** （4.83）	0.0000084 ** （2.50）
N	1942	1941

第四节　结论

　　本章分别利用结构方程模型和 GARCH 模型对文化企业的融资风险进行了实证分析与度量，根据上一章结构方程模型识别出的融资风险影响因素，将其载荷系数作为融资风险影响因素的权重大小，以上市文化企业数据为样本，通过加权综合，计算得出当前上市文化企业的融资风险大小，并对当前文化企业的融资风险进行了横向排序和纵向排序。其中，以 2015 年为时间点对文化企业当年的融资风险进行了横向排序，通过实证分析发现 2015 年文化企业融资风险中数值最大为 12.46，最小值为 1.02，差距非常大，表明文化企业的融资风险存在发展不均衡的现象。其中，股票代码为 600715 的文投控股在 2015 年进行了多项融资融券的融资活动，融资风险值最大，与企业实际发展情况相符。同时通过对风险值大小的度量，能够使企业掌握融资风险的险情，为下一年预警、管理和控制融资风险做好准备。

　　在对文化企业进行纵向排序的比较中，以文化企业每年的指标均值为代表，对文化企业 2010～2015 年的融资大小进行了计算，发现文化企业融资风险的年平均波动较小，且指标不能及时、显著地识别风险，因此亟须建立融资风险预警系统进而及时监测企业的融资风险变动情况。

　　此外，本章还借助 1952 年马克维茨发表的组合选择理论假设，使用文化企业的市值波动率代替企业融资现金流变动率来计算文化企业的融资风险，对使用结构方程模型度量的融资风险结果进行了稳健性检验，具体步骤为运用 Stata 软件建立 GARCH（1，1）模型对文化企业融资风险分别进行了自回归条件异方差检验和 GARCH 检验。稳健性检验结果也表明，文化企业的融资风险波动变化较为稳定，风险一直在较为稳定的范围内。

第六章
文化企业融资风险预警系统的
构建与仿真

文化企业融资过程受市场环境风险、政策法规风险、运营风险、管理风险等各种风险因素影响，同时文化企业融资活动具有规模小、资产少、资本运营波动大、资产评估价值不确定等特点，造成融资活动面临期限短、可抵押物少、融资额度小等风险。为防止融资风险偏离正常预期，必须建立融资风险预警系统对风险进行提前识别和度量，以便及早决断。本章结合系统动力学模型构建文化企业融资风险的预警指标体系，对文化企业融资风险变动进行分析预测，并判断融资风险的警度状态，针对不同的风险等级及时采取有效措施降低风险。

第一节 文化企业融资风险预警指标体系
构建的目的与原则

一 文化企业融资风险预警指标体系构建的目的

文化企业融资风险预警系统将企业融资活动视为一个整体，从融入资金的角度对融资过程中遇到的风险影响因子进行识别和衡量，综合分析上市文化企业相关财务数据以及其他经营管理资料，利用先行指标对融资活动的各个环节进行监测，分析融资活动中的隐藏问题和潜在风险，以便及时做好风险防范与控制。文化企业的融资风险预警指标体系以期能够发挥下述作用。

首先，结合文化企业经营管理的实际情况，以融资风险识别和度量的相关指标为基础，建立融资风险预警指标体系，明确文化企业的融资风险大小，并运用动力系统仿真模型模拟企业的融资风险变动，及时识别风险状况。

其次，运用现代企业管理技术对融资风险状况作出判断，判断企业融资活动处于何种危机状态，同时找到风险变动原因，提出具体的防范措施，避免融资风险管理状况的持续恶化，保证企业融资活动健康运行。

再次，通过风险预警系统分析文化企业能系统而详细地记录融资风险发生的缘由、处理经过、解除危机的各项措施，以及风险处理反馈与改进的建议，为下一步管理融资风险提供借鉴，以便文化企业能够及时吸取经验教训，不断增强企业自身的风险防范能力。

构建文化企业融资风险预警指标体系，预测风险的大小与变动，并与设定的阈值进行比较，判断文化企业当前的风险等级和状态。风险识别是对融资风险的影响因素进行全面分析，风险评估是在风险识别的基础上，对所收集的大量详细资料加以分析、度量风险发生的概率和风险大小，而融资风险预警体系在风险识别和度量评估的基础上，根据风险预警指标的安全界限来判断风险的警度大小。

二　文化企业融资风险预警指标体系构建的原则

融资风险一般会通过相关的指标表现出来，因此，在风险识别、风险度量之后，对已明确识别和度量的融资风险应该建立专门的、具体的融资风险预警系统，观察预警指标的变化来获得风险变动的提示，及时识别和发现企业融资过程的不足之处，并加以调整和评估。文化企业融资风险预警指标体系是对企业融资风险的一种刻画和度量的标准，风险预警指标的选取直接关系到风险预警系统的有效性和准确性。因此，为了顺利建成融资风险预警指标体系，应遵循一定的原则。

（一）系统性原则

文化企业的融资活动不仅是企业财务活动的一部分，还与企业经营、管理等各项业务活动构成有机的整体。文化企业融资风险预警指标体系应全面、系统地监测企业的融资风险水平。构建企业融资风险预警指标体系首先应该把握系统性，不能孤立地单独使用某一些指标，要尽可能全面覆盖融资风险的主要方面，处理并协调好各风险因子系统指标之间的关系，使预警指标能够系统整体地刻画和反映融资风险。系统性原则是指融资风险预警体系的指标涵盖融资风险产生、识别及度量的各个因素，指标需要不重复、不遗漏，且指标之间具有系统性和关联性，使风险预警指标体系能够系统真实地反映我国文化企业的融资风险程度。

（二）灵敏性原则

灵敏性原则是指选择的融资风险预警指标对于风险变动具有一定的敏感性，其能够迅速反映风险的变动情况。选择的融资风险指标能够结合时间、空间以及环境条件的变化，从风险源的形成和发展过程中反映企业融资风险的波动性。

（三）重要性原则

重要性原则强调设计融资风险预警指标体系时要突出重点，同时注重成本效益比。融资风险预警是以企业重要业务活动——融资活动为监测目标，因此在设计融资风险预警指标时首先要考虑指标对融资活动的重要性或贡献程度。不同的预警指标反映的侧重点不同，得出的风险预测结论也不尽相同，因此，需要根据风险监测的领域性质将融资预警指标进行有效分类，选择能够体现文化企业融资活动特征的重要指标。

（四）可操作性原则

可操作性是指该指标体系中各指标项目的明确易理解性和指标项目的可获取性。预警是一种预报，即在企业的融资风险发生之前或刚刚萌芽之时，就能及时发出警报，这就要求所设计的融资风险预警指标体系能明确反映文化企业的融资风险，同时做到指标明确、判断简明。在设计预警指标体系时，尽量选用比较常见的、有代表性的指标，在考虑系统性和重要性的同时，也要具有较强的实用性和可操作性，既要防止面面俱到，指标过于繁杂，又要防止过于简单，难以反映融资风险的全貌。

（五）科学性原则

融资风险的预警指标体系应具有清晰的层次结构，由局部到整体，由复杂到简明，在科学分析和定量计算的基础上，形成对文化企业融资风险状况的直观结论。指标体系设计是否科学，直接关系到风险预警的质量。文化企业融资风险预警是由一系列相互独立、相互关联的指标所构成的有机整体，其指标选择应能科学全面地反映融资活动及其风险的主要内涵。对定性的指标要明确其含义，并按照某种标准对其赋值，使其能够恰如其分地反映指标的性质。同时，构建预警指标体系也不是各项指标的简单堆砌，而是要遵循科学清晰且便于分析的原则。指标体系的设计要科学合理，尽量做到既无冗余又能说明问题、既有静态描述又能反映动态过程。

第二节　文化企业融资风险预警指标体系的构建

由于文化企业发展时日较短，融资决策失误和资金运营管理不善等情况时有发生，企业内外部环境和控制体系也不够稳定，文化企业的抗风险能力较弱，企业融资风险的预警指标体系应更加贴近文化企业的实际情况。市场风险、政策风险、管理风险、投资风险以及运营风险等都与企业的融资行为高度相关并直接影响融资风险，因此本书将文化企业融资风险的微观影响因素概括为管理风险、融资结构、融资规模、融资成本、无形资产比率、运营风险、信用风险等。根据前两章融资风险的识别和度量，构建企业融资风险预警指标体系的基本结构如图 6-1 所示，每个预警子指标体系的指标及其载荷都是由前述章节的结果总结得出，指标的表达式及权重详见表 6-1。

文化企业融资风险预警总指标体系由 8 个子指标体系构成，分别是管理风险预警指标体系、投资风险预警指标体系、运营风险预警指标体系、信用风险预警指标体系以及融资结构、融资规模、融资成本、无形资产比率。每个子指标体系又包含能突出各自特征的不同方面。管理风险预警指标体系由治理结构和高管薪酬反映管理水平及其风险征兆，投资风险预警指标体系由利息保障倍数和成本费用利润率反映投资能力，运营风险预警指标体系由营运周转率和净资产收益率这两方面反映运营风险的征兆，信用风险预警指标体系由利润增长率和机构评分来反映信用水平。企业的融资结构用资产负债率来表示，融资规模用债务融资和股权融资额的总和来替代，融资成本用加权平均资本成本来衡量，代表文化企业行业轻资产特色的无形资产比率用无形资产占总资产的比例来表示。

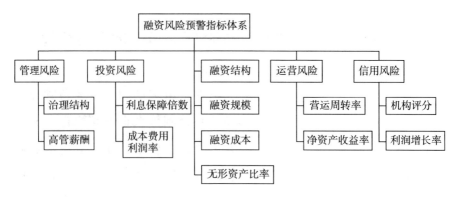

图 6 - 1　文化企业融资风险预警指标体系

表 6 - 1　文化企业融资风险预警指标及权重

	变量名称	指标	权重
融资风险指标	管理风险	治理结构	0.54
		高管薪酬	0.53
	投资风险	利息保障倍数	0.69
		成本费用利润率	0.55
	融资结构	资产负债率	0.36
	融资规模	债务融资 + 股权融资额	0.58
	融资成本	加权平均资本成本	0.57
	无形资产比率	无形资产占比	0.55
	运营风险	营运周转率	0.50
		净资产收益率	0.49
	信用风险	机构评分	0.55
		利润增长率	0.63

第三节　文化企业融资风险的预警仿真

系统动力学（SD）清晰地分析了各个融资风险影响因素演化

的相互作用与融资环境的关联影响，从而为企业融资风险预警体系提供仿真平台。本部分结合系统动力学原理，在风险预警指标体系基础上构建企业融资风险预警仿真模型，确立企业融资风险关键因素变量关系方程式，应用 VensimVenple5.6a 软件在 Vensim PLE 仿真环境下确定融资风险预警指数阈值、判定风险等级，对文化企业融资风险的未来演化进行仿真实证分析，模拟文化企业融资风险的演化趋势。

一　融资风险预警仿真模型的建立

文化企业融资风险预警仿真模型以融资活动融入的现金流为核心，从市场风险、政策风险、管理风险、投资风险、运营风险、信用风险等 6 个维度，对文化企业融资风险的核心指标进行量化分析，由此从各个角度判断企业融资风险演化趋势，如图 6-2 所示的资金流动关系。在图 6-2 中，在各风险预警指标影响因素中内因的改变不仅会引起指标本身的改变，还会引起其他融资风险预警指标的变动，最终引起整个系统的变化。融资风险预警仿真模型综合考虑了企业内外部环境影响因素细微的演化导致融资风险的变动。以文化企业的债券融资为例，债券融资是企业的主要融资方式之一，企业在出售债券时所得的资金为流入，企业定期支付债券利息时资金会流出，当市场环境中的利率发生变化，企业债券利息的相对价值会发生改变，从而导致企业的融资方案进行调整，进而导致融资活动的不确定性，形成融资风险。融资风险的预警仿真模型主要关注的是融资融入资金流的变动情况。

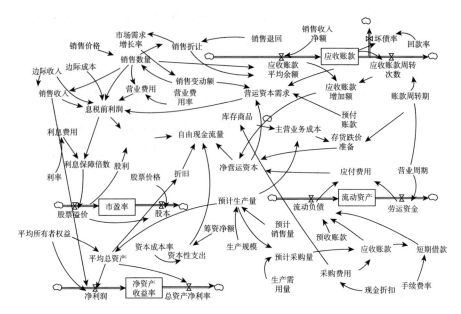

图 6-2 基于系统动力学的文化企业融资风险预警仿真模型

在文化企业融资过程中，对融资资金的运营能力反映了企业对资金的运营能力，体现了资金运转和配置效率，它不仅可以体现资金再循环的效果，还可以体现企业的融资风险变动。文化企业融资风险预警体系中运营能力指标的设计主要从两方面入手，对企业资金运营能力进行监测和预警。一方面选取反映资本运营能力的财务指标，即营运周转率反映企业运营资金的周转和变现能力，以及辅以应收账款周转率、存货周转率等流动资产循环指标进行观察。另一方面选取反映企业盈利能力的经典财务指标，盈利能力是企业融资的基础，其中净资产收益率是反映资产收益能力的主要指标。

二 融资风险变量关系方程式

系统动力学中变量关系的表达式是构成流图①的基础性工具，

---

① 系统动力学中流图是用来描述某一影响要素的变动而导致该要素变化的示意图。

反映了模型子系统中某一要素的变化所引起的一系列子系统内部变化。在融资风险预警模型中融资包括债权融资和股权融资两部分，以债权融资中长期负债和短期借款为例，用 Vensim PLE 建立企业融资融入资金流位流率图。根据上述各类融资风险预警指标的确定，可以得出 SD 模型中的流率变量关系方程式（见图 6 - 3）。

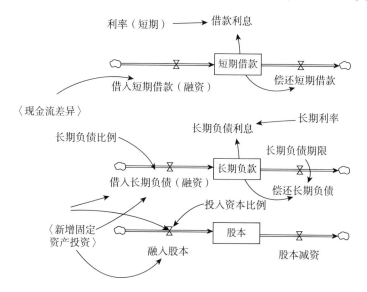

图 6 - 3　文化企业融资融入资金流位流率图

三　样本选取和参数估计

融资风险预警仿真模型的样本来源于沪深两市的上市文化企业 2000 ~ 2014 年的财务报表及相关数据，假设仿真过程以年度为时间跨度，设置开始时间为 2015 年，结束时间为 2020 年，进而模拟 2015 ~ 2020 年我国文化企业的运营环境，观察融资风险的变动情况。需要进行的参数估计主要有企业平均值与具体的变量值两类。融资风险预警指标体系的数据每年均有变动，采用算数平均法求得，其中变量值的参数估计如表 6 - 2 所示。

表 6-2　变量值参数估计

变量名	变量平均值	变量名	变量平均值
年利率	6.7%	净资产收益率	10.5%
应收账款周转率	12	存货周转率	9.5
主营业务利润率	15.7%	应付账款付款期	0.56 年
利息保障倍数	53	股利支付率	0.096
市盈率	16	利润增长率	13.4%
平均还款时间	1 年	销售税率	3%
融资结构	0.457	增值税率	3%
成本费用率	1.98%	手续费率	0.72%
资产增长率	5.3%	所得税率	15%
高管薪酬	351.83	治理结构	1.96
融资现金流	9510.87	加权平均资本成本	14.3%
机构评分	1.09	无形资产比率	5.83%

注：根据财政部 2012 年 9 月财综〔2012〕68 号文件《关于营业税改征增值税试点中文化事业建设费征收有关问题的通知》，文化行业作为营改增试点行业自 2012 年 1 月 1 日起实施增值税，文化事业的增值税税率为 3%，与原营业税税率相同。

文化产业作为鼓励类产业，企业所得税减按 15% 的税率征收，2014 年《国务院关于推进文化创意和设计服务与相关产业融合发展的若干意见》（国发〔2014〕10 号）规定税率也是减按 15% 征收。

四　风险等级的确定

进行融资风险等级确定时，在运用功效系数法对指标无量纲化处理的前提下，以文化企业融资风险预警指数为评价对象，指数体系的建立参照第四章的验证性结构方程模型结果，载荷系数为指数的权重。设文化企业融资风险预警体系的某一指标为 x_i：

$$
\begin{cases}
\eta_{i1} = \overline{x_i} = \dfrac{\sum\limits_{i=0} x_i}{n} \\[4mm]
\eta_{i2} = \overline{x_i} = \dfrac{x_{i\,max} - \overline{x_i}}{3} \\[4mm]
\eta_{i3} = \overline{x_i} = \dfrac{2(x_{i\,max} - \overline{x_i})}{3}
\end{cases}
$$

当 $x_{i\,min} \leqslant x_i \leqslant \eta_{i1}$ 时，该指标融资风险状态为"无警"；当 $\eta_{i1} \leqslant x_i \leqslant \eta_{i2}$ 时，指标风险状态处于"轻警"阶段；当 $\eta_{i2} \leqslant x_i \leqslant \eta_{i3}$ 时，为"中警"状态；当 $\eta_{i3} \leqslant x_i \leqslant x_{i\,max}$ 时，指标风险状态判定为"重警"。

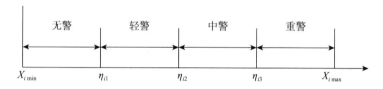

图 6 - 4　文化企业融资风险的等级判定标准

为准确评价文化企业融资风险水平并判定其是否处于预警区间，在分析我国 65 家上市文化企业 2000～2014 年财务报表数据的基础上，结合第四章模型估计确定出的指标权重，通过功效系数法对指标进行无量纲化处理，并确定各风险等级的阈值（见表 6 - 3）。

对表 6 - 3 进行分析，结果显示，文化企业中不同的融资风险影响因子间的风险警戒区间差距较为接近，每个风险因子的均值与最低值之间的差距最小为 19，最大为 37，其中，风险值变动较大的是代表文化行业特色的无形资产比率，可推出文化企业的融资风险变动较为剧烈。而各因子风险警戒线的跨度最小值为 8，最大值为 16，表明文化企业融资风险的各风险影响因子的警戒线变化较为细微，需要被及时监测和评估。此外，各风险因子中与融资风险关系最为密切的投资风险，轻警线与重警线之间的跨度最大，需要对投资风险影响因素观察的指标范围较广。

表 6 - 3　文化企业融资风险等级阈值

指标	管理风险 R_1	投资风险 R_2	融资结构 R_3	融资规模 R_4	融资成本 R_5	无形资产比率 R_6	运营风险 R_7	信用风险 R_8
均值	80	78	81	82	74	60	75	74
最低值	52	44	56	58	55	23	48	46
轻警线	59	55	63	61	60	36	52	51
中警线	67	62	67	69	66	42	55	55
重警线	74	71	72	74	70	51	60	61
权重	0.103	0.214	0.179	0.138	0.167	0.082	0.054	0.081

五　预警仿真模型的运行

由图 6 - 5 可知，回顾文化企业 2000 年以来融资风险的变动情况，可以看出，文化企业在 2000 年左右的融资风险非常高，在 2002 年达到小高峰阶段后出现了持续下降的态势，融资风险逐渐降低。2012 年文化企业的融资风险降到最低，2012 年之后风险状况又逐渐上升。2000 ~ 2009 年的文化企业融资风险处于中度警位，文化企业融资风险相对较高，2009 年之后，文化企业的融资风险状态有所好转，风险下降，2014 年后又逐渐升高。该预测结果与企业的实际情况基本吻合，2000 年前后，多数文化企业处于转企改制时期，初期发展阶段的文化企业体量小、积累少，必须进行大量融资才能扩大规模，而文化企业的发展前景并不明朗，企业的融资活动受挫，融资风险相对较高。随着企业规模的不断扩大和政府政策的不断扶持，文化企业的融资风险在逐步降低，2012 年降到了低谷状态，而 2012 年左右恰是国家"十二五"规划中大力扶持文化企业发展的时期，文化企业扶持政策支持力度较大，各方投资较为活跃，文化企业的融资活动逐步稳定。随着文化企业的发展，企业做大做强需要不断增加融资规模，融资风险又逐渐上升。本书建立的模型能较好地反映企业的实际融资风险状况。根据风险预警和预测的结果，发现2015年及以后年度文化企业的融资风险处于上升期，且逐渐增加，因此，需要对文化企业2015年的融资风险影响因素和其他诸如投资风险、管理风险等指标进行调整和预测，仿真模拟文化企业的实际运行情况，以期发现融资风险预警的敏感值，将风险控制在一定范围之内。同时，通过对文化企业融资风险预警指标值的分析，也可以发现融资规模和融资成本是导致融资风险呈上升趋势的主要原因，投资风险对融资风险的影响也非常大。

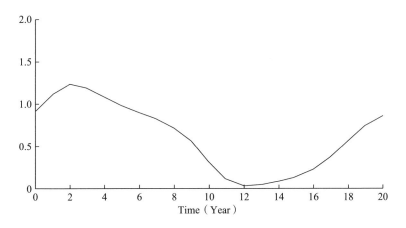

图6-5　文化企业未来几年的融资风险演化趋势

注：图中0点的开始日期为2000年，时间跨度为1年。

图6-6中的两条曲线分别是利用模型仿真模拟的2000～2020年文化企业融资风险变动趋势，曲线1是企业内部具有财务预警体系但没有专门的融资风险预警体系时对风险的监测情况，曲线2为对融资风险预警指标体系进行控制后的融资风险预警指数。通过两条曲线的前后对比发现，文化企业调整融资风险政策、重视预警指

标后，企业的财务预警指数提高，企业对融资风险的监测和重视力度加强。而未建立融资风险预警体系前，文化企业对融资风险的监测指数较低，对融资风险的警惕和预警意识不强，财务预警指数的波动性较大，企业面临的融资风险较高。对企业融资风险进行仿真运行的结果显示，文化企业 2015 年针对融资风险进行预警，在对融资规模、投资效率和管理水平等影响指标进行调控后，融资风险明显呈下降趋势，表明融资风险的预警指标体系可有效监测与控制融资风险，同时也说明本书提出的融资风险识别的影响因素能较为全面和合适地反映出文化企业的融资风险变动情况。

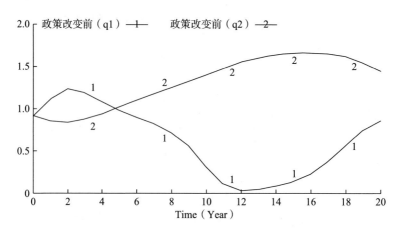

图 6 - 6　调控后文化企业融资风险的变动趋势

六　结论

本部分结合系统动力学原理与 VensimVenple5.6a 软件，构建了文化企业融资风险的预警仿真模型，从管理风险、投资风险、运营风险等因素探讨了各指标对文化企业融资风险的影响。预警仿真模型的实证研究发现，2015 年我国文化企业的融资风险将有所增加，因此，需要重点关注文化企业 2015 年的融资风险影响因素和其他诸如投资风险、管理风险等指标，以便对文化企业的融资风险度量和预警结果进行调整和测量，以期将融资风险控制在一定范围之内。实证研究还表明，本书借鉴的系统动力学理论能与风险管理理论、耗散结构理论等有机结合，加强了对企业融资风险预警系统的实时管理与监控。同时一旦影响企业融资风险的因素变动，还可以根据文化企业融资的风险预警阈值设置判断企业的融资风险状况，从而及时识别企业融资风险，及时采取防范和应对措施控制企业的融资风险。

第七章
文化企业融资风险的管理现状
及问题分析

效率低、成本高、风险大等融资难问题是制约文化企业发展的障碍，在对文化企业的融资风险进行识别、度量和预警之后，需要从整体上对我国文化企业的融资风险管理现状及存在的问题进行分析，指出文化企业融资风险在识别、度量和预警等方面的不足，在发现融资风险管理问题的基础上，为新一轮融资风险的识别、度量和预警提供一定的解决措施。

第一节 文化企业融资风险的总体评价

结构方程模型不仅识别了文化企业融资风险宏观和微观影响因素，还计算了各风险因子对融资风险影响程度的权重。以结构方程模型对融资风险影响因素的识别结果为基础，按照衡量指标的权重计算各风险因子对融资风险的影响，综合计算我国上市文化企业2010～2014年的年均融资风险大小，表7－1为2010～2014年5年间文化企业的融资风险值的计算结果。结合表7－1和风险预警系统的实证结果看，我国文化企业的融资风险值一直低于5，处于轻度预警阶段，运行状况相对较为稳定。但在风险警度较低的情况下，不应忽视文化企业平静表面下蕴含的危机与风险。文化企业仍需要对融资方风险进行实时监测与预警，重点观察敏感指标，并做好应对风险的准备与管理工作，从各方面防范和控制企业的融资风险。总体来看，文化企业的融资风险大小虽然不断上下波动，但总体呈现下降态势。

表 7 - 1　2010～2014 年的文化企业融资风险值

年份	市场风险 (0.38)	政策风险 (0.33)	管理风险 (0.23)	投资风险 (0.77)	运营风险 (0.40)	信用风险 (-0.01)	融资 风险	融资风 险综合
2010	0.619	1.702	1.168	0.999	0.975	1.153	2.241	4.454
2011	1.190	1.374	1.650	2.451	1.946	1.248	0.633	4.571
2012	0.384	1.153	1.018	1.246	1.170	1.214	0.559	2.735
2013	1.374	1.991	1.167	1.475	1.935	1.617	1.165	4.506
2014	1.122	3.164	0.383	1.234	1.442	1.170	0.725	3.799

注：表中各风险影响因素值在计算时全部进行无量纲化处理。融资风险（综合）是指加入宏观微观其他风险影响因素计算出的融资风险大小，是一个综合性数值。

图 7 - 1 是文化企业 2010～2014 年的融资风险变动情况折线图。图中折点显示，从 2010 年到 2014 年，我国文化企业的融资风险不断上下波动，但变动幅度较小，表明我国上市文化企业的融资风险状态相对较为稳定，风险波动不大。经过与统计数据对比发现，其中，约有 70% 的文化企业处于轻度警戒状态，20% 左右的企业没有显示出融资风险，10% 的企业融资风险进入了中度预警状态，企业在对融资风险进行识别、度量和预警的基础上，需要增加对融资风险管理的重视，积极寻求对策措施控制融资风险。

同时，从表 7 - 1 对文化企业的融资风险统计可以发现，影响企业融资风险的因素众多，再次验证融资风险识别的实证研究结果

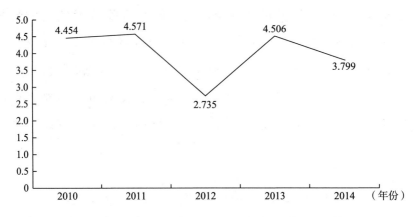

图 7 - 1   文化企业 2010～2014 年融资风险变动情况
数据来源：根据第五章融资风险度量的相关数据整理。

与文化企业的实际情况相吻合。其中，投资风险对融资风险的影响最大，其次是企业的运营风险，再次是市场风险。企业的融资活动与投资活动关系密切，融资、投资和资本运营是财务活动的重要组成部分，企业的融资风险管理需要财务管理活动的配合。此外，市场环境对文化企业的融资风险影响较大，利率、汇率等变动也会影响企业的融资。

第二节   文化企业融资风险的管理现状

尽管文化企业对融资风险的识别、度量和预警等内容在不断规范和完善，但是在具体的每个流程中仍旧存在着不足，例如文化企业存在融资风险识别方面的管理意识淡薄、风险度量的技术手段落后、风险预警的体系与实际脱节等问题。为及时解决文化企业在融资风险的识别、度量和预警等方面的难题，首先必须从控制体系、管理制度、管理流程、融资方式方法等方面总结文化企业融资风险的管理现状，才能更有针对性地发现文化企业的融资风险问题，为进一步的风险识别、度量和预警奠定基础。

一　融资风险管控体系初步搭建，识别和度量均有所加强

融资风险的管理控制体系包含对融资风险的识别、度量和预警等内容。近年来，随着企业融资活动的活跃，文化企业的全面风险管理体系与内部控制体系不断融合，融资风险的识别、度量和预警等管理控制体系搭建平稳推进。大型国有文化企业按照国务院国资委的总体要求，民营上市文化企业按照证监会和证交所的要求，中小文化企业按照市场监管机构的要求，各企业逐渐规范和完善企业各项规章制度，根据产权结构与出资比例进一步理顺产权关系，通过产权明晰和界定，初步梳理和落实文化企业的融资渠道，基本搭建完成企业融资风险的管理和控制体系。风险管理机构设置方面，在65家上市文化企业中已有46家专门设置了内部控制与风险管理领导小组，其中有35家强调专门架设融资风险管理机构，具体负责融资风险管理的识别、防范与控制工作。职能设置方面，有60家上市企业明确在审计与风险管理部门下专门设置风险管理处，具体负责全面风险管理与内部控制相关管理工作的开展，包括融资风险的识别、预警等风险管理活动。专门的、针对性的融资风险管理活动普及到企业各职能部门及每一位员工，企业在融资活动的各个环节都要加强管理与重视，及时辨识、分析和度量融资活动的风险及风险事项，建立相应的预警体系，及时应对和解决融资风险。专门的融资风险管理组织的初步搭建工作有所进展，表明文化企业开始逐渐重视融资活动及其风险管理，融资风险管理与内部控制体系的建设工作逐步融合，融资风险的识别、度量和预警是融资风险管理的重中之重。

得益于企业内部控制制度体系的不断完善和发展，文化企业对

融资风险管理的重视程度不断增加，同时将融资风险管理的流程细分为识别、度量和预警，加强每个环节的管理工作，促进风险管理活动与内部控制的相互结合。文化企业融资规模的扩大带动了融资风险管理意识的明显增强，风险管理意识的增强促使企业重视识别文化企业的融资风险，并试图度量与评估风险大小，进而加强企业的内部控制体系和风险管理体系不断结合，这一点在第四章融资风险的识别实证结果中有所体现。文化企业的管理活动会影响融资风险，当文化企业的管理制度不断规范和完善、管理水平不断提高时，会更加重视对融资风险的度量与预警，融资结构不断改善，融资范围由内源融资逐渐扩展到广泛吸纳社会资本，企业融资规模扩大，资本运营效率提高。

二 融资风险管理制度逐步完善，度量与治理初见成效

上市文化企业的管理非常重视企业的融资风险的识别、度量和预警工作，或将其作为全面风险管理工作的一项，或强调其在财务风险管理中的重要性，或关注其与投资活动的相辅相成性。文化企业融资风险管理已经突破了传统模式和内容，呈现科学化、信息化和系统化的趋势。企业不仅从思想上重视对融资风险的识别与度量，而且从行动上注重对融资风险的预警与管理，致力于将风险控制在有效范围内，通过不断完善与规范在识别、度量和预警等方面的规章制度及操作，文化企业对融资风险的内部控制和治理效果已经初见成效。一半以上的文化企业已经组织开展了专项融资风险管理工作，制定了融资风险识别、度量、预警与全面风险管理体系建设的整体配套方案和工作目标，重视对融资风险识别与预警的教育与培训活动。文化企业针对融资风险的管理制度从笼统的全面风险管理、融资风险管理具体到对融资活动具体流程的管理与规范，提

升了管理效率，改善了文化企业的融资环境，增加了融资渠道，扩大了融资规模。文化企业的融资方式一直处于较为稳定的状态，如表7-2和图7-2所示，主要是债权融资和股权融资两大类，有所变化的是股权融资及债权融资中的具体融资方式。以股权融资方式为例（见表7-2），从2010年到2015年12月底，文化企业的股权融资方式从最初的IPO和增发融资逐渐扩展到配股融资和可转债融资的新方式，融资方式增多，融资规模也有所增加。在股权融资方式中，定向增发的规模最大，其次是新股上市融资规模，可见股票上市融资仍旧是股权融资方式的主流。尽管融资方式变化不大，但是随着融资规模的扩大，企业对融资活动的识别、度量和预警已经从企业全面的、整体的管理与控制，发展到对具体融资项目或融资活动进行专项的评估、度量或风险的识别，文化企业的融资风险预警方式也在不断创新改革和调整完善。

表7-2　文化企业2010~2015年股权融资方式统计

股权融资方式	融资规模（亿元）	融资次数
IPO	6220.57	784
定向增发	27918.04	1798
公开增发	573.76	23
配股	1199.01	54
可转债	1658.55	42

除融资渠道不断拓宽外，企业充分发挥现有的融资能力，利用政策支持等有利条件，制定资金管控、融资、授信等具体管理办法，对公司融资、资金风险管理、资金集中管理等进行明确规定，不断规范融资业务及其管理制度。文化企业针对融资风险识别和度量所做的工作有：梳理融资活动及其余各项业务流程，从资金链入

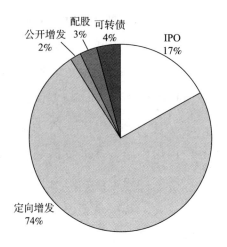

图7-2　文化企业2010～2015年股权融资方式比例
数据来源：根据国泰安和Wind数据库中统计的相关数据整理得出。

手，跨部门梳理融资活动相关业务流程和管理流程，并设置基本风险观察点，从治理结构、资金管控、人员管理、市场管控等层面补充了近30项制度，规范了企业的融资活动，增强了融资业务及融资计划对公司风险发展战略的适应性。同时严格制定融资风险识别及控制点，着重管理融资风险及企业其他风险的分级评价，比较各风险的大小，编制滚动风险管理战略，及时修正风险执行误差，加强对文化企业的融资风险管控。

根据第四章文化企业融资风险的识别可以得出，我国文化企业已识别出与融资风险相关的6项重大风险。文化企业应完善融资项目管理相关制度，提高融资项目管控力度，优化融资项目组织管理模式，并监督项目执行提高项目管理能力，同时健全融资活动的资金配备和人才保障体系，提高融资活动的保障能力。文化企业要严格评审融资项目审批程序，适时对融资计划进行调整，同时要继续注重控制固定资产投资规模，确保融资重点，控制融资风险。此外，文化企业还积极开展了宏观经济风险辨识行动，近一半的企业聘请专业的宏观经济研究人员，密切跟踪市场利率、汇率、居民消费价格指数及文化企业固定资产投资等指标，开展宏观经济影响因素分析，客观分析了宏观经济中文化企业融资风险面对的情况，重点对企业面临的市场风险、政策法规风险进行分析，并积极寻求解决方案，加强了对企业外部风险影响因素的了解与控制，降低了其对企业融资活动造成的影响。

三　融资风险管理流程日趋规范，识别和预警体系不断更新

文化企业融资风险的管理流程随着近两年融资规模的扩大日渐规范与完善。从资金流入渠道方面看，文化企业股权融资、债券融资、众筹、新三板挂牌后融资、上市后融资规模均较同期出现大幅增长，2015 年规模分别达 1079.12 亿元、998 亿元、9.58 亿元、146.76 亿元和 1046.06 亿元；2015 年信托融资为 20.9 亿元，较同期下降 14.36 亿元，上市融资规模为 128.07 亿元，较 2014 年同期骤降。2015 年，我国文化产业并购的市场活跃程度有较大提高，共有 204 起并购案例，较 2014 年的 153 起增长了 33.33%，在规模上，我国文化资本市场总计发起了 1736.14 亿元的文化产业并购，同比增长 78.26%。① 随着融资规模的激增，文化企业对融资风险的重视程度不断增加，关于融资风险管理的条例和规定正在不断完善。以风险识别为例，文化企业目前对融资风险等级进行了划分，公司层面识别的融资风险有 5 项一级风险指标、27 项二级风险衡量指标，并针对 27 项风险收集对应的融资风险事件，建立了规范的融资风险事件的收集整理分析流程。从融资风险的识别、度量到预警、控制，文化企业已经基本形成一个完整的风险管理体系。

---

① 数据源自《2015 年中国文化产业资本报告》。

同时，文化企业融资风险管理的条例和规定正在逐步走向规范化和标准化。规范化和标准化是一项系统工程，涉及企业融资风险管理的方方面面，文化企业正是立足于标准化核心，以风险管理理念为核心，以规范化和程序化建设为关键点，强力推进文化融资风险管理制度的完善。其主要包括推动具体的融资风险管理工作指引、工作规定、融资业务流程完善以及融资风险管理评价测试等规范与制度的出台，以风险管理联动为核心，从人员培训和管理、分配机制和工作流程各方面，推动融资风险管理制度的规范化发展。一是融资风险管理人员人才管理与培训办法不断出台，80%的文化企业设置了风险管理岗位，规定了风险管理人员的岗位职责和任务，之前少有涉及对融资风险管理的专项规定，近年来，文化企业已经逐渐开始重视对融资风险的管理工作，不仅在融资识别、度量和预警体系的建设和核心指标的监测等方面有所重视，更是着手对融资风险管理的规定、规范等进行调整，增加了专门的融资风险人才管理与培训办法。文化企业开始注重员工创造力的培养，对员工的风险管理指导工作逐渐开展，包括现场培训、网络讲座、专家介绍等方式，目前90%以上的文化企业已经开始了相关的融资风险管理指导工作，但多数员工仅浅显地学习借鉴了风险管理工具和交流心得体会，融资风险管理的相关意识较为淡薄。二是已有企业尝试专门针对企业的融资活动设置绩效考核和融资风险职责范围的规定，逐步规范和确定融资风险的识别、度量和预警指标的衡量。

四　融资风险识别方法不断创新，度量指标更加精确

融资风险管理涉及风险识别、度量、预警等多个过程与环节，可以选择和应用的管理方法和方式非常多。融资风险识别的方法分为定性分析与定量分析两类，定性的矩阵分析法和德尔菲法各有优

劣，定量分析经历了单变量、多变量等衡量过程，直到各种引入的Logistics 回归及结构方程等模型与方法。文化企业识别风险的影响因素最初采取德尔菲法，目前大部分文化企业管理风险普遍应用的是 COSO 框架提出的风险事项目录、内部分析、首要风险事项分析等方法，风险评估的定性分析法一般采取"自下而上、纵横整合、内外结合"的评估方式，首先自下而上对融资风险进行梳理，即融资风险→业务层面风险→公司层面风险，体现了风险的层次性和统一性，评估识别出风险后对重大风险的关键成因进行量化分析，画出风险的坐标图。对于融资风险因素的分析，不仅包括企业内部的风险因素，还包括行业层面、国内经济形势以及国外政治经济形势，内外结合，形成文化企业内外部、宏微观范围的风险数据库。文化企业着力结合自身资产轻、收益波动大等特点，把企业独有的管理体制、管理方式与成熟的数字化管理体系相结合，用数据库和数量化的方式管理企业融资风险，力图使融资风险的识别、量化、评估等过程更加科学和精确。定量分析法主要应用的是主因子分析法，从多个影响因素和指标中提炼出较为重要的影响指标。但是我国文化企业融资风险的影响因素较多，各指标的重要性程度也根据模型的选择而异，到目前为止还没有形成统一的、具有行业特色的融资风险影响因素指标体系。定量的风险识别评估方法和模型也在不断创新，从开始应用的 VaR 模型，到 ARCH 模型，再到 GARCH 模型及其各种演化版本。

随着融资管理方式的不断创新，文化企业的融资渠道也不断扩展，融资方式也逐渐增多。文化企业的融资方式从银行借款债券融资、IPO 上市、定向增发、公开增发等扩展到 VC/PE 融资、基金、信托、并购、众筹等方式，并且文化企业在融资过程中逐渐学会使用不同的融资方式来规避和降低企业的融资风险。例如上海文广集团旗下的百事通与东方明珠的融资并购，双方属于同一控制下的融资并购，既降低了企业并购后的管理风险，又利用换股吸收合并的方式避免了融资方式不同带来的风险。

五 融资风险的预警防范和控制措施持续改进

企业融资风险的预警防范和控制是融资风险管理中重要的控制活动。因此，文化企业在融资时必须了解融资风险的本质特征和风险根源，充分利用多种风险控制手段，加强对融资风险的预警能力，有效规避文化企业的融资风险，提升企业的资金运营效率，增进企业风险管理与内部控制制度的融合与完善。

目前文化企业的融资风险管理主要侧重于风险的分析与评估，而且大多数是应用一种或几种评估方法对企业的某一部分或某一阶段进行估计，并且按照评估出的风险值大小判断风险。企业的风险预警与控制措施较为传统，如风险规避、风险转移、风险自担等，大多数文化企业融资风险预警采用传统的风险防范和控制措施，创新性或较为有效的方法较为少见。例如，几乎所有的文化企业都制定了符合本企业实际情况的风险规避方案，通过合理的融资结构来分散风险，充分利用了财务杠杆原理来控制负债比率，从而控制投资风险；采用总资本成本比较法选择总资本成本最小的融资组合，进行现金流量分析，保证偿还债务所需资金的充足；通过控制经营风险来减少融资风险，企业进而按市场需要组织生产经营，及时调整产品结构，不断提高企业的盈利水平，避免由决策失误造成财务危机，把风险降到最低限度。随着文化企业融资方式的不断创新，融资风险的预警方法、手段也持续改进、呈现多样化趋势，但是其实际应用得较少。特别是2014年，基于网络传输、无线通信、网络数据库、数据分析以及自动预测预警等技术，文化企业综合了创新、监测、管理以及多媒体等多种信息的融资风险管理方式，对于新技术的应用与风险防范控制，与时俱进，同时陆续采取数字化的风险管理手段，选择多种风险分担和补偿方式，降低企业融资风险。例如当前大多数上市文化企业在进行融资时，基本都是通过各地文化企业投融资服务平台（如北京、上海文化产业投融资服务平台等），为企业融资和投资的对接寻找合理担保，进而分散企业融资风险。

第三节　文化企业融资风险管理存在的问题分析

我国文化企业普遍存在可抵押固定资产少、规模小、盈利方式不确定等特点①，且其赖以生存的知识产权、版权等无形资产的价值评估机制并不完善，导致企业无形资产在抵押和质押等方面并不能充分发挥作用，在向银行等传统金融机构贷款融资的时候并未获得优待和支持，同时资本市场对企业发行股票等直接融资方式的管理十分严格，大部分文化企业由于规模小、知名度低、信用等级差等而达不到在资本市场筹集资金的资格和准入条件②，因此，文化企业的融资风险在识别、度量和预警过程中存在诸多问题，影响着企业融资规模的扩大和融资资金的有效利用。

一　融资风险的识别和预警意识有待进一步提高

与国际上发展较为领先的企业相比，我国的文化企业对融资风险的识别和预警处于起步阶段，主要表现为对融资风险的来源和影响因素了解不足，风险预警和应对过程把控不严、管理松懈。除了

---

① 张晓明，王家新，章建刚. 中国文化产业发展报告（2014）［M］. 北京：社会科学文献出版社，2014：63.

② 费明乾. 让创意产业与资本完美对接［J］. 北京商报，2007（01）：1-2.

金融、保险等高风险行业对融资风险较为重视外，多数企业对融资风险的关注仅仅是蜻蜓点水式的，只有形式而没有落实，只有规范而缺乏细则，尤其是肩负经济效益性与社会公益性双重责任的文化企业，没有进行系统全面的分析，要么过分强调利润增长和效益增加，只顾眼前利益，忽视融资决策对企业未来的不利影响，处理不好增长、效益和风险之间的平衡；要么只重视文化企业的社会效益而忽略融资的效率，融资风险预警防范能力低下。文化企业在融资时，风险管理岗位内部串通、相互包庇等管理控制薄弱现象时有发生，权利和义务不对等、混吃等饷等利益交换嫌疑现象也较为常见，个别风险管理岗位形同虚设；部分融资项目的可行性论证不够充分，融资决策过程中少数服从多数、盲目随大流等时有发生，导致融资项目审核不严格、监督不及时等现象的出现；还存在融资项目追责机制不够详尽、融资奖励程序不规范、对风险识别重视程度不够、风险度量不精确等问题。

虽然引入了 COSO《企业风险管理——整体框架》等权威框架，但是文化企业只重视融资业务规模与发展、轻视风险识别和度量的倾向严重，缺失有效识别和度量融资风险的方法与措施，引入和应用的风险管理框架并不是非常符合文化企业的实际发展情况。而我国文化企业的发展时间较为短暂，基础较为薄弱，企业的资产规模、无形资产转化能力、产品的创新性都处于起步阶段，80%以上的文化企业属于中小微文化企业，在大量的中小微文化企业中建立全面的风险管理框架并不可行。一是中小微文化企业的内部控制管理体系较为简单，融资风险管理付出的成本远高于风险发生后的损失；二是中小微文化企业面临的融资风险较为单一，无需设置全面的风险管理框架。因此，我国文化企业的融资风险识别与预警具有一定的薄弱性。融资风险是客观存在的，融资风险对企业是灾难还是机会，不在于风险本身，而在于企业对其了解和掌控能力，在成本与报酬之间进行合理的平衡。就企业内部原因来说，由于管理者素质低下，企业管理基础薄弱，内部管理效率不高，加大了融资风险识别和度量的预算成本，最终影响文化企业融资活动的可持续发展。

文化企业的管理层和股东对于融资风险的高风险性并非不重视或认识不足、意识淡薄，只是在企业日常经营过程中，融资活动的风险预警信号通常较为微弱或反应滞后，企业长期处于温水煮青蛙状态，没有积极地进行风险管理工作，忽视风险预警的微小变动及征兆。第五章、第六章文化企业融资风险的度量与预警模型的结果显示，我国的文化企业融资风险一直处于低警戒状态，但是文化企业却又由于产品和服务的特殊性，表现为融资风险巨大的潜伏性和爆发的隐蔽性、蔓延性。文化企业在对风险管理的认知过程中，既存在过去计划体制下的完全漠视风险，又有当前强化风险管理和问责制度下的过度规避风险，两种风险倾向并存，使得企业管理融资风险的矛盾和冲突较为严重。此外，企业的融资通常强调融资资金规模、盈利能力等，往往过于重视融资风险管理的细枝末节，却忽视风险识别的重要因素，错误付出大量的无用成本。虽然文化企业重视融资风险，但是把主要精力放在融资活动中一些细小的、微不足道的控制与管理上，如上海某大型文化企业的融资项目或业务活动的差旅费报销规定长达数十页，极其繁琐，从表面上来看，该企业对融资风险的管理环节控制得很好，但是明显浪费了大量管理资源，极易忽视企业的其他重大风险。还有在部分国有文化企业中，经常存在行政权力凌驾于管理之上的现象，虽然企业详细规定了融入资金的申请及使用权限，设置了层层审批限制，但还是出现了大量的内部舞弊或串通作案现象，导致风险控制措施形同虚设。

二　组织架构设置和管理机制存在一定缺陷

实施风险管理是企业管理当局的责任，但是我国文化企业的融资风险在识别、度量和预警等方面的分工较为含糊，没有明确区分具体的职能责任，存在较为严重的组织机构架设问题。融资风险管理的组织机构设置不健全，导致各个部门和岗位的工作人员对于工作职责和操作程序不清晰，对融资活动的配合度不够，融资活动的关键作用得不到发挥。当前我国文化企业对融资风险的管理仍旧以财务风险管理为主，缺乏对融资活动及与融资活动相关具体业务活动的关注，识别融资风险时无法及时准确辨别风险的来源与影响。在操作时某些制度过于僵硬和原则化，使得融资风险预警在实际工作中难以执行和落实，也难以从资本运营或资金管理的财务部门中脱离出来，因此大部分文化企业并未设立独立的风险管理部门，仅由内部稽核部门负责对融资业务流程进行事后监督。还有部分企业即便成立了相应的风险管理部门，但由于对风险管理的认识和重视程度不够，各职能部门对融资风险管理的权责不清晰，风险承担的主体也不明确，各个部门或者岗位间互相推卸责任，使风险管理缺乏约束，未能将企业风险管理与内部控制有机结合起来，及时识别和度量风险并进行预警防范，从而无力承担起独立、有效管理企业融资风险的职责，使得文化企业的融资风险管理始终停留在以眼前利益为主的决策层次上。一些文化企业由于发展时间较短，融资决策机制不够健全，企业管理层可以实现对公司融资决策、投资决策和资金分配等内部人事控制，其倾向于过度承担风险而获取短期利益，或者缺乏长远的战略眼光，识别融资风险时忽视风险因素、风险偏好等主观选择的影响，将融资风险错误归咎于资本市场客观的环境因素，例如误将财务风险视为融资风险。国有事业型文化传媒单位往往控制上市公司绝对的财权与人事权，上市公司的风险管理机制由于管理层凌驾于上，很难发挥其应有的作用。我国的上市文化公司多是由国有企业改制而成，改组上市时集中了集团公司大量的优质资产，不可避免地与母公司存在产、供、销及其他方面的密切联系，很容易产生关联交易失当的危机，进而影响企业的融资风险管理。

同时，由于文化企业主要依靠无形资产的升值和变现来增加价值，"三会一层"在决策上的作用和差异性较小，相互间的约束和制衡机制不能有效发挥，董事会、监事会以及高管层主要围绕公司经营和业绩，对于融资风险度量的重视不够，风险管理的机制存在明显的缺陷。在文化企业中规模为中小型的企业居多，其管理结构的设置和管理机制的建设更加不完善，增加了融资活动的不确定性，企业在管理融资活动时反馈和监督过程不能有效保证，加大了企业融资风险。

三　风险预警基础薄弱，技术水平尚需提升

文化企业对融资风险的管理技术目前主要分为两大类：控制型风险管理和财务型风险管理。控制型风险管理更侧重于风险预警，防患于未然，提前预防和避免风险的出现，基本措施为风险回避、风险转移和风险控制。多数文化企业在管理融资活动时，更加偏爱回避融资风险，因为转移融资风险的技术水平较低，对融资风险的预测不可能非常准确，企业的融资风险不可避免。而着眼于事后补偿的财务型风险管理技术相对较为落后，其更加偏向于风险的量化，但我国文化企业对于国际先进的数理统计模型等量化管理工具的运用还处在了解和学习阶段，在应用先进成熟的风险管理技术上受限。同时，我国文化企业融资风险管理的客观条件并不完善，一

方面，数理统计模型的运用需要大量的基础数据做支撑，我国文化企业目前还缺乏统一的数据平台以及与风险管理相关的内容储备；另一方面，文化企业专业风险管理人才较为欠缺，掌握和熟练运用风险识别、度量、预警的先进技术和工具存在困难。企业融资活动的风险管理水平一般取决于管理技术的高低，但是我国的文化企业风险管理技术基础比较薄弱，主要体现在风险识别困难、风险度量的误差大、风险预警应对手段落后等方面，严重影响了我国文化企业融资风险管理水平的提高。尽管当前文化企业已经意识到需要建立起一套较为规范和完善的风险管理体系，尤其是对融资风险管理的规定和操作开始有了明确的界定和规范，但是融资风险管理体系在贯彻和落实过程中并不顺畅，致使风险管理的效率和效果不如预期。风险指标的设定、合同签订、融资抵押和担保、融资途径的使用规范、偿还等过程，均存在各种不规范行为。在现有的融资条件下，企业融资活动并没有发挥资本应有的最大效能，即对资金的融入活动没有实现企业收益最大化，依然存在着一定的收益空间可供挖掘。

融资风险预警基础薄弱的原因还在于缺少研究融资风险管理信息系统和实际运营情况的风险阈值数据库系统。文化企业的融资实际调查情况不彻底、用资申请不规范、资金跟踪不深入、融资风险的管理与实际活动脱节，致使风险管理系统缺乏风险辨识、风险分析与评估、风险处置与监控系统的相关数据，缺乏系统研究的基础。数据的缺乏和系统的不完善，导致文化企业无法控制融资的现金净流量，影响企业可用资金的整体流动性，导致资产变现能力降低，缺乏足够的现金来支付到期债务，还有可能使资金过多地停留在应收账款、应收票据、存货、废弃不用的固定资产等项目上，拖延资金的周转速度，降低企业的资金运营效率。一般来看，文化企业融资融入的资金在企业资产总额中的占比不到30%，这就意味着企业内源融资能力匮乏、自有资本少，并且文化企业的融资方式较为单一，大部分是采取债务融资方式，直接导致文化企业负债过多，杠杆率高，加大了企业融资风险。

四　融资风险管理的识别与衡量指标体系不够完善

目前融资风险管理的风险识别与衡量体系仍以主观型、经济型和指标型为主，文化企业融资风险识别的各项数据仍是偏向财务数据，数据间存在较强的相关关系，融资风险管理的识别与衡量指标尚未完全建立，因此对融资风险的影响因素识别存在困难，难以对融资风险进行全面掌握、客观评价和有效控制。文化企业的融资活动起步较晚，许多环节仍处于探索阶段，同时文化企业深受计划经济思维的影响，与现代经济发展的形势与内容出现脱节，导致文化企业中实质性融资风险大于表象，企业面临的实际融资风险远大于已经识别出的风险。一般在成熟的资本市场，企业的融资违约事件对企业的融资规模、信用水平等发挥着关键作用。在债权融资方式中，银行等金融机构对企业融资规模、融资利率和信用评级的结果取决于企业在银行系统中的违约事件或信用水平，但我国文化企业发展的时间尚短，企业融资活动的违约事件信用系统建设并不完善，很多违约行为无法准确录入信用系统，或者金融机构的征信系统并不能畅通无阻，导致企业隐瞒和掩饰违约违纪行为、骗取资金的事件频繁发生。企业违约事件的隐瞒和误报，隐含了作为揭示融资风险的企业违约事件登记并不足以体现实质性风险警示的作用，致使实质性融资风险发生的可能性大于表面上风险发生的可能性。在此情况下使用财务报表分析法、风险树搜寻法、专家预测分析法（德尔菲法）等风险识别方法时，无法准确搜索和寻找出可能导致融资风险的原因和影响因素。

目前，国际上文化产权市场发展比较成熟的国家（地区）都建立起了与本国（本地区）市场实际情况相匹配的融资风险分析方法，例如美国文化产权市场在近百年的发展中，积累了丰富的样本数据，其中包括文化企业大量的违约样本数据，建立了比较成熟的融资风险分析方法和风险度量模型，为企业的融资风险管理提供了可参考的量化支持。相对而言，我国文化企业产权市场的样本数据较少，部分文化企业没有聘请独立机构对企业无形资产价值进行评估与审核，难以向金融机构提供信用证明文件，更少有违约样本数据的公开和统计，使得文化企业的融资风险分析方法以定性分析、主观经验以及判断为主，对于可以计量的融资风险影响因素，出现扎堆和过于偏重技术等问题，评估和分析融资风险的技术过于复杂，科学的定量分析和量化模型也很难建立和较为准确地评估企业的融资风险，无法为文化企业提供可量化的融资风险水平参考。

五　融资风险的问责、考核及奖惩制度不健全

文化企业的融资风险识别、度量和预警没有得到应有的重视，加之文化企业平时对融资风险的投入较少，在融资时没有明确规定必须将管理融资风险的支出和成本列入风险管理费用，因此造成企业发展各阶段风险管理的责任主体不明，程序混乱。文化企业的融资风险管理尚处于无序状态，表现为实施融资风险管理的内容和流程不完善、不规范。此外，由于民众精神文明需求的不断变化和技术的不断进步，文化产品蕴含的无形资产价值变动并不能被确定，而文化企业经常缺乏对产品无形资产的价值确认，缺乏对风险的定期复核和再评估，进而降低了文化企业适应环境变化、管理和规避风险的能力。同时，文化产业配套体系优势相对较弱。

金融机构规避风险，金融结构过度偏向间接融资，文化企业融资成本高企难下。

文化企业缺少内部责任追究制度和管理效果的评价制度，不能通过各种形式的责任约束、限制和规范内部人员的行为，进而导致风险管理责任和义务的弱化、模糊，加大了风险管理的难度。而文化企业缺乏考核制度、缺乏全员的风险管理意识，使得企业员工应对风险的能力滞后于企业风险管理的标准。没有相应的奖罚标准，会使员工缺乏责任感和事业心，以致企业对融资风险管理的态度较为懈怠、不够重视，造成融资风险管理的弱化，企业融资活动无法良性运转。文化企业缺乏对现行管理制度的清理、修改、补充和废止，不能及时发现并弥补制度设计和执行上的缺陷，导致企业本身的风险管理制度与相关的法律、法规、行为准则以及相关惯例等外部规则的结合出现问题，内部管理制度在实际应用中无法达到预期的目的，不能确保各项业务操作与管理制度符合规则的要求。

监督不力、责任认定不到位是融资风险管理问责制度不健全的另一个原因。为加大各项规章制度的执行力度和对融资风险管理的监管力度，文化企业内部及外部监管机构组织了大量现场检查，但是这些风险管理与检查多是自上而下运动式的、就事论事式的专项检查，而非内在性的和制度化的检查，并不能从根本上查找原因并加以整改，缺乏持续跟进的责任认定、追究机制，诸多融资风险管理问题屡查屡犯的现象难以从根本上消除。企业把大量精力放在设计内部控制上，而在如何保证内控保障风险管理制度实施方面，则缺乏应有的措施，在风险管理、具体控制活动和监督等方面也存在缺陷，所以很难保证已设计好的内部控制能够得到执行。

六 融资风险预警、防范与控制措施贯彻落实不到位

融资风险的责任与披露风险信息的义务之间存在严重的不对等，致使文化企业的融资信息内外部沟通不畅。由于文化企业与融资对象缺乏信息互换平台和制度规范，一旦企业发生融资风险，受利益所驱的双方不能共同维护金融安全，文化企业会从自身利益出发，采取压贷、置换等简单处置措施，甚至出现对外发布虚假信息骗取融资后自己抽逃的行为，最终加剧融资活动的风险。另外，融资风险的防范与控制措施并没有得到彻底贯彻落实。首先在融资风险分解落实到各职能部门与融资活动相关业务中时，融资风险管理的防范控制与解决方案的具体措施结合出现不能对接的情况，真实的风险防范控制措施较为简单和落后，主要是风险回避、风险控制和风险转移等三类手段，在实际管理中还往往忽视风险的转移和分担，造成风险管理中的误区，致使企业承担融资活动中的大部分风险，不能及时将融资风险从企业转向融资过程的其他参与方。

当前我国的融资风险管理处于复杂的非线性的混沌状态，不仅与企业的融资活动相关，更是因为资金流动和运转贯穿企业运营各个环节、与企业的各项业务活动息息相关。管理涉及的部门多、适用的法规少，尤其是关于融资风险管理的法规和办法更是少见，虽然规定少，但是规矩多，程序繁琐，流程混乱，本末倒置，效率低下。文化企业融资风险的管理基本上根据融资项目进行落实，一般套用项目管理的规定，参照国际惯例和国外的法律法规，生搬硬套，很少考虑法律法规在我国市场环境中的适用性和可行性等问题，出现很多与实际脱节的应用问题，缺乏对融资风险管理活动的可行性研究和应用效果反馈。对于融资风险管理甚至风险管理都没有形成一套行业统一的、专门的立法或规定，企业对于融资风险的

管理往往会设置各项审批程序，而对于关键融资活动的可行性研究报告审批却趋于表面化和盲目化，管理过程受管理层等人为因素的影响较大，融资风险管理的实际履行与企业的长期目标和策略相差甚远，加大了政策规定与政策执行不匹配的管理风险，风险防范和控制措施的执行力度和贯彻力度不够。

第八章
加强我国文化企业融资风险
管理的对策建议

文化企业的融资风险受内外部环境因素的共同作用，其影响了企业的资本运营乃至整体运营。面对我国文化企业的职能转变、竞争压力和社会资本的融合等复杂环境，如何在今后的文化体制改革过程中，通过科学的政策调控和管理手段实现融资活动的平稳过渡而降低融资风险，是文化企业值得高度重视和深入研究的问题。因此，针对我国文化企业融资风险的识别意识淡薄、度量技术落后、预警体系不全、重视不足等问题，本书进一步考虑企业制度环境、风险管理机制、职能设置等因素，从员工理念、风险管控机制以及融资风险管理技术等方面进行改进与完善，以期全面有效地提升融资风险的识别、度量与预警水平。

第一节　健全企业风险管理的职能机构建设，
防范企业融资风险

一　优化融资风险管理的职能机构设置，提高风险识别能力

融资风险管理职能机构的设置和完善，不仅影响文化企业发展

战略和目标的制定、融资活动的组织以及风险的识别、度量和预警，而且影响风险管理、信息与沟通等内部控制体系的运行。已有研究表明，融资风险或融资困境的发生，在某种程度上可归咎于企业内部的治理缺陷。企业治理结构的缺失、融资决策的失误、约束机制的无效等直接影响了企业资金运营和融资活动，融资风险积累到一定程度时容易引发财务危机。因此，良好的组织治理结构是管理和控制融资风险的重要保障，文化企业需要从两个层面优化完善融资风险管理的职能机构设置，进而提高融资风险的识别能力。

一是健全企业治理结构，设置专职高级管理人员负责管辖和监督融资风险。文化企业在董事会下设置直接对公司董事会负责的风险管理委员会和相应的职能部门，统一对文化产品或服务实施风险管理，合理分配企业各利益相关者的融资风险管理权限，形成共同治理的融资决策机制。根据融资风险影响因素涉及的相关部门，专职、专业、专人负责对文化产品分类别进行风险监管，并制定统一的风险管理制度和流程，实施稽核检查。各产品分类或分组下设独立风险总监，负责产品的风险管理并可有权越过分支机构总经理直接向总部风险管理委员会和风险管理部门汇报情况[①]。文化企业风险管理的组织结构包括董事会及其下设的风险管理委员会、高级管理层、监事会、风险管理部门和内部稽核部门等，通常企业的治理结构通过组织文化、机制建设、组织架构的设置来规范，对风险管理的制度性监督由风险管理委员会配合财务委员会及审计委员会来实施，实现代表股东、债权人、董事会、监事会等治理层面的监督。董事会应从战略高度重视文化企业融资风险管理，制定与公司整体战略相一致并符合公司实际的融资风险管理战略、政策和程

---

① 赵原. 企业风险管理问题与对策 [J]. 合作经济与科技，2008，08：59-60.

序，将企业的融资风险与其他风险并列出来，提高对融资风险的识别重视程度，如有必要还应单独监督和监控融资风险；高级管理层负责执行董事会批准的融资风险管理战略及总体政策，并应当为风险识别、度量和预警配备适当的人员和经费等资源，提高企业融资风险的识别能力，提前做好预警预防措施；监事会应对董事会和高级管理层风险管理的履职情况实施监督；审计委员会和财务委员会独立组织对风险管理活动的实施与监督，财务委员会对公司融资战略和实际执行情况进行督查，对公司融资风险与其他业务活动产生的利益冲突等进行监督和调查；审计委员会的监督权限也不再局限于财务监督，而是扩大到对企业全面风险管理的过程和融资状况，对融资风险管理过程中的违规事件、舞弊行为进行独立调查。内部稽核部门负责对企业融资风险管理体系的运作情况和政策执行情况进行监督和评估，保证风险管理政策的有效制定和执行。文化企业处于转企改制的变革期，不少企业处于创业初期，管理混乱、职责交叉、权责脱节的情况经常发生，再严格的内控制度和规范也可能对融资风险的管理和控制失效，因此应当顺应党和国家实现治理体系和治理能力现代化的潮流，在"五位一体"和"四个全面"的总体布局背景下，加强对融资风险识别、度量和预警工作的重视，借助全面构建的风险管理体系，强化董事会、监事会的监督和约束职责，建立多元融资结构及问责机制，强化风险管理人员职责，巩固风险管理人直接向股东会负责的制度，完善企业的法人治理结构。

二是风险管理组织机构需要明确界定职能和责任范围，提升企业识别和预防融资风险能力。文化企业的风险管理职能机构要明确融资风险的容忍程度、风险授权体系和资本配置方案，根据企业的实际资产和产品情况，制定文化产品的项目融资风险管理制度，拟定公司风险管理政策、程序和具体的操作规程。同时，根据企业文化产品种类识别和度量对应的风险程度大小，确定风险管理监督机制的复杂层次，对无形资产的评估、价值确定以及融资风险的预警指标体系进行全面监督，健全和完善企业融资风险管理的制度与体系。此外，文化企业应时刻关注融资风险预警体系，一旦指标数值超过预警范围就立刻做出应对策略。因为即使内部控制与管理已经达到相当规范的程度，但是融资风险的不确定性因素很多，风险的爆发较为突然，仍有在困境中突然破产的可能性。因此，文化企业在融资风险管理过程中，不仅要加强内部管理，而且要加强企业应对困境的意识，提高企业在困境中生存的能力，管理层要随时准备好应对融资风险带来企业资金链断裂、财务危机或倒闭等困境。

文化企业还应基于对企业动态环境及文化产品价值实现的不确定性等本质认识，强调风险管理组织设计的过程性，使得融资风险的识别、度量和预警活动与复杂的企业环境高度同步、协调变动，从而随时控制和改善企业的融资风险管理体系，保证风险的可控性。同时，以文化产品或服务为中心，全面梳理并优化融资活动的项目管理流程和业务领域，建立覆盖公司业务运作及职能管理的规范和标准。建立健全融资风险管理团队与其他业务风险管理团队之间沟通、协作和利益分享机制，适时调整运行机制，保持良好的融资风险监督监测机制，保障资金效率和融资安全性。

二　加强员工的风险管理思想建设，增强风险识别预警意识

融资风险管理包含企业风险管理理念，企业对融资风险大小的容忍程度，董事会对融资活动的监督，员工的诚信、道德观、胜任能力以及管理者分配权力和职责等诸多要素。文化产品或服务的创意是文化企业竞争的法宝，因此，在文化企业的融资风险管理中，影响融资风险的不仅有高管薪酬、治理结构等可衡量因素，还有不

可衡量的员工创意、员工思想等无形因素。因此，文化企业要识别和预警融资风险，首先要加强员工队伍风险管理的思想建设，尤其是增强对融资风险预警意识的重视，需要企业员工秉承共同的信念和态度，强化风险管理意识。组建专门的融资风险管理小组，组内成员应具有较高的文化素质和道德修养、高度的风险警觉和迅速识别风险的能力，熟知企业和本行业内外部环境，并能对融资风险进行及时的应对。鉴于以往的经验，应增加企业高层管理人员参加企业风险管理培训和认证的机会，通过专业系统的学习提高管理层的素质，进而树立充分的风险识别和预警意识。只有企业管理层具备系统完善的风险管理理念，才能从根本出发，制定企业风险管理的战略战术规划，为企业有序开展融资风险管理的具体工作提供条件。

鉴于文化企业管理人员和员工风险管理意识淡薄、业务素质不高的现状，文化企业应加大开展对员工的风险教育和培训，加强员工队伍的思想建设和人力资源的优化，增强全员风险意识。聘请国内外行业经验丰富、实务操作能力强的风险管理机构和管理人员对员工队伍进行风险教育和培训，同时加强与企业界、金融界、高校等科研机构的产学研合作，加强对融资风险的业务学习和培训，增加对风险管理人员的考核和资质认定，培养精通融资风险管理的复合型人才。尝试与高校对接，建立培养风险管理人才的长效机制，尤其是将文化企业融资风险管理列入保险和金融的培养重点，整合学科优势，培育复合型文化人才。设立专家团队和专门的风险管理部门，主动探索文化企业融资风险的控制和监测工作，开展文化企业融资风险信息统计工作，着重加强对文化企业融资风险管理制度、权限、职责等的研究，探索制定文化企业融资风险识别、度量和预警体系。充分考虑企业的发展现状和实际情况，鼓励利用多种风险管理手段方法识别和预警融资风险，例如增加对风险识别的模拟训练、对仿真模拟方法和实验的探索等，进行融资风险预警应对训练，这不仅可以提高文化企业对风险管理的快速反应能力，还可以监测已拟定的管理计划是否切实可行，及时控制和降低文化企业发展的融资风险。

此外，融资风险的识别、度量和预警不仅仅是对融资风险的事后控制和处理，更是对融资活动、融资不确定性进行全面、全程的管理。在融资风险管理内容上，关注与融资活动相关的市场环境、投资活动、运营能力以及管理水平等风险；在风险管理程序上，促进风险识别、分析、评估、处置和监控分系统的整合，建立风险管理信息系统和风险阈值数据库系统。文化企业与其他金融机构一样，是依靠资金经营的特殊行业，高风险性与生俱来，并出现在企业经营管理活动的全过程。因此，文化企业必须学会在管理融资风险和合理利用无形资产价值中求得生存与发展，增强文化企业员工融资风险管理的理念，推进企业融资风险管理，从长远和整体角度出发，树立全面风险管理的意识，着眼战略性、系统性的风险角度，针对文化企业融资风险的各阶段特征进行识别、度量和预警，努力从企业内部和外部汲取有用的物质、能量和信息，建立专门的融资风险管理职能机构，从整体上把握风险，从变化中抓住融资风险的发展趋势。

第二节　完善企业融资风险预警的控制机制，应对企业融资风险

文化企业融资风险管理控制机制的完善，需要以企业风险管理的整合框架为准绳，制定完善的融资风险识别、度量和预警机制，

同时通过对现行管理制度的清理、修改、补充和废止，及时发现并弥补制度设计和执行上的缺陷，加强规章制度体系的完善，推动融资风险管理体系与内控制度结合，建立与内部控制制度契合的、科学有效的风险管理体系。

一　引入合规的问责制和绩效考核制，规范融资风险的度量

文化企业融资风险预警的出发点是保障企业融资活动的顺利进行，使文化企业安全高效地与资金实现对接，完成企业规模的发展与壮大。文化企业的融资风险识别因素多元化、度量手段低效化和预警体系滞后性，要求文化企业必须对融资风险的预警机制设计合理的问责与绩效考核激励机制。文化企业的融资风险识别与度量既包含董事会、监事会等战略层面的参与，又包括管理层、运营层等管理层面的参与。完善融资风险管理的控制机制，需要包含对企业全方位治理、管理控制机制的整合。融资风险管理的最终目的在于建立一种企业问责、绩效考核可以相互结合的协同机制，使得影响融资风险的各因素在企业经营管理中形成作用于企业耗散结构的引力，发挥奖惩机制的激励与制约作用，形成企业耗散结构的暂时稳态。这需要完善文化企业中关于融资风险度量识别和预警的问责以及绩效考核和奖惩机制与条例，才能弥补机制设计和执行的缺点。

首先，增加对健全合规的问责制、考核制和奖惩制工作的投入，制定融资风险管理疏忽和违规的内部责任追究制度，落实风险管理的合规责任。从企业管理者到基层员工，层层向下，由融资风险管理委员会建立专门的融资资金跟踪反馈系统，对融资的结构、成本及资金的使用和管理开展综合评价，结合文化企业融资风险识别的宏观微观影响因素，评估融资活动变化的熵流能否形成耗散结构，提升企业适应复杂环境的能力。同时，考虑文化企业中文化产品、

服务和人才的经济性因素，进一步改进风险度量、预警的业务考评程序和考核方法，将加强融资风险管理和积极促进企业融资相结合，建立正向激励机制。将不同的利益团体和不确定的经济回报用薪酬、职位等合理的激励奖励联系到一起，降低和减弱文化企业融资活动的不稳定性，保障融资风险与投资风险、运营风险等其他风险因子的有序互动，进而形成耗散结构。在落实工作责任和考核整体质量及综合回报的基础上，根据实际情况和有关规定追究或免除有关责任人的相应责任，做到尽职者免责、失职者问责（见图 8－1）。

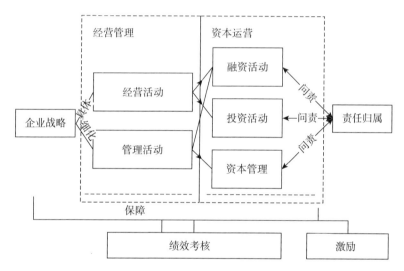

图 8－1　文化企业融资活动与绩效考核、问责相容机制

其次，设置内部融资风险评级制度，建立和完善自我信用评级和信用评分制度。根据文化企业自身的特点，建立和设计内部融资风险评级指标体系，按照特定的融资项目、融资方式等确定不同的内部风险评级要素、评级模型和计分标准，采用定性与定量相结合的方法，度量企业内部各项融资活动的风险级别，并对风险排序。权衡风险与收益，确定重点和优先关注的融资风险影响因素，根据风险评估的结果确定风险应对策略，并且持续收集与风险变化相关的信息，及时调整风险应对策略。

最后，健全相关内控机制。合规的评估机制、问责制等制度需要尽可能详尽的融资业务规章制度和操作流程，以保证内控制度建设与融资业务的同步发展，同时提高融资风险预警的执行力。内部控制制度是控制风险的第一道屏障，健全与融资风险相关的内控制度，首先在应用文化企业融资风险度量和预警体系的基础上，按照岗位相互制约和不相容的职位分离原则，对融资活动的交易人员、资金管理人员和风险控制人员进行明确分工，同时根据融资方式或融资项目的不同设立金额限制、停损点及各种风险暴露限额、指标等，对企业的总体融资设立合理的集中限额以分散风险，保证每项融资活动的风险管理措施有完整准确的记录和严格的内部稽核制度，定期对风险管理程序和内部控制制度的执行情况进行检查和评价，由负责融资的高级管理层和董事会组成自律机构，确保各项风险控制措施、相关法规、原则和融资管理制度在董事会和高管层的充分监督下得到贯彻执行。根据文化企业内部控制制度的建设标准和内控体系框架，及时调整文化企业的风险管理规定、标准与办法等，及时识别融资风险的影响因素，细化量化文化企业的各项风险管理指标，并制定风险的检查标准，着力推动融资风险管理指标体系的完善和数字化发展，并对融资风险的管理效果进行绩效评价，创建规范、科学、标准的监督检查体系，进而控制和管理企业的融资风险。

二　健全风险监测和预警机制，建立防范风险的屏障

为防范和降低融资风险的发生，文化企业需要随时和持续对融资活动的要素进行评估、控制和监测，由此来识别管理控制的缺陷和漏洞，并对融资风险进行科学的预测分析，预计可能发生的风险

状况。在一定程度上，防范融资风险的有效办法是建立灵敏的多层次动态融资风险预警体系，通过多角度、全方位监测企业融资风险影响因素及指标的变化，及时识别、分析和判断企业融资风险，并尽早采取措施消除和应对风险隐患，防范文化企业因过度融资而产生的金融化和衍生化风险。

文化企业的风险管理者应根据本书前述章节构建的融资风险结构方程模型和预警指标体系（见图 8-2），识别和关注融资风险的各种影响因素，如环境因素、制度因素和管理因素等变化发展趋势，对模型中各类融资风险影响因子的衡量指标进行适时监测和跟踪监测。企业的风险管理机构应结合本企业的实际情况和历史数据，建立常态化的风险识别和评估度量体系，健全重大风险预警和报告制度，密切关注风险识别、风险度量和预警指标体系中不同指标的变化，系统地分析、报告与反馈，从影响因素变化的动态中分析预测企业可能发生的融资风险，合理监测和保障风险，以可控的方式和节奏主动释放风险，及时出台风险应对措施，全面提高融资风险防控和危机应对能力，从而在满足风险容忍度的条件下实现收益最大化。灵敏准确的融资活动监测系统和风险预警系统，需要在全面覆盖的管理信息系统下，利用数据挖掘技术建立文化企业融资活动、经营管理和外部环境等风险预警的大数据信息库，从随机、模糊、不完全的海量数据中提取潜在信息，使之应用到文化企业的

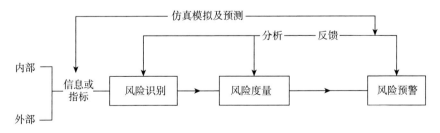

图 8-2 文化企业融资风险识别、度量和预警系统及仿真模拟过程

融资风险识别、度量和预警指标体系中，不断补充和改进预警模型及参数设定，完善融资风险管控、效能监察和设计监督。

此外，健全风险监测和预警机制的措施还包括引入第三方跟踪评价机制，聘用专业的文化中介机构和风险评价机构，借助其专业技术梳理和确定文化企业的融资风险关键指标和监测预警体系，并出台相应的融资风险预警应对措施和制度。文化企业自身要加强对融资风险识别、度量和预警指标及常规性财务指标、信息的调查分析，收集比较融资风险信息指标，提前做好预警准备。同时还要配合宣传、文化、财政、银监、证监、保监等部门的监管措施与处罚制度，加强对企业文化产品或服务中融资渠道的监测，建立融资专项活动效果或风险评估制度，加强对文化企业内外部融资活动信息的统计与监测分析。一是改变只强调事后控制的内部稽核风险管理方式，变被动防范为积极主动管理，在融资风险识别、度量和预警指标体系下，及时识别风险、准确计量风险、全程跟踪监测风险，并在此基础上有效控制或缓释风险，最大限度地减少风险损失。二是改变只重视信用风险管理的传统观念，树立融资风险、管理风险、信用风险、市场风险和政策风险等各种风险并重的管理观念。伴随人民币利率、汇率的市场化，文化企业面临的市场风险不断加大，文化企业违约或恶意逃废债务等行为的融资风险逐步增加。因此，应逐渐加强对融资风险的重视，加强企业的全面风险管理工作。三是加强对融资活动中高风险业务和客户的管理工作，根据企业融资的资本结构和融资对象组成，明确对融资风险管理产生重要影响的融资业务和客户，对该类业务与客户进行重点监控。董事会、高级管理人员及各职能部门要发挥监管的权威性和导向性，确保重要业务和客户的监控与管理工作，确保融资风险管理的安排部署和具体执行稳健有效，为防范融资风险树立坚实的屏障。

三 构建多部门风险信息沟通机制，搭建文化行业风险数据库

如图 8-2 所示，文化企业融资风险识别、度量和预警体系的构建与完善，需要企业内外部信息和风险管理环节多个部门进行信息反馈与沟通，才能随时监测与管理控制融资风险的各个环节。多部门信息沟通机制不仅包括企业内部各层级和职能部门之间的沟通与反馈，还应当贯穿于企业与外部其他组织之间的联系与合作中。构建多部门信息沟通机制，需要企业各部门定量以及定性地处理财务和非财务信息以保障信息沟通的流畅性，此外，还需要搭建文化企业融资活动及其违约活动的风险事故数据库，处理和提炼企业的各种数据以形成可参考的信息，将融资风险管理的相关信息在企业内部各管理级次、责任单位、业务环节之间进行沟通与反馈，激励管理层完善企业自身的风险管理程序。对企业内部以前发生的风险事故进行分析和数据记录，避免以后类似风险事故的发生，同时辨别信息的质量，例如内容是否恰当，信息是否及时、是否准确等，建立企业范围内的数据管理程序（包括对相关信息的获取、维护和分配）。有效的内部信息沟通传递机制在文化企业中是流通和循环的，不仅包括高层管理者向全部员工下达的企业风险管理责任分担的信息，还包括与融资活动有关的员工及时了解自己在融资风险管理过程中的职责及在组织中与他人间的关系，并且掌握同级和跨级间沟通信息的交流方式。

除了内部沟通，企业还应当将融资风险管理的相关信息在企业与外部投资者、债权人、客户、供应商、中介机构和监管部门等有关方面之间进行沟通和反馈，使企业能够不断关注外部环境的变化，及时发现问题。对于在信息沟通过程中发现的问题，应当及时

报告并加以解决，充分发挥科学技术在信息沟通中的作用，探索建立文化企业、金融机构、政府等多部门沟通协作机制，搭建文化企业融资风险管理和服务平台，利用信息技术促进信息的集成与共享。文化企业与金融机构之间缺少直接的沟通平台，信息不对称程度较为严重、信息共享度很低，双方缺乏沟通、联系、对接与洽谈的渠道，所以企业可通过组织论坛、研讨会、洽谈会等形式加强融资项目的宣传、推介，完善文化企业融资风险管理的数据库。在融资风险管理、全面风险管理及内部控制体系建设与完善过程中，搭建文化企业融资风险管理数据库，收集、汇总本企业、国内同行业及国外企业发生的风险事件和风险案例，为文化企业的融资风险管理提供资料和素材。文化企业融资风险管理数据库是公司层面的数据库，要借鉴与文化企业特征类似的其他行业经验数据，收集和归纳本企业发生的与融资活动及融资风险相关的事件，主要以融资活动的影响因素为主，对文化企业融资风险的影响因素进行详细描述和细分，借用本书构建的风险预警体系对文化企业的融资风险进行预警与分析，形成融资风险管理决策支持系统，在融资活动的关键环节设置风险监控点，控制关键节点的风险变动，切实提升企业的融资风险管控能力和管控水平。

第三节　提高融资风险度量评估技术，规避企业融资风险

一　推动无形资产评估体系建设，降低融资风险

文化产品的开发环节多、周期长，动漫、影视等行业分类差异大，艺术产品价值市场波动性较强，大众对相关文化创意产品的认

可度不统一等问题，都是文化企业特殊的产品性质决定的，一定程度上影响了企业的收益和融资。文化企业的资产体现为知识产权、人力资本等无形资产，评估范围较为狭窄，而对文化创意及相关知识产权价值的准确评估极为复杂，需要借助完善的评估体系对无形资产进行价值发现。而我国缺乏完善的价值评估标准与体系，价值评估结果很难被行业普遍接受，从而加剧了文化企业的融资风险。因此，要度量和预警文化企业的融资风险，必须建立统一的、公认的无形资产评估标准和体系，这样有助于进一步确定文化企业无形资产的公允价值，对文化企业的无形资产进行准确估值，增加文化企业融资的抵押和质押范围，提高企业的价值，降低和控制企业的融资风险。

文化企业必须明确企业融资风险的起因、来源及构成，运用专业的分析工具辅以对融资风险进行持续计量、监控和评价，根据预期风险阈值的变化动态调整融资风险配置及相关的资本配置，保持实际风险管理与目标的一致性。文化企业的技术部门需要配合企业融资风险管理的特点与需求，持续优化融资风险的管理防范措施和计量工具，协调管理业务发展规模与融资风险限额，科学合理分配融资风险的可容忍度，实行融资业务类型与风险类型并行的矩阵式协同管理，加强融资风险总量纵向监控和横向对比综合管理，不断提高融资风险管理在业务流程中的重要程度，升级管理技术、改进预警模型和管理体系，进而推动技术层面动态演进，为融资项目战略决策和风险管理计划提供合理保证。

考虑到文化企业轻资产的特性，可用于抵押的固定资产规模小，因此，无形资产的评估标准和体系必须要准确和统一。文化企业应该积极收集风险管理的数据，精确把握市场动态，借助完善的产品销售数据库对交易信息进行分析，为无形资产的评估提供数据支持，推动文化企业知识产权的评估与交易，加强著作权、专利权、商标权等文化类无形资产的评估、登记、托管、流转服务，完善无形资产抵质押贷款业务的流程和标准，探索专利权、著作权以及经过评估的文化资源项目、销售合同、门票等现金流量作为银行信贷抵押的途径和方式，尝试应收账款质押融资、无形资产产权融资、股权质押贷款等文化金融创新形式，通过企业自身的管理为资产评估增值提供帮助。制定风险评估管理办法，发布文化企业重大风险库和融资风险分布图，搭建风险管理流程体系框架和风险控制矩阵，完善融资风险监测识别与防范体系。

二   合理安排融资期限和周期，优化融资结构

文化企业的融资风险管理也包括合理安排融资期限和周期。由于文化企业的资金使用存在周转周期长、盈利前景不确定等原因，如果能通过科学合理地配置与安排，将企业的融资期限和使用周期与文化产品的生产经营周期相匹配，就可以避免负债融资产生的到期不能支付的偿债风险。通过企业融资的期限配置来调节资金占用与资金来源，有利于保持适当的融资规模，提高资金的使用效率，降低融资成本。

文化企业的轻资产特性为灵活安排融资期限和资产配置的动态调整提供了便利，在统一的融资风险度量和预警体系下，融资风险管理部门根据各部门业务目标及风险管理能力评估，确定适合的融资风险容忍度，制定各项业务、产品细化的风险预算，实现风险分层管理和预算层次的比例管理，从而有利于将融资风险容忍度自上而下分解传递，转化为对特定管理人员和业务人员的具体风险限额。同时在把握风险可控、可持续性原则的基础上，建立符合监管要求的、灵活的差别化融资机制。在熟知企业的融资风险大小和容

忍度的基础上，合理安排融资期限和周期，熟练掌握多样化的融资方式。结合文化产业与信息业、建筑业、旅游业、制造业等相关产业融合发展的趋势和融资特点，认真研究文化产品项目融资的风险可接受水平，借助互联网金融等技术优势，在遵循融资法律法规的前提下，严格按照融资程序，周密制定融资计划并组织专人负责具体实施。明确文化企业的融资风险大小，科学设置风险容忍度，合理利用融资风险的预警管理体系，正确选择合适时机衡量风险并进行风险决策的执行。同时，鼓励企业借鉴外部信用评级报告、资金流特点以及风险特征，建立针对自身或项目融资的内部风险评级制度，合理确定差别化融资的结构和期限，提高文化企业融资的风险评估效率，加快推进文化企业融资优化的进程。

三 应用多种融资风险管理技术与组合，分散融资风险

文化企业需要在有效控制融资风险的前提下，引入和应用多种融资风险管理方法与技术的组合，逐步扩大融资租赁贷款、应收账款质押融资、产业链融资、股权质押贷款等适合文化企业特点的融资创新产品的规模，降低企业的融资风险。融资风险管理的技术需要根据企业融资规模和结构的不同而因地制宜地运用。大中型文化企业适合发行短期融资债券、中期票据、资产支持票据等债务融资工具优化融资结构，高成长性的中小文化企业适宜发行集合债券、区域集优债券、中小企业私募债券来拓宽融资渠道。文化企业通过上市融资、再融资和并购重组，以及私募股权投资基金、创业投资基金等多种融资方式扩展融资渠道，分散和降低企业的融资风险。此外，还可以通过兼并重组等进入其他文化产业门类、收购处于不同产业链环节上的公司等方式，通过产业交叉和多环节开发实现盈利，分散文化企业的融资风险。

文化企业多为轻资产公司，在文化企业的并购融资扩张中，并购估值增值率普遍较高，基本都在200%以上，有些甚至高达800%，但这些被并购企业的整体资产和利润创造力远不到其被收购的价格，并购融资方式存在巨大的价值增值泡沫。所以必须引入和使用先进的风险管理技术与工具，量化和控制文化企业的融资风险。现代风险管理技术趋于计量化和模型化，增加了风险管理的准确性、科学性和客观性，学界已总结出适合不同类型风险的管理技术和工具，文化企业除借鉴并熟练运用先进的技术和工具外，还需完善和改进以下工作：一是以融资业务为导向管理风险，根据融资业务及融资活动不同流程的风险，有针对性地制定风险管理策略，选择符合文化企业特征的切实可行的风险管理技术和工具；二是提高对现有数据信息的分析、运用能力，并加快建立现代化的数据信息收集和处理系统，加大数据储备，为先进技术和工具的有效使用提供数据保证。

产业发展越成熟，融资方式越多元，市场细分就越明显，融资风险管理的组合与技术就越重要。文化企业还可以通过贴近市场的类型化与格式化操作，来降低融资风险。例如企业可以借鉴灿星公司制作《奔跑吧兄弟》的融资风险管理经验，该节目在制作时为降低风险，采用制播分离的方式，由灿星公司制作，在浙江卫视播放，分散了节目的风险。融资时对节目版权、播放权、未来收益权等折算做了详细划分，将导演、编剧、演员的市场号召力作为一种融资，格式化融资的内容，细分文化产品的融资方式，降低了文化企业的融资风险。

第四节　创新文化企业融资的配套服务体系，力保企业融资环境平稳

资本市场是资本运营的发源地和资本流动增值的最佳场所，市场环境与企业融资活动息息相关。本书通过对文化企业融资风险宏观和微观影响因素的识别，提出企业应度量和预警防范文化企业融资风险，准确识别融资风险的宏观市场环境，主动把握市场特征，遵循市场规律，发挥市场管理、引导和调控作用，创新文化企业融资配套服务体系，加强资本市场中对文化企业融资行为的规范与监督管理，矫正文化金融市场失灵，弥补市场缺陷，保障文化企业融资市场环境的平稳运行。

一　创新文化金融体制机制，积极培育多层次文化资本市场

资本市场是文化企业融资风险的发源点，也是文化企业发展的助推器。为分散文化企业的融资风险，需要从融资平台、服务模式、合作机制、基础设施建设以及配套机制等金融体制机制的创新方面完善我国的资本市场，积极培育多层次、多元化的文化融资市场，充分发挥上海文化产权交易所、深圳文化产权交易所等交易平台的作用，为文化企业的著作权、商标权和专利技术等文化产权交易提供专业化服务。鼓励金融机构建立专门服务文化企业的专业机构、特色支行和文化金融专业服务团队，并在财务资源、人力资源等方面适当倾斜，扩大业务授权，科学确定文化融资投入资本占有比例，加大信贷从业人员的绩效激励，提高融资服务专业化水平。同时支持有条件的地区建设文化融资服务中心，通过政策引导、项目对接、信息服务、业务培训、信用增进、资金支持等方式，服务

文化企业，促进文化与金融对接，扶持骨干文化企业和小微文化企业，搭建文化金融中介服务平台。虽然我国已经建立了多元化的融资市场和风险投资引进平台，例如国内已经有多个省区市建立了专业的文化产业园、文化投融资平台等，但是市场或平台对促进文化企业融资的协同作用并不明显，各省区市一般受地域限制而各自为政，因此，应当搭建统一的文化企业融资平台，促使信息流动，创新文化企业与金融机构的合作机制。

政府部门发挥组织协调优势和金融机构的融资、融智优势，在文化企业融资形式、内容、规模等方面不断引导和支持，控制文化企业融资的规模和融资方式，鼓励和支持文化企业通过增发、并购、重组等多种再融资方式分散风险，降低融资成本负担。改进金融宏观调控方式，逐步开放资本市场，同时在融资中充分运用保险业务及衍生工具等，增加融资风险的安全性保障。加强文化企业融资风险识别和预警的公共服务和支持机制，推进与保险、债券、证券、投资等机构之间的合作，宣传和推广文化金融合作的政策、经验和成效，普及文化金融知识，加大文化融资人才培训力度，提高文化系统、文化企业利用资本市场和金融工具的能力，营造文化企业融资风险识别和预警防范的良好氛围。此外，文化企业要不断提升自身融资业务专业化水平、完善配套支持机制，加大融资业务的建设、管理和资源配置力度，不断开拓创新，提高经营管理和财务运行水平，增强文化企业融资活动的抗风险能力。

二 加大财税支持和补贴力度，缓解企业融资压力

文化企业的融资本质是产权制度的创新，需要国家通过立法划分产权界限，维护文化企业产权收益，因此，我国政府需要财政部门、金融部门及文化部门三方联手，逐步完善财税政策，加大财税

支持和补贴力度，合理利用财政资金支持文化与资本融合，探索文化企业投融资体制机制的创新，缓解融资压力。市场环境风险是影响文化企业融资风险的宏观因素，从融资风险的结构方程模型中发现，要想分散和降低文化企业的融资风险，需要提高对文化企业的财税支持和投入，简化文化企业融资审批与管理程序，减少对企业融资活动的行政干预，着力从财税政策完善的角度指导和支持文化企业融资活动。为推动文化企业融资活动和技术创新的健康发展，政府积极开展了两类政策支持行为，一类是对优秀和龙头文化企业的财税支持，包括财政对文化企业研发的直接投入，筛选研发和生产能力较强的企业参与政府设定创新研发项目（Lerner，1999），培育企业的研发能力，如国家火炬开发项目；或者对具有商业潜力和示范作用的文化企业进行财政补贴和资助（Meulemans & Maeseneire，2012）①，如我国企业技术中心根据《产业结构调整指导目录》等产业政策实施的企业发展和研发项目补贴等。第二类政府支持行为较为宽泛，包括对企业社会责任和诚信纪录的评价（孟晓俊等，2010），如纳税大户榜单或社会责任报告等；对文化企业技术水平和产品质量的认可（杜运周等，2008），如国家技术创新示范企业或国家免检产品等；对企业质量和声誉的认定（Dranove & Jin，2010），如文化企业30强等评选活动。

文化企业在传播意识形态、引导主流价值观和社会公益性方面产生的外部性需要由政府来担负，财政支持是文化企业融资的主要渠道之一，其方式包括贴息、贷款风险补偿基金、担保补贴、联合担保等。为管理文化企业的融资风险，政府陆续发布了大量规范和

---

① M. Meulemans, WD Maeseneire. Do R&D subsidies affect SMEs' access to external financing?
　　[J]. Research Policy, 2012, 41 (3): 580–591.

管理融资活动的指导性文件，如中央全面深化改革领导小组通过的《关于推动传统媒体和新兴媒体融合发展的指导意见》，文化部、中国人民银行、财政部三部委联合印发的《关于深入推进文化金融合作的意见》，国家版权局重点探索的以版权资源为基础的证券化技术等。从财政支持的力度来看，政府一直在不断扶持和培育文化企业的发展，对文化企业的补贴也在不断增加，并且其规模大小与银行贷款不相上下。

党中央、国务院以及各部门针对文化企业的税收制定颁布了多项措施，从税收的种类（增值税、个人所得税）到税收的范围，再到税收的减免、免征等优惠补贴，力争从各方面降低企业融资风险，推动和支持文化企业的发展。相继出台了包括但不限于《财政部、海关总署、国家税务总局关于继续实施支持文化企业发展若干税收政策的通知》《国家税务总局关于小型微利企业所得税预缴问题的通知》《财政部、国家税务总局关于小型微利企业所得税优惠政策有关问题的通知》等税收优惠文件。对文化企业不同的业务实行不同的税种征收和税收优惠，例如对文化企业中认定为高新技术企业的减按15%的税率征企业所得税、允许新产品的研发费用可于税前加计扣除、对符合条件的企业发放应收账款质押、仓单质押贷款、融资租赁贷款等，都是政府通过税收优惠和补贴政策对文化企业的融资压力进行分担，一定程度上减轻了处于发展期的企业的融资负担。

中央财政对文化企业融资风险的管理与控制还表现在安排文化产业发展专项资金，实施文化金融扶持计划，支持文化企业在项目实施中更多运用金融资本，实现财政政策、产业政策与文化企业需求有机衔接。充分发挥财政政策引导示范和带动作用，完善和落实贷款贴息、保费补贴等政策措施，引导金融资本投向文化产业，逐步建立文化产业贷款风险分担补偿机制，为文化企业融资提供风险屏障。同时建立财政贴息信息共享机制，推动文化金融合作信贷项目库建设，完善项目准入、退出机制，确保入库项目质量。

对融资风险的管理来说，仅仅靠政府的财税支持和补贴无济于事，加强文化企业的融资风险管理，还需要另辟蹊径，从其他融资对象和领域来降低和分散风险。第一，鼓励大型企业、企业集团建立风险投资公司。第二，鼓励民间兴办风险投资共同基金，既有助于集中社会闲散资金，发展风险投资业务，又有利于社会资金的有效配置。第三，允许一定比例的养老金和保险金进入文化产业的风险投资。这样不仅可以满足养老金和保险金保值增值的要求，又可拓宽风险资金来源。第四，积极引进国外风险资金。国外风险投资机构资金实力雄厚、投资经验丰富，将是充足的资金源泉。寻找风险投资资金转移和共同承担风险，增加风险融资的融资渠道和新的风险分担合作对象，争取通过新三板市场的开放和运营，双方取得共赢，为分散文化企业的融资风险增加渠道。

三　规范文化企业无形资产法律体系，切实保障各方权益

文化企业无形资产的法律制度需要从价值评估、权利归属、保值增值、流转处置等方面进行规范和完善。加快文化无形资产保护制度的顶层设计，建立和完善文化无形资产价值评估体系、保护体系和交易体系，加强著作权、专利权、商标权等文化类无形资产的评估、质押、登记、托管、流转服务，推动文化市场要素资源的高效、有序流动，解决文化无形资产质押难、维权难、变现难的制度障碍，降低文化企业融资风险，切实维护文化企业融资的安全。根据文化企业的融资风险管理模式，设计出与之对应的较为完善的风险管理架构，以便能在组织的各个层面对风险进行控制。结合企业

自身的实际情况，统一标准划分全行业风险类别，进行风险事项识别。

完善知识产权法律体系，切实保障文化企业融资过程中的各方权益。我国文化企业所有制构成比较复杂，而相关法律法规主要是按照所有制的性质来制定，这使得不同所有制性质的企业处在不同的竞争起跑线上。同时，某些法律法规对文化企业也不适用，如《贷款通则》《担保法》等法律规定的有关企业抵押担保的要求，是多数文化企业难以达到的①。因此，国家应该从无形资产法律制度体系的完善开始，加强知识产权评估、产权制度保护等政策法规与文化企业融资的配套性和一致性建设，抓紧制定和完善专利权、著作权等无形资产评估、质押、登记、托管、流转和变现的管理办法，根据《中华人民共和国物权法》修订有关抵押、质押登记规定，进一步加强对文化市场的有效监管和知识产权保护力度，完善文化企业各类无形资产二级交易市场，切实保障投资者、债权人和消费者等各方权益。

四 促进融资担保机制和贷款风险补偿机制的完善

完善融资担保机制和贷款风险补偿机制需要多方合作，政府应起到牵头作用，鼓励担保机构和担保基金等中介积极为文化企业的融资活动提供担保，创新文化金融合作的配套机制，分散文化金融风险。首先，应建立完善多层次、多领域、差别化的融资性担保体系，为文化企业融资增加信用保证。建立文化产业融资担保机构或各类专业担保基金，创新担保产品，对符合国家鼓励政策的文化金

---

① 马丹妮．拓宽融资渠道，实现文化企业融资方式多样化［D］．北京：首都经济贸易大学，2005．

融项目提供担保。鼓励各类担保机构对文化企业提供融资担保，通过再担保、联合担保以及担保与保险相结合等方式多渠道分散风险，鼓励和建设规范的担保人市场，培育保险公司的业务开拓能力，支持中介咨询机构的活跃。探索研究建立文化企业信用担保基金和区域性再担保机构，以参股、委托运作和提供风险补偿等方式支持担保机构的发展，为文化企业融资提供服务。其次，健全贷款风险分担补偿机制。探索设立文化企业贷款风险补偿基金，对符合条件的文化产业贷款损失或担保代偿损失给予适当的补偿，合理分散承贷银行的信贷风险。另外，促进银行与保险机构的合作，加强保险产品创新，增加金融机构支持文化企业融资的内在动力。利用互联网＋的信息优势扩展文化企业与金融产品创新的合作，降低对传统融资渠道的依赖，利用网络科技来完善风险流程和渠道。对文化金融产品服务提供贷款保证和信用保险业务，弥补融资担保价值在分散风险方面的不足。虽然当前我国部分文化企业已享受到贷款风险补偿资金、贷款贴息、贷款担保风险补偿等风险补偿，政府也先后出台了一系列法律法规鼓励建立文化企业贷款风险补偿基金，为文化借贷融资分担部分风险，但是国家仍需要出台明确的贷款风险补偿机制、管理制度和指导性意见，缩小融资贷款差异，扩大补偿标准。积极培育和发展文化企业的保险市场，推动保险产品和服务方式创新，为文化企业的融资活动进一步加强和完善保险服务。各保险机构应在现有保险产品的基础上，探索发展知识产权侵权险（演艺、会展、动漫、游戏，各类出版物的印刷、复制、发行和广播影视）、产品完工险、损失险等适合文化企业特点和需要的新型险种和业务，发挥保险公司机构投资者作用和保险资金融资功能，为管理文化企业的融资风险提供配套保障。

参考文献

［1］蔡嘉清.文化产业营销［M］.北京：清华大学出版社，2007.

［2］陈秉正.公司整体化风险管理［M］.北京：清华大学出版社，2003.

［3］陈耿.上市公司融资结构：理论与实证研究［M］.北京：经济管理出版社，2007.

［4］陈少峰，张立波.中国文化企业报告2012［M］.北京：华文出版社，2012.

［5］何文炯.风险管理［M］.大连：东北财经大学出版社，1999.

［6］胡二邦.环境风险评价实用技术、方法和案例［M］.北京：中国环境科学出版社，2009.

［7］胡晓明，肖春晔编著.文化经纪理论与实务［M］.广州：中山大学出版社，2009.

［8］吉姆·麦奎根，何道宽.重新思考文化政策［M］.北京：中国人民大学出版社，2010.

［9］蒋三庚，王晓红，张杰.创意经济概论［M］.北京：首都经济贸易大学出版社，2009.

［10］金碚.中国企业竞争力报告（2010）——金融危机冲击下的企业竞争力［M］.北京：社会科学文献出版社，2010.

［11］ 科尔伯特·弗朗索瓦，高福进译．文化产业营销与管理［M］．
上海：上海人民出版社，2002．

［12］ 李向民，王晨，成乔明．文化产业管理概论［M］．太原：书
海出版社，2006．

［13］ 邱皓政．结构方程模型的原理与应用［M］．北京：中国轻工
业出版社，2009．

［14］ 王晓群．风险管理［M］．上海：上海财经大学出版社，2003．

［15］ 魏迎宁．简明保险辞典［M］．北京：中国财经出版社，2003．

［16］ 小阿瑟·威廉姆斯等著，陈伟等译．风险管理与保险［M］．
北京：中国商业出版社，1990．

［17］ 徐玉德．企业内部控制设计与实务［M］．北京：经济科学出
版社．2009．

［18］ 于玉林．无形资产辞典［M］．上海：上海辞书出版社，2009．

［19］ 张玲，周守华．现代企业财务理论前沿专题［M］．大连：东
北财经大学出版社，2009．

［20］ 赵子忠等．中国影视投融资的产业透视［M］．北京：中国传
媒大学出版社，2006．

［21］ James C. Van Horne，郭浩、徐琳译．现代企业财务管理［M］．
北京：经济科学出版社，1998．

［22］ 曹廷求，郑录军，于建霞．政府股东、银行治理与中小商业
银行风险控制——以山东、河南两省为例的实证分析［J］．
金融研究，2006，6：99－108．

［23］ 陈汉文，程智荣．内部控制、股权成本与企业生命周期［J］．
厦门大学学报（哲学社会科学版），2015，2：40．

［24］ 陈很荣，范晓虎，吴冲锋．西方现代企业融资理论述评［J］．
财经问题研究，2000，08：62－66．

[25] 张郡，邱玉兴，王丹丹. 文化产业上市公司的融资效率及影响因素研究——基于异质性随机前沿分析法 [J]. 会计之友，2016，20：55 – 59.

[26] 陈石. 浅议企业融资风险及其控制方法 [J]. 会计师，2012，03：29 – 30.

[27] 陈守东，杨莹，马辉. 中国金融风险预警研究 [J]. 数量经济技术经济研究，2007，07：36 – 48.

[28] 迟国泰，冯雪，赵志宏. 商业银行经营风险预警模型及其实证研究 [J]. 系统工程学报，2009，04：408 – 416.

[29] 崔伟. 企业负债融资的分析与策略 [J]. 财会研究，2008，17：60 – 62 + 65.

[30] 崔也光，赵迎. 我国高新技术行业上市公司无形资产现状研究 [J]. 会计研究，2013，03：59 – 64 + 96.

[31] 冯珂，王守清，伍迪，赵丽坤. 基于案例的中国 PPP 项目特许权协议动态调节措施的研究 [J]. 工程管理学报，2015，29 （03）：88 – 93.

[32] 顾银宽，张红侠. EVA 贴现模型及其在上市公司价值评估中的实证研究 [J]. 数量经济技术经济研究，2004，02：129 – 135.

[33] 韩臻聪. 我国上市公司财务危机的成因浅探 [J]. 财会月刊，2006，02：16 – 17.

[34] 侯杰泰，成子娟. 结构方程模型的应用及分析策略 [J]. 心理学探新，1999，19 （1）：54 – 59.

[35] 胡利琴，李灿，梁猛. 基于组合理论的中国商业银行风险整合和资本配置研究 [J]. 金融研究，2009，3：119 – 134.

[36] 黄少安，张岗. 中国上市公司股权融资偏好分析 [J]. 经济研究，2001，11：12 – 20 + 27.

[37] 孔荣. 西方现代企业融资结构理论述评 [J]. 西北农林科技大学学报（社会科学版），2004，1：48.

[38] 李林，耿世忠. 针对我国商业银行风险的监管框架设计 [J]. 金融研究，2003，5：82-89.

[39] 李天庚. 企业风险管理及控制模型研究 [J]. 郑州大学学报，2004，02：89-93.

[40] 梁益琳，张玉明. 基于仿生学的创新型中小企业高成长机制实证研究——来自中国中小上市公司的数据 [J]. 经济经纬，2011，6：92-96.

[41] 刘红霞，韩嫄. 董事会对经理层治理风险预警模型构建研究 [J]. 现代财经-天津财经学院学报，2005，12：42-46.

[42] 刘建军，韩伟威，李晶晶. 高速公路项目运营行为风险预警模型及应用 [J]. 长沙理工大学学报（社会科学版），2010，03：31-37.

[43] 刘降斌，李艳梅. 区域科技型中小企业自主创新金融支持体系研究——基于面板数据单位根和协整的分析 [J]. 金融研究，2008，12：193-206.

[44] 刘教兴. 中国股市系统风险预警模型及实证分析——多因素层次模糊综合评价 [J]. 金融经济，2007，20：106-108.

[45] 刘纳新，伍中信，林剑峰. 科技型小微企业融资风险传导过程研究 [J]. 会计研究，2015，1：56-60.

[46] 刘霄仑. 风险控制理论的再思考：基于对 COSO 内部控制理念的分析 [J]. 会计研究，2010，3：36-44.

[47] 刘晓勇. 商业银行风险控制机制研究 [J]. 金融研究，2006，7：78-85.

[48] 刘永华，李长青. 财务危机预警模型的环境因素分析 [J].

内蒙古工业大学学报（社会科学版），2007，02：35-39.

[49] 龙胜平，郑立琴．我国房地产企业财务风险预警模型研究 [J].求索，2007，06：18-20.

[50] 买忆媛，梅琳．无形资本 VS 有形资本：创意产业新企业生存 能力的影响因素分析 [J].管理学报，2011，4：577-586.

[51] 茅锐．产业集聚和企业的融资约束 [J].管理世界，2015， 2：58-71.

[52] 沈沛龙，任若恩．新的资本充足率框架与我国商业银行风险 管理 [J].金融研究，2001，2：80-87.

[53] 汪春序．基础设施投融资风险管理探析 [J].改革与开放， 2010，2：68-69.

[54] 王家新．关于完善文化企业国有资产管理体制的思考 [J]. 财政研究，2013，08：19-21.

[55] 王志诚，周春生．金融风险管理研究进展：国际文献综述 [J].管理世界，2006，04：158-169.

[56] 向显湖，刘天．论表外无形资产：基于财务与战略相融合的 视角——兼析无形资源、无形资产与无形资本 [J].会计研 究，2014，04：3-9+95.

[57] 谢志华．内部控制、公司治理、风险管理：关系与整合 [J]. 会计研究，2007，10：37-45+95.

[58] 徐丹丹，宋欣，张维昊．国外城市发展文化创意产业的金融 支持研究 [J].首都经济贸易大学学报，2010，05：52-56.

[59] 徐玲．企业财务危机的影响因素及其管理对策 [J].安徽工 业大学学报（社会科学版），2006，01：85-86.

[60] 严复海，党星，颜文虎．风险管理发展历程和趋势综述 [J]. 管理现代化，2007，02：30-33.

［61］ 杨保安，朱明.神经网络与专家系统相结合的银行贷款风险管理决策研究——国家自然科学基金项目79770086回溯［J］.管理学报，2006，04：387－390.

［62］ 姚利民，饶艳.中国知识产权保护的水平测量和地区差异［J］.国际贸易问题，2009，01：114－120.

［63］ 姚利民，饶艳.中国知识产权保护地区差异与技术引进的实证研究［J］.科学学研究，2009，8.

［64］ 叶青.基于GARCH和半参数法的VaR模型及其在中国股市风险分析中的应用［J］.统计研究，2000，12：25－29.

［65］ 曾秋根.企业债务期限结构错配的风险及对策困境分析——以华源集团为例［J］.审计与经济研究，2006，21（5）：86－90.

［66］ 张健华，王鹏.银行风险、贷款规模与法律保护水平［J］.经济研究，2012，05：18－30＋70.

［67］ 张立民，唐松华.内部控制、公司治理与风险管理——《托普典章》为什么不能拯救托普［J］.审计研究，2007，5：35－41.

［68］ 张明莉，姜铭.基于多级模糊综合评价法的财务风险预警模型设计［J］.统计与决策，2008，24（12）：64－66.

［69］ 张欣.中小企业筹资风险与对策浅析［J］.经济研究导刊，2013，29：177－178.

［70］ 张新民，王秀丽.企业财务状况的质量特征［J］.会计研究，2003，09：35－38.

［71］ 张尧庭.随机过程——统计工作者必备的知识［J］.统计教育，1998，06：4－6.

［72］ 张玉明，梁益琳.创新型中小企业成长性评价与预测研究——基于我国创业板上市公司数据［J］.山东大学学报（哲学社会科学版），2011，5：32－38.

[73] 赵爱良，张丹. 我国上市公司融资风险及其防范 [J]. 财会通讯，2006，9：41 - 42.

[74] 周守华. 论财务危机的预警分析——F 分数模式 [J]. 会计研究，1996，8：12 - 13.

[75] 周涛，鲁耀斌. 结构方程模型及其在实证分析中的应用 [J]. 工业工程与管理，2006，5：99 - 102.

[76] 朱发根，刘拓，傅毓维. 基于非线性 SVM 的上市公司财务危机预警模型研究 [J]. 统计与信息论坛，2009，06：49 - 53.

[77] 杜丽娟. 中小商业银行贸易融资业务风险管理研究 [D]. 太原：山西财经大学，2013.

[78] 高凌霁. 文化产业投融资模式研究 [D]. 长沙：中南大学，2010.

[79] 韩顺法. 文化创意产业对国民经济发展的影响及实证研究 [D]. 南京：南京航空航天大学，2010.

[80] 乐琴. 房地产企业并购中融资风险控制研究 [D]. 哈尔滨：哈尔滨工业大学，2011.

[81] 李冬. BOT 项目融资风险评价研究 [D]. 天津：天津商业大学，2008.

[82] 李嫚. 基于主成分 LOGISTIC 模型的供应链金融信用风险管理研究 [D]. 长沙：长沙理工大学，2012.

[83] 李羽. 国有文化企业融资及其案例研究 [D]. 成都：西南交通大学，2012.

[84] 李元元. 高新技术项目融资风险评价模型研究 [D]. 西安：西安电子科技大学，2012.

[85] 刘金璐. 项目融资风险分担、控制模型及其实证分析 [D]. 天津：天津大学，2007.

［86］刘毅彬. 航运企业船舶租赁融资优化决策及风险控制研究
［D］. 武汉：武汉理工大学，2012.

［87］马丹妮. 拓宽融资渠道，实现文化企业融资方式多样化［D］.
北京：首都经济贸易大学，2005.

［88］施郁梅. 我国中小企业融资风险内部控制研究［D］. 北京：
财政部财政科学研究所，2012.

［89］孙政. 中小企业融资风险预警与控制［D］. 济南：山东大学，
2011.

［90］涂大进. 我国民营企业融资风险预警系统研究［D］. 武汉：
武汉理工大学，2004.

［91］王娟. 我国中小企业融资难成因分析与解决对策［D］. 武汉：
华中科技大学，2012.

［92］王雷. 项目融资风险管理研究［D］. 西安：西安理工大学，
2006.

［93］王瑞光. 我国能源项目融资存在的问题及对策［D］. 武汉：
华中科技大学，2009.

［94］吴神法. 矿业项目融资风险分配研究［D］. 北京：中国矿业
大学，2010.

［95］武培森. CNG项目融资风险管理研究［D］. 济南：山东大
学，2010.

［96］辛阳. 中美文化产业投融资比较研究［D］. 长春：吉林大学，
2013.

［97］杨建. 基于供应链融资模式的涉农中小企业债务筹资风险评
价研究［D］. 雅安：四川农业大学，2013.

［98］易玉雯. 高新技术民营中小企业融资风险研究［D］. 北京：
北京交通大学，2012.

［99］ 张二朋．基于贝叶斯网络的项目融资风险评价研究［D］．长沙：湖南大学，2012.

［100］ 张乐佳．国有建筑企业融资风险研究［D］．昆明：云南大学，2013.

［101］ 张明华．中小企业融资风险预警系统研究［D］．北京：首都经济贸易大学，2006.

［102］ 张永超．上市公司并购融资风险评价及控制研究［D］．哈尔滨：哈尔滨工程大学，2010.

［103］ 仇元光．民营企业融资风险控制研究［D］．济南：山东大学，2009.

［104］ 周黎．中国中小企业融资风险研究［D］．武汉：武汉理工大学，2003.

［105］ 周青．地方政府投融资平台风险管理与度量研究［D］．重庆：重庆大学，2011.

［106］ 邹伶俐．我国基础设施项目投融资风险管理机制研究［D］．重庆：重庆大学，2009.

［107］ 文化部．中华人民共和国文化部 2014 年文化发展统计公报［R］．北京：中华人民共和国文化部，2015.

［108］ C. A. Williams, Richard M. Heins. Risk Management andlnsurance (5th)［M］．中国商业出版社，1990.

［109］ C. Arihur Williams, Jr. Richard M. Heins. Risk Management and Insurance［M］. New York：McGraw-Hill, McGraw-Hill insurance series 1964 (619).

［110］ Constance M. Luthardt, Barry D. Smith, Eric A. Wiening. Property and Liability Insurance Principles (3td)［M］．北京：北京大学出版社，2003.

［111］ Florida R. The Rise of the Creative Class-Revised and Expanded ［M］. New York: The Perseus Books Group, 2012.

［112］ Gordon C. A. Dickson. Introduction toinsurance ［M］. 北京: 新时代出版社, 1989.

［113］ Greene Mark R. , Serbein Oscar N. . Risk Management: Text and Cases (2nd ed) ［M］. Reston Pub. Co. , 1983.

［114］ Henri Fayol. General and IndustrialManagement (Translated by C. Storrs) ［M］. London: Sir Isaac Pitman & Sons, 1949.

［115］ James S. Trieschmann, Sandra G. Gustavson, Robert E. Hoyt. Risk Management and Insurance (11th) ［M］. 大连: 东北财经大学出版社, 2002.

［116］ James S. Trieschmann. Risk Management and Insurance ［M］. London: Thomson South-Western, 1998.

［117］ Lev Baruch. Intangibles: Management, measurement, and reporting ［M］. Washington: Brookings Institution Press, 2001.

［118］ Mark S. Dorfman. Introduction to Risk Management andInsurance (7th) ［M］. 北京: 清华大学出版社, 2002.

［119］ Martin Fone, Peter C. Young. Public Sector RiskManagement ［M］. Oxford: Butterworth-Heinemann, 2000.

［120］ Norman A. Baglini. Risk Management in InternationalCorporation ［M］. New York: Risk Studies Foundation, 1976.

［121］ Pritchett S. T. Risk Management andInsurance ［M］. 北京: 中国社会科学出版社, 1998.

［122］ Scott E. Harrington, Gregory R. Niehaus. Risk Management and-Insurance ［M］. New York: McGraw-HillIrwin, 2016.

［123］ Skipper. Intemational Risk and Insurance: An Environmental

Managerial Approach [M]. 北京: 机械工业出版社, 1999.

[124] Stanley. B. Block, Geoffrey A. Hirt. Foundations of Financial Management [M]. New York: Higher Education Press, McGrawHill Companies, 2002.

[125] Alberto de Miguel, Julio Pindado. Determinants of Capital Structure: New Evidence from Spanish Panel Data [J]. Journal of Corporate Finance, 2001, 7 (1): 77 - 99.

[126] Allen N. Berger, Gregory F. Udell. Relationship Lending and Lines of Credit in Small Firm Finance [J]. Journal of Business, 1995, (3): 351 - 381.

[127] Altman, E., Resti, A. and Sironi, A.. Default Recovery Rates in Credit Risk Modeling: A Review of the Literature and Empirical Evidence [J]. Economic Notes MPS, 2004, 33 (2): 183 ~ 208.

[128] Ang James S., Yingmei Cheng and Chaopeng Wu. Does Enforcement of Intellectual Property Rights Matter in China? Evidence from Financing and Investment Choices in the High-Tech Industry [J]. Review of Economics and Statistics. 2014, 96 (2): 332 - 348.

[129] Azam, J. P., B. Biais, M. Dia and C. Mauriel. Informal and Formal Credit Markets and Credit Rationing in Cote de lvoire [J]. Oxford Review of Economic Policy, 2001, 17 (4): 520 - 532.

[130] Baglini Norman A., Stephen W. Forbes. Risk Management in International Corporation [J]. Journal of Risk and Insurance, 1977, 44 (2).

[131] Banks M., Lovatt A., O Connor J. et al. Risk and Trust in the CulturalIndustries [J]. Geoforum, 2000, 31 (4): 453 ~ 464.

[132] Barbosa E. G. , CDC Moraes. Determinants of the Firm's Capital Structure: the Case of the Very Small Enterprises [J]. Finance, 2003: 366 – 358.

[133] Barney J. B. Is The Resource-Based "View" A Useful Perspective For Strategic Management Research? [J]. Academy of Management Review, 2001, 26 (1): 41 ~ 56.

[134] Barton S. L. , Gordon P. J.. Corporate strategy and capital structure [J]. Strategic Management Journal, 1988, 9: 623 – 632.

[135] Bass F, Srinivasan S. A study of spurious regression and model discrimination in the generalized bass model [J]. Advances in Econometrics, 2002, 16 (1): 295 – 315.

[136] Baxter N. D. , Cragg J. G.. Corporate choice among long-term financing instruments [J]. Review of Economics and Statistics, 1970, 52: 225 – 235.

[137] Beaver, Willam H. Financial Ratios as Predictors of Failure [J]. Journal of Accounting Research, Vol. 4, No. 3, 1966: 77 – 111

[138] Berger A. N. , Udell G. F. The Economics of Small Business Finance: The Roles of Private Equity and Debts Markets in the Financial Growth Cycle [J]. Journal of Banking and Finance, 1998, 22 (6): 613 – 673.

[139] Berger A. N. , Udell G. F.. Relationship Lending and Lines of Credit in Small Firm Finance [J]. Journal of Business, 1995, 68: 351 – 382.

[140] Bernanke B. S. , M. Gerler. Inside the Black Box: The Credit Channel of Monetary Policy Transmission [J]. Journal of Economic Perspectives, 1995, 9: 27 – 48.

[141] Beyers W. B.. Culture, Services and Regional Development [J]. Service Industries Journal, 2002, 22: 4 - 34.

[142] Cebenoyan, A. and Strahan, S.. Philip E. Risk Management, Capital Structure and Lending at Banks [J]. Journal of Banking and Finance, 2004, 28 (1): 19 - 43.

[143] Christopher Casey. Corporate valuation, capital structure and risk management: A stochastic DCF approach [J]. European Journal of Operational Research, 2001, 135: 311 - 325

[144] Cudeck, Robert. Analysis of correlation-matrices using covariance structure models [J]. Psychological Bulletin, 1989, 105 (2): 317 - 327.

[145] Czarnitzki D., Hottenrott H.. Financial Constraints: Routine Versus Cutting Edge R&D Investment [J]. Journal of Economics and Management Strategy, 2011, 20 (1): 121 - 57.

[146] Czarnitzki D., H. Hottenrott. R&D Investment and Financing Constraints of Small and Medium-Sized Firms [J]. Small Business Economics, 2008, 36 (1): 65 - 83.

[147] Davis John Stephen, Rechard J. Leblanc. A Study of Applicability of Complexity Measures [J]. IEEE Transactions on Software Engineering, 1988, 14 (9): 1366 - 1372.

[148] Edward I. Altman. A Further Empirical Investigation of the Bankruptcy Cost Question [J]. The Journal of Finance, 1984, 39 (4): 1067 - 1089.

[149] Favara, Giovanni. Agency Problems and Endogenous Investment-Fluctuations [J]. Review of Financial Studies, 2012, 25 (7): 2301 - 2342.

［150］ Franklin Allen, Jun Qian, Meijun Qian. Law, finance, and e-conomic growth in China ［J］. Journal of Financial Economics, 2005, 77 (1): 57 –116.

［151］ Gleason James T. . Risk Management: The Vision and the Reality ［J］. Rma Journal, 2001, 83 (6): 266 –270.

［152］ Glenn L. Wood, Robert I. Mehr, Bob A. Hedges. Risk Management in the Business Enterprise ［J］. Journal of Risk and Insurance. 1964, 31 (2).

［153］ Guiso L. . High-tech Firms and Credit Rationing ［J］. Journal of Economic Behavior and Organization, 1998, 35 (1): 39 –59.

［154］ Hu L. , Bentler P. M. . Cutoff criteria for fit indexes in covariance structure analysis: Conventional criteria versus new alternatives ［J］. Structural Equation Modeling, 1999, 6: 1 –55.

［155］ Louis K. C. Chan, Josef Lakonishok, Theodore Sougiannis. The Stock Market Valuation of Research and Development Expenditures ［J］. The Journal of Finance, 2001, 56 (6): 2431 –2456.

［156］ M. Meuleman, WD Maeseneire. Do R&D subsidies affect SMEs' access to external financing? ［J］. Research Policy, 2012, 41 (3): 580 –591.

［157］ Murphy, A. An Empirical Analysis of the Structure of Credit Risk Premiums in the Eurobond Market ［J］. Journal of International Money and Finance, 2003, 22 (6): 865 ~885.

［158］ Ohlson, James A. Financial Ratios and the Probabilistic Prediction of Bankruptcy ［J］. Journal of Accounting Research, 1980, 18 (1): 109 –131.

［159］ Philippe Aghion, Patrick Bolton. An Incomplete Contracts Approach to FinancialContracting [J]. Review of Economics Studies, 1992, 59 (3): 473 – 494.

[160] Raine-Eudy, R.. Using structural equation modeling to test for differential reliability and validity: An empirical demonstration [J]. Structural Equation Modeling, 2000, 7 (1): 124 – 141.

[161] Stiglitz J. E. , Weiss A.. Credit Rationing in Markets with Imperfect Information [J]. American Economic Review, 1981, 71 (3): 393 – 410.

[162] Timothy J. Havens. Exhibiting Global Television: on the Business and Cultural Functions of Global Television Fairs [J]. Journal of Broadcasting and Electronic Media, 2003, 2: 2 – 3.

[163] Yan Z. , Y. Y. Haimes. Risk-based Multiobjective Resource Allocation in Hierarchical Systems with Multiple Decisionmakers, part II: a Case Study [J]. Systems Engineering, 1960, 14 (1): 17 – 28.

[164] Yuko Aoyama. The role of consumption and globalization in a cultural industry: The case of flamenco [J]. ScienceDirect, 2006, 03 (38): 103 – 113.

[165] A. N. Berger, N. H. Miller, M. A. Petersen, R. G. Rajan, J. C. Stein. Does Function Follow Organizational Form? Evidence from the Lending Practices of Large and Small Banks [R]. Board of Governors of Federal Reserve System Working Paper. 2001.

[166] COSO. Enterprise Risk Management-Integrated Framework [R]. 2004.

[167] Guangming Yang, Guangzhou Zhao, Changchun Zhou, Hong Ye. The Research of Financing Risk Evaluation of the Hydropower

Project Based on WSR-CIM Take XW Hydropower Project in Yunnan as an Example ［A］. 亚洲管理科学与应用国际会议论文集 ［C］, 2013.

［168］ Lin Liu, Yongcai Sun. New Thoughts Related to the Reform of Financing Risk Responsibility Restriction Mechanisms in Culture-Industry ［A］. USA: Information Engineering Research Institute, 2012.

［169］ Shuibo Zhang and Wei Zhang. The Evaluation of Financing Risk in PPP Project Based on ANP ［A］. Proceedings of 2012 IEEE 3rd International Conference on Emergency Management and Management Sciences （ICEMMS 2012）, 2012.

［170］ Xiangjuan Tang. Forms and Prevention Strategy Analysis of Financing Risk of Small and Medium-sized Enterprises ［A］. USA: Lecture Notes in Information Technology Proceedings of 2012 International Conference on Education Technology and Management Engineering （ETME2012）, 2012.

［171］ Yede Huang, Lixia Jia. A Research of Financing Risk Management in Small and Medium-Sized Enterprises ［A］. Proceedings of the Conference on Web Based Business Management. 武汉: 武汉大学, 2010.

后　记

本书是作者的博士论文成果之一，经过多次修改易稿，能够出版，着实不易，感慨万千。自开始写作到完成几近 3 年，内容层次和结构逻辑修改多次。初稿写成的那一刻，无疑是感慨的。回想写作期间，往事历历在目，不觉热泪盈眶。

本著作的成稿离不开恩师、学校领导和朋友们的帮助与理解。首先，非常感谢在读博期间给予我最大帮助的导师徐玉德老师。徐老师一丝不苟的作风、严谨求实的态度、循循善诱的教诲，授予我的是不断丰厚的学识和为人处事之道，对徐老师的感激之情难以言表。徐老师从课题申请、读书心得、论文写作等各方面对我进行了悉心指导和培养，在本书写作过程中，老师更是多次关心研究进程，并时刻为我指点迷津，帮助我拓展思路，精心点拨、热忱鼓励，不厌其烦地为我修改和指正。其次，感谢中国劳动关系学院科研处的资助和支持，感谢经济管理学院谢琦院长、李淑玲书记、刘东生老师、冯婧老师（特别感谢她在第五章里帮助的 2 万字）等的关心和帮助，感谢他们在工作中对我的指导，感谢他们对本书的修改写作及出版投入了大量的关切和鼓励。

　　谨以此书纪念在京"砥砺奋进的 5 年"和在中国财政科学研究院的时光，同时也感谢 2020~2022 年特殊时期所有朋友的帮助。

谭　超

2022 年 12 月 22 日

图书在版编目（CIP）数据

文化企业融资风险管理研究／谭超著. -- 北京：
社会科学文献出版社，2023.2
（中国劳动关系学院青年学者文库）
ISBN 978 - 7 - 5228 - 0877 - 2

Ⅰ.①文… Ⅱ.①谭… Ⅲ.①文化产业 - 企业融资 -
风险管理 - 研究 - 中国 Ⅳ.①F279.24

中国版本图书馆 CIP 数据核字（2022）第 190024 号

中国劳动关系学院青年学者文库

文化企业融资风险管理研究

著　　者／谭　超

出 版 人／王利民
组稿编辑／任文武
责任编辑／连凌云
责任印制／王京美

出　　版／社会科学文献出版社·城市和绿色发展分社（010）59367143
　　　　　地址：北京市北三环中路甲 29 号院华龙大厦　邮编：100029
　　　　　网址：www.ssap.com.cn
发　　行／社会科学文献出版社（010）59367028
印　　装／三河市龙林印务有限公司

规　　格／开本：787mm × 1092mm　1/16
　　　　　印张：16.75　字数：210 千字
版　　次／2023 年 2 月第 1 版　2023 年 2 月第 1 次印刷
书　　号／ISBN 978 - 7 - 5228 - 0877 - 2
定　　价／88.00 元

读者服务电话：4008918866